D0985542

# POÉSIES COMPLÈTES

# ARTHUR RIMBAUD

# *Poésies complètes*

## 1870-1872

INTRODUCTION, CHRONOLOGIE, BIBLIOGRAPHIE,
NOTICES ET NOTES PAR PIERRE BRUNEL
Professeur à la Sorbonne,
Membre de l'Institut Universitaire de France

LIVRE DE POCHE
*Classique*

Cet ouvrage a été publié
sous la direction de Michel Simonin

*Paru dans Le Livre de Poche :*

UNE SAISON EN ENFER *suivi de* ILLUMINATIONS,
présentation par Pierre Brunel.

ŒUVRES COMPLÈTES *(La Pochothèque).*

*Œuvres de Pierre Brunel sur Rimbaud*

RIMBAUD, Hatier Théma/Anthologie, 1972.

ARTHUR RIMBAUD OU L'ÉCLATANT DÉSASTRE, Champ Vallon,
1983.

RIMBAUD, PROJETS ET RÉALISATIONS, Champion, 1983.

UNE SAISON EN ENFER, édition critique et commentée,
José Corti, 1987.

RIMBAUD, biographie et étude de l'œuvre, Albin Michel,
1995.

« CE SANS-CŒUR DE RIMBAUD ». – ESSAI DE BIOGRAPHIE
INTÉRIEURE, 1999.

# INTRODUCTION :
## Le temps des poésies

*Rimbaud en poche*

Imaginez un instant qu'un éditeur réunisse pour vous les œuvres que Rimbaud lui-même a publiées. Cela tiendrait dans un mouchoir de poche.

Il est en effet l'auteur d'un seul livre, une mince plaquette plutôt, de cinquante-trois pages, avec des blancs, *Une saison en enfer*, « parue à Bruxelles », comme le rappelait Verlaine, « chez Poot et Cie, 37, rue aux Choux »[1]. Et l'ancien compagnon ajoute que la publication, déjà confidentielle, chez ce simple imprimeur belge, « sombra dans un oubli monstrueux, l'auteur ne l'ayant pas "lancée" *du tout* ». Rimbaud n'avait même pas reçu livraison du stock, sans doute commandé à compte d'auteur, et resté impayé. Quelques exemplaires tout au plus avaient été retirés et envoyés à des amis, dont Verlaine lui-même, alors en prison. La quasi-intégralité du tirage devait être retrouvée moisissant dans la cave de l'imprimeur, en 1901 — découverte ruineuse pour les collectionneurs de raretés...

En dehors d'*Une saison en enfer*, et si on laisse de côté des exercices de latin jugés dignes en 1869-1870 du *Moniteur de l'Enseignement secondaire, spécial et classique, Bulletin officiel de l'Académie de Douai*, les publications de Rimbaud se réduisent à trois poèmes en vers français.

Très tôt, encore en classe de rhétorique au Collège de

---

1. Paul Verlaine, « Arthur Rimbaud », dans la revue *Lutèce*, numéros des 5-12 octobre, 10-17 novembre 1883 ; repris dans la première série des *Poètes maudits*, Vanier, 1884.

Charleville, il réussit à faire paraître dans *La Revue pour tous*, le 2 janvier 1870, un poème pour cœurs sensibles, « Les Étrennes des Orphelins ». Le temps des vacances venu, des vacances prolongées par la guerre franco-prussienne et ce qui s'ensuivit, la revue satirique *La Charge* accepte une scène « maline », « Trois baisers », pour son numéro du 13 août 1870. L'heure n'est pas à la gaieté, pourtant, et Rimbaud écrit le 24 août à son professeur et confident Georges Izambard qu'il vit dans le « rien ». Il faut alors attendre plus de deux ans pour qu'une autre revue, *La Renaissance littéraire et artistique*, insère, le 14 septembre 1872, un troisième poème, « Les Corbeaux », une sorte de vision d'après-guerre. Le directeur de cette revue était Émile Blémont (1839-1927), qu'on peut voir représenté cette année-là sur le tableau de Fantin-Latour, *Coin de table*, avec pour commensaux Verlaine et Rimbaud. Il n'est pas sûr que ce troisième poème ait été publié à l'insu de l'auteur, comme l'a suggéré Verlaine et comme l'ont répété historiens et commentateurs. Mais en septembre 1872, vivant à Londres avec Verlaine, Rimbaud avait probablement oublié qu'il avait confié ce texte à la petite revue parisienne, et il ne fut vraisemblablement pas tenu au courant du sort des « Corbeaux ». De la revue de Blémont, il avait d'ailleurs une piètre opinion puisqu'en juin 1872, de Paris, il écrivait à son camarade Ernest Delahaye :

> « N'oublie pas de chier sur *La Renaissance*, journal littéraire et artistique, si tu le rencontres ».

Et c'est tout. Le bilan est décevant, désolant même. À lui seul, il suffirait à expliquer que Rimbaud, cet adolescent ambitieux qui était au point de départ si désireux de se faire publier, et qui avait confié à Théodore de Banville, dans une lettre du 24 mai 1870, qu'il rêvait de se faire « une petite place entre les Parnassiens », se soit détourné de la littérature au moment où il entrait dans l'âge d'homme, à peine passés les vingt ans.

Grâce à Verlaine et à son beau-frère le musicien Charles de Sivry, grâce aux éditeurs de *La Vogue*, à commencer par Gustave Kahn et Félix Fénéon, grâce au jeune Rodolphe

Darzens et à l'éditeur Genonceaux, est venu s'ajouter, de 1884 à 1891, de quoi nourrir une autre plaquette, réunissant en 1886 des poèmes en prose et en vers sous le titre *Illuminations*, et un volume, *Reliquaire*, première publication collective de poèmes de Rimbaud. Quand ce volume parut, le 20 novembre 1891, Arthur Rimbaud venait de mourir à Marseille, à l'hôpital de la Conception, dix jours plus tôt. Et à dire vrai, *La Vogue*, qui avait révélé en quelques mois un poème en vers, « Les Premières Communions » (avril 1886), qui continuait avec les *Illuminations* (mai-juin) et, qui, dans le sillage, allait rééditer *Une saison en enfer* (septembre), le donnait déjà pour défunt dans son numéro du 5 juillet 1886.

Anthumes ou posthumes, ces publications échappent à Rimbaud. Elles se sont faites sans qu'il le sût. Et on peut se demander s'il prêta attention à cette lettre de son ancien condisciple Paul Bourde, lettre qu'il reçut à Harrar, en pleine Abyssinie, parmi les chameaux et les sacs de café, le saluant comme poète décadent. Comprit-il ? Cela n'est même pas sûr. Du moins resta-t-il silencieux et indifférent...

*La chasse aux mystifications*

Ce Rimbaud décadent pouvait bien entrer dans ce qu'Étiemble a appelé *Le Mythe de Rimbaud*, prodigieux sottisier, indispensable garde-fou à une date qui, malgré rééditions et compléments, reste hélas lointaine. Il est nécessaire d'arracher comme parasite une prétendue idée de décadence, chez Rimbaud, alors qu'il dessine, dans les *Illuminations*, « la ligne des orients, des progrès » (« Mystique ») et que, même dans *Une saison en enfer*, il évoque « Le progrès. Le monde [qui] marche », ironiquement il est vrai, et en corrigeant aussitôt : « Pourquoi ne tournerait-il pas ? ». Mais tourner n'est pas tomber, et l'idée du cercle, fût-il vicieux, ne se confond pas avec celle de la décadence.

Peut-être y eut-il un Rimbaud pour Anatole Baju[1], et le journal satirique *Les Hommes d'aujourd'hui* pouvait le représenter en peintre coloriant avec des pinceaux grossiers d'énormes voyelles. Mais ce Rimbaud-là, déjà, n'était pas le

---

1. Le fondateur du *Décadent*.

vrai. Redonner des couleurs, d'ailleurs, n'est pas sombrer dans la décadence, c'est lutter contre elle, dire des « naissances latentes », emboucher le « suprême Clairon ».

Il est ennuyeux, pour un éditeur, que la mystification soigneusement entretenue qui a tendu à faire de Rimbaud un décadent ait engraissé abusivement un texte réputé maigre. L'ensemble que nous présentons, et dont voici le premier volet, veut, comme le volume de Darzens et Genonceaux, rassembler des « reliques ». Ces Poésies et ces Proses, ce sont, pour l'instant sans souci d'exhaustivité, des « reliques d'une vie littéraire », dont on sait qu'elle fut courte, — quatre années (1870-1874), avec ce qui n'est même pas un prolongement, en 1875. Encore faut-il que ces reliques soient authentiques.

Or le *Reliquaire* de 1891, réédité en 1892, était à la fois incomplet et trop complet. Parmi les cinquante-six pièces réunies s'étaient glissés des apocryphes : « Les Cornues », « Le Limaçon », « Doctrine », trois faux-rimbauds publiés auparavant par *Le Décadent* en février, mai et juillet 1888 et ce « Poison perdu » que nous n'hésitons pas à rendre à Germain Nouveau [1]. Il est curieux de constater qu'Antoine Adam, en 1972, admettait ce poème dans les *Œuvres complètes* de Rimbaud pour la prestigieuse Bibliothèque de la Pléiade [2], alors que Pierre-Olivier Walzer le maintenait parmi les œuvres de Germain Nouveau, dans un volume de la même collection [3].

Louis Forestier, dans le volume de la collection « Bouquins », prend soin de mettre à part ce qu'il appelle les « Perles fausses » [4]. Aux quatre poèmes déjà mentionnés, il ajoute d'autres rimbauds [5] parus, comme les trois premiers

---

1. Le manuscrit de « Poison perdu », dont le fac-similé est reproduit dans l'*Album Rimbaud* de la Bibliothèque de la Pléiade, réuni par Henri Matarasso et Pierre Petitfils (Gallimard, 1971), y est donné, p. 184, pour « recopié » par Rimbaud. Pourtant, manifestement, le manuscrit, conservé à la Bibliothèque littéraire Jacques Doucet, n'est pas de son écriture. 2. Gallimard, 1972, p. 231. 3. Gallimard, 1970, pp. 789-794. 4. Arthur Rimbaud, *Œuvres complètes*. — *Correspondance*, Robert Laffont, 1992, pp. 411-426. 5. Nous créons ce terme, qui répond en quelque sorte aux « coppées », les à la manière de François Coppée auxquels Rimbaud se plut quelque temps (voir l'*Album zutique*).

dans *Le Décadent* : « Sonnet » (« Il splendit sous le bleu » :
on imagine mal Rimbaud écrivant une chose semblable !),
« Instrumentation » (le titre sent son René Ghil), « Oméga
blasphématoire », dont « l'Iode brun » n'a vraiment rien à
voir avec le « rayon violet de Ses Yeux », dans le dernier
vers de « Voyelles ».

Les apocryphes plus tardifs ne valent pas mieux, et ils
n'ont même pas l'excuse de la Décadence. Le départ des
« Internes » (1923), dont l'auteur est identifié, Ernest Ray-
naud, sent le pastiche laborieux des « Premières Commu-
nions ». « La Serveuse » (1925), complément pour les
*Stupra*, est à ranger dans les œuvres complètes de Marcelle
La Pompe, *alias* Pascal Pia. « Le Sphynx » a beau bénéficier
de la garantie d'une revue intitulée *Le Rimbaldien* (numéros
7 et 8, printemps-été 1947), ce poème volontairement lacu-
naire est aussi peu rimbaldien que possible. Quant à *La
Chasse spirituelle* (soixante pages, aux éditions du Mercure
de France, 1949), substitut d'une œuvre perdue, comme *Les
Veilleurs*, comme l'*Histoire magnifique*, on s'étonne qu'elle
ait fait tant de bruit, tant sa platitude est consternante. Ce
n'était pas Pascal Pia, le préfacier, qui avait ajouté cette fois
sa forgerie à ce que Bruce Morrissette a appelé *The Great
Rimbaud Forgery*[1], mais les nommés Akakia-Viala et Nico-
las Bataille, déjà responsables à cette date d'une douteuse
adaptation pour le théâtre d'*Une saison en enfer*.

Il n'est pas de place pour cela dans une édition de poche
des œuvres littéraires de Rimbaud. Pas davantage pour la
*Lettre du baron de Petdechèvre* que, plus sérieux pourtant,
Jules Mouquet lui a attribuée en 1949, et dont Steve Murphy
est prêt à confirmer aujourd'hui encore l'attribution[2].
Publiée dans le *Nord-Est* (oui, le bon vieux *Nôress* dirigé
par ce Perrin à qui aussi Rimbaud dit Merde !), le 16 sep-
tembre 1871, plaisamment contresignée « pour copie confor-
me » par un nommé Jean Marcel, elle viendrait ajouter à la

**1.** Bruce Morrissette, *The Great Rimbaud Forgery*, Saint-Louis,
Washington University Studies, 1956 ; traduction française, *La Bataille
Rimbaud*, Nizet, 1959. **2.** *Cahier du Centre culturel Arthur-Rimbaud*
n° 10, Charleville-Mézières, septembre 1986.

trop courte liste des textes publiés par Rimbaud lui-même. Mais l'attribution reste trop incertaine et, comme l'a dit prudemment Louis Forestier, le procès n'est pas encore jugé[1].

## *Pastiches et mélanges*

Rimbaud n'était pourtant pas dédaigneux de l'actualité, encore à cette date de septembre 1871, juste avant son départ pour Paris, où Verlaine, répondant enfin à son appel, allait l'accueillir. Un an plus tôt, à Douai, à peine était-il hébergé par Izambard sous le toit des demoiselles Gindre, il avait signé F. Petit une lettre de protestation, datée du 20 septembre 1870, se faisant le porte-parole des membres de la Garde nationale contre le Maire, qui refusait de les armer efficacement. Mais, comme l'a montré Steve Murphy, F. Petit était le pseudonyme habituel d'Izambard, et on ne sait quelle part il prit à la rédaction de cette lettre, révélée par lui en 1927, dont le manuscrit autographe atteste bien l'écriture de Rimbaud[2].

Quelques jours plus tard, il participait, toujours avec Izambard, à une réunion publique, rue d'Esquerchin, en vue de la formation d'une liste électorale pour les élections municipales. *Le Libéral du Nord* publia le document le 25 septembre, et Izambard en a garanti l'attribution[3]. Il ne mérite pas d'être recueilli dans les « reliques d'une vie littéraire », mais il atteste ce goût qu'eut quelque temps Rimbaud de prêter sa plume, tel Pierrot, et comme il n'est pas en toute rigueur impossible qu'il l'ait fait pour le *Nord-Est*, se mettant cette fois dans la peau d'un Versaillais qui estime qu'après la répression de la Commune par M. Thiers la France est sauvée :

---

**1.** *Œuvres complètes — Correspondance*, p. 530.   **2.** Manuscrit conservé à la Bibliothèque de Charleville-Mézières. Voir Steve Murphy, *Rimbaud et la ménagerie impériale*, éd. du C.N.R.S. et Presses Universitaires de Lyon, 1991, p. 184.   **3.** Georges Izambard, *Rimbaud tel que je l'ai connu*, Mercure de France, 1946, pp. 122-127.

« Nous avons réorganisé une armée, bombardé Paris, écrasé l'insurrection, fusillé les insurgés, jugé leurs chefs, établi le pouvoir constituant, berné la République, préparé un ministère monarchiste et fait quelques lois qu'on refera tôt ou tard ».

L'ironie est cinglante, et permettrait d'éclairer des poèmes « engagés » de 1871, comme « Paris se repeuple » ou même, s'il est bien de cette date, celui, sans titre, qui commence par « Qu'est-ce pour nous, mon cœur ».

Le ton peut parfaitement être un ton de Rimbaud. Nous en avons la preuve avec *Un cœur sous une soutane — Intimités d'un séminariste*, encore un texte transmis par Izambard, dont l'authenticité n'est pas douteuse et que Steve Murphy a justement mis en valeur dans son édition critique et commentée[1]. Cette fois, Rimbaud prête la plume à un personnage imaginaire et caricatural, Léonard, et met à profit sa connaissance des jeunes séminaristes voisins qui fréquentaient les cours du Collège municipal de Charleville en 1870. Il égratigne l'Église comme ailleurs la Mairie ou le Gouvernement. Et il le fait toujours de manière plaisante et indirecte, par le biais du pastiche.

Au Collège, il a été rompu à cet exercice comme à celui de vers latins. La « Lettre de Charles d'Orléans à Louis XI pour solliciter la grâce de Villon, menacé de la potence », une composition française pour la classe d'Izambard, le prouve. Le pastiche était assez réussi, le montage suffisamment habile, pour que le professeur gardât la copie. Rodolphe Darzens publia le texte en novembre 1891 dans la *Revue de l'évolution sociale, scientifique et littéraire*. Nous ne la retiendrons pas plus dans notre nouveau reliquaire que la *Lettre du baron de Petdechèvre*, bien que l'authenticité en soit cette fois assurée. La classe de rhétorique, même sous l'impulsion d'un professeur jeune et cultivé comme Izambard, ne pouvait être tout au plus qu'une préparation à la vie littéraire. On gonflerait abusivement l'œuvre de Rimbaud

---

1. Charleville, Musée-Bibliothèque Arthur Rimbaud, « Bibliothèque Sauvage », 1991.

avec des exercices, vers latins ou compositions françaises, où l'essentiel risquerait vite de se noyer.

La frontière, il est vrai, est fragile. « Ophélie » est peut-être la transposition, pour Izambard, puis pour Banville, d'un exercice de vers latins. « Bal des pendus » a la même couleur médiévale que la « Lettre de Charles d'Orléans » et bénéficie des mêmes lectures. « *Credo in unam* », qui deviendra « Soleil et Chair », suppose le passage obligé par la traduction de l'invocation à Vénus dans le *De natura rerum* de Lucrèce. La version de Rimbaud avait eu les honneurs du *Moniteur*, le 11 avril 1870, mais cette fois il avait triché, reprenant pour l'essentiel la traduction que Sully Prud-homme avait publiée l'année précédente. La première poésie de Rimbaud naît de son expérience scolaire, de la passion qu'il y mit. Le tout premier poème publié, « Les Étrennes des Orphelins », ne fait pas exception à la règle, puisque le principal modèle, « L'Ange et l'enfant », un poème de Jean Reboul (1796-1864), avait fourni à la classe de M. Duprez, quand Rimbaud faisait sa seconde, la matière d'un exercice de composition latine.

Il s'y ajoute, dans le cas de Rimbaud, le goût personnel du pastiche, qui ne le quittera jamais. Aussi l'imitation, dont la pédagogie d'alors exploitait les ressources plus que celle d'aujourd'hui, n'a-t-elle rien de rebutant pour lui. Il acquiert, en français comme en latin, une sorte de virtuosité à cet égard, favorisée par sa facilité naturelle, et aussi par son goût de la moquerie. L'imitation peut rester stricte, de bon ton, — la classe l'exige. Elle peut se débrider, tourner au burlesque : c'est ce qui se produit dans *Un cœur sous une soutane*. Cette prudence pédagogique devient une arme dans les mains de Rimbaud, un brûlot anticlérical ou politique.

Dans ces pastiches, on observe déjà l'attention portée à François Coppée, le poète des *Intimités* (1868). Le sous-titre d'*Un cœur sous une soutane* est éloquent à cet égard. Mais en poésie même, le temps des « coppées » proprement dits viendra plus tard. En 1870, Rimbaud se cherche encore, entre le Victor Hugo de *La Légende des siècles* (« Le Forgeron ») et le Glatigny des *Vignes folles*. Il est pour l'instant à l'heure des « Mélanges » et, malgré le « *Vates eris* » d'un poème obligé en vers latins, sa vocation n'est pas si nette. Il ne dirait quand même pas, comme le baron de Petdechèvre : « Je ne suis pas poète, moi ; je suis orateur ! » Ses manifestations sur la place publique sont trop limitées. Mais le « poète de sept ans » a d'abord rêvé de romans d'aventures ; il prendra dans la bibliothèque d'Izambard des romans de Gabriel Ferry et d'Amédée Achard, *Le Dragon de la reine ou Costal l'Indien* (1855), *La Robe de Nessus* (même année). *Un cœur sous une soutane* est un petit roman sous forme de journal intime. Un poème même, daté du 29 septembre 1870, porte le titre de « Roman », et pas seulement parce que l'adolescent en est nourri (« Le cœur fou Robinsonne à travers les romans »), mais parce qu'il narre prestement, délicatement, une première aventure galante qui, boursouflée, ridiculisée, pourrait bien se retourner en celle de M. Léonard le séminariste et de Mlle Thimothina Labinette. Rimbaud, en 1870, aime déjà le pastiche, mais il se plaît aussi à changer de registre, à tout essayer.

*Portrait du jeune poète en bohémien*

Des premiers essais littéraires de Rimbaud on ne peut que garder une impression ambiguë. Elle explique les réactions contradictoires de ceux qui crient au nouvel « enfant sublime », de ceux qui ne veulent voir en lui qu'un bon élève et qui, à la limite, rejetteraient toute sa production de 1870.

Enfant sublime, Rimbaud se garda bien de vouloir le paraître. Et, dans un poème plus tardif, du 26 mai 1871, il préférera montrer l'âme de l'enfant « livrée aux répugnances » [1]. À cette date, il est vrai, une mutation profonde se sera opérée en lui. Mais il n'a jamais adhéré au mythe complaisamment élaboré par Victor Hugo, entretenu par son entourage, même si sa première évocation de l'enfance passe en partie par « Les pauvres gens » dans « Les Étrennes des Orphelins », et encore dans « Les Effarés ». Le résidu de pitié romantique, de poésie sociale, ne va pas jusqu'à une

---

1. « Les Poètes de sept ans », poème adressé à Paul Demeny dans une lettre du 10 juin 1871.

image misérabiliste de lui-même. Comme il se représentera différent des « enfants chétifs », dans « Les Poètes de sept ans », il veut, en 1870, aller de l'avant, « Petit-Poucet rêveur » plus qu'enfant sublime. Sans doute a-t-il lu Victor Hugo, ce qui passait pour une audace dangereuse aux yeux de sa mère : elle a reproché à Izambard, dans une lettre, 4 mai 1870, de lui avoir prêté *Les Misérables* et, comme pour la narguer, le titre *Un cœur sous une soutane* rappelle « Un cœur sous une pierre », dans ce roman. Il connaît *Notre-Dame de Paris* qu'il a utilisé pour les exercices français à coloration médiévale, et sans doute aussi *Hernani*. Mais Rimbaud approchant de ses seize ans ne se targue pas d'être « une force qui va ». Il va, tout simplement, s'abandonnant à ce qu'il appellera les « bohémienneries » dans une lettre à Izambard du 25 août 1870. Il ne s'interroge pas sur un « *Wohin ?* », comme les Romantiques allemands, il ne se fixe pas davantage un « *Dahin* ». Il affirme : « j'irai par les sentiers » (poème sans titre du 20 avril 1870, qui deviendra « Sensation »). Ou, au terme du cycle de 1870, dans « Ma Bohême », et pour une évocation, non plus future, mais passée cette fois : « Je m'en allais... ».

Bon élève, c'est vrai, Rimbaud l'a été jusqu'aux grandes vacances de 1870, avancées par suite de la déclaration de guerre, le 19 juillet. Il a raflé des prix dans son Collège, et dans les concours de l'Académie de Douai. En 1868, élève de troisième, il s'est même cru assez fort en vers latins pour adresser une ode d'une soixantaine d'hexamètres au Prince impérial, à l'occasion de la première communion de celui-ci (et c'est bien la seule fois que s'exerce sur lui la tentation de l'autre enfant sublime, celle de s'approcher du pouvoir en place et de lui faire hommage de son talent).

Sa première production poétique bénéficie de cette alacrité scolaire, favorisée moins par le goût de la compétition que par l'enthousiasme suscité par un professeur exceptionnel, par l'intérêt qu'il lui portait et par une boulimie de lectures, dont témoigne sa lettre à Izambard du 25 août. Elle va de *Don Quichotte* illustré par Gustave Doré aux toutes récentes *Fêtes galantes* de Paul Verlaine, un recueil qu'il juge « fort bizarre, très drôle, mais vraiment [...] adorable ».

Comme l'enfant rêveur pourra devenir « la si sotte bête » (« Honte »), le premier de classe va se muer, sinon en cancre, du moins en déserteur de l'école. Lui qui, le 6 août 1870, reçoit, outre le prix de vers latins obtenu au concours académique, les prix de discours latin, de discours français, de version grecque, de récitation et même d'enseignement religieux, il ne rentrera pas au Collège de Charleville quand il rouvrira ses portes en février 1871, après une trop longue interruption due à l'occupation prussienne. Le 14 octobre 1875, dans une lettre adressée à son camarade Ernest Delahaye qui, lui, roule dans la bonne ornière, il demande « en quoi consiste le "bachot" "ès sciences" actuel ». Mais il ne sera jamais bachelier, et il ne passera pas plus l'examen qu'il ne s'y est jamais préparé.

Sera-t-il, alors, un bon élève en poésie ? Étiemble a cru pouvoir réduire « Le Bateau ivre » à cela, comme si le poème rutilant de 1871, celui qui éblouit les poètes amis de Verlaine et Mallarmé lui-même, pouvait se réduire à un exercice parnassien. En mai 1870, quand il écrivait à Banville, Rimbaud rêvait, il est vrai, de Parnasse. Mais par la suite il n'a pas plus cherché à entrer dans le *Troisième Parnasse contemporain* qu'il n'est revenu à l'école. « Ai-je progressé ? » demande-t-il narquoisement à Banville en lui envoyant « Ce qu'on dit au poète à propos de fleurs », le 15 août 1871. Il sait bien que oui, mais que le maître du *Parnasse* conclura le contraire, et verra plutôt entrer en décadence ce jeune garnement qu'il a logé quelque temps rue de Buci et qu'il a dû expulser parce qu'il se montrait nu à la fenêtre. Alcide Bava — c'est le nom dont Rimbaud signe cet envoi — ne sera pas un nouvel Hercule. Il ne forcera pas les portes du *Parnasse*.

Le meilleur, dans cette production, à n'en pas douter, relève des « bohémienneries ». En avril 1870, quand il écrit les deux quatrains « *Par les beaux soirs d'été* », en mai, quand il adresse trois poèmes à Banville, dont celui-ci, pour « la dernière série du *Parnasse* », il veut avant tout « dire [...] du printemps ». La formule résume tout : « mes bonnes croyances, mes espérances, mes sensations, toutes ces choses des poètes ». Et à ce printemps doit correspondre ce que Paul Claudel appellera dans la première de ses *Cinq grandes Odes* le « printemps de la parole ». Non les sillons nouvellement emblavés, comme dans les *Géorgiques* de Virgile (Rimbaud n'a jamais eu de goût pour la « main à charrue »), mais une fraîcheur de l'expression poétique qui craint à peine de passer pour de la naïveté et qui prend soin de s'abriter sous le respect d'une tradition. L'emblème du « doigt de la Muse », reconnu pour banal, suffit à rappeler cette tradition.

On ne trouvera pas, dans ces deux quatrains, de ces « fortes licences » que saluera Rimbaud, le 25 août, dans les *Fêtes galantes* (« Et la tigresse épou — vantable d'Hyrcanie »). L'alexandrin est régulier dans ses coupes et dans ses rimes, assez souple pourtant pour laisser place à un soupir heureux dans le dernier vers (« Par la Nature, — heureux comme avec une femme ! »). La certitude de la démarche, de la marche même (« j'irai », répété du vers 1 au vers 7, avec une extension de l'espace, « loin, bien loin, comme un bohémien »), va de pair avec l'attente d'une jouissance délicate du tact (les blés qui picotent, l'herbe fraîche aux pieds, le vent qui baigne la tête nue) et conduit à la plénitude d'un « amour immense » pour le monde, à un bonheur. Et c'est avec bonheur, en effet, que Rimbaud trouve les épithètes justes, l'opposition, « sans rien qui pèse ou qui pose », entre le vide d'un « rien », de la parole, de la pensée, et la plénitude d'une « âme ». Des mots banals, sans doute, mais de ces mots avec lesquels un poète est capable de faire autre chose.

« Ophélie » tend l'exigence d'« Amour » et de « Liberté ». « *Credo in unam* », de manière moins convaincante, la charge de mythologie. Il faut attendre la lettre à Izambard du 25 août pour que le goût des bohémienneries s'exprime avec une force nouvelle : celle que donne la frustration d'une attente, quand les vacances ont été détournées par la déclaration de guerre et l'agitation « spadassine » des habitants de Charleville-Mézières :

« Je suis dépaysé, malade, furieux, bête, renversé ; j'espérais des bains de soleil, des promenades infinies, du repos, des

voyages, des aventures, des bohémienneries enfin ; j'espérais
surtout des journaux, des livres... Rien ! Rien ! »

Cette fois-ci, le « rien » l'emporte sur l'espérance du tout,
le vagabondage dans la nature est aussi limité que le vaga-
bondage de l'esprit dans les journaux et dans les livres. Rim-
baud l'enfant — pour reprendre le titre du livre de
Cecil A. Hackett [1] — a déjà conscience qu'il peut se muer
en « bête », en « sotte bête ». La fugue vers Paris, le 29 août,
la nouvelle fugue vers Douai, entre le 2 et le 7 octobre,
sont autant de tentatives pour échapper à cette bêtise-là et
au « patrouillotisme » ambiant, pour préserver la pureté des
« espérances » et d'une vie qui avait sans doute été trop faci-
lement imaginée avec la fraîcheur du printemps.
    La série belge, celle des sept poèmes d'octobre 1870
qui correspondent à la deuxième fugue, fait place à un
« rêvé pour l'hiver ». Mais c'est toujours du printemps :
un voyage à deux, cette fois (« L'hiver, nous irons »),
romanesque, au sens que peut avoir ce mot à propos du
Rimbaud de 1870, avec une malignité sensuelle qu'il ne
faut pas aggraver, et qu'on retrouve dans « La Maline »
(c'est-à-dire la Maligne), transposée sur la servante, sans
doute encore « la fille aux tétons énormes » du *Cabaret-
Vert*, à l'entrée de Charleroi. Le bohémien n'a besoin à
dire vrai ni de fille ni de tétons : il est épanoui, dans la
salle à manger brune, il s'épate même sur son immense
chaise, et la servante, si désireuse de le mettre à l'aise,
de « [l']aiser », n'apporte qu'un complément ; cette aise,
il la trouverait tout aussi bien dans le petit wagon rose
où « nous serons bien », et où il serait bien tout seul. Le
« Petit-Poucet rêveur » de « Ma Bohême » — le dernier
poème du cycle, le seul à ne pas être daté — n'a pas
besoin de compagne, et la Muse souveraine n'est là,
encore, que pour une feinte concession, vite corrigée, à la
tradition. Cet Orphée bohémien à la lyre incongrue (les
élastiques de ses souliers blessés par les chemins) n'est
en quête de nulle Eurydice. Il lui suffit précisément de

1. José Corti, 1948.

rêver, de rêver d'«amours splendides» au regard desquelles, sans doute, les amours ordinaires sont déjà insuffisantes. Depuis «*Par les beaux soirs d'été*», l'espace s'est dilaté encore : voilà Rimbaud logé, non plus au *Cabaret-Vert* — où il ne fit que passer pour s'y restaurer —, mais à la Grande-Ourse, dans le voisinage des constellations, parmi le frou-frou d'étoiles danseuses et chanteuses qui sont devenues *ses* étoiles. Peu importe de posséder quelque chose d'autre que cela. Pour le bohémien, le dénuement est la chance d'une plénitude, la poésie la meilleure arme contre les «ombres fantastiques» — celles qui d'abord disaient non à Orphée dans l'opéra de Gluck — la promenade à pied, vécue comme «liberté libre», l'accomplissement de l'«aise». La forme stricte du sonnet, commune à ces sept poèmes du cycle belge, n'exclut nullement la fantaisie (c'est le sous-titre de «Ma Bohême», et dans un sens autre que le sens nervalien, plus proche du *Fantasiestück* allemand). L'allure est désinvolte, plus que le langage ou le ton, mais sans impertinence. Depuis le poème d'avril, l'alexandrin s'est assoupli dans ses rythmes («Je m'en allais, les poings dans mes poches crevées»), avec des rejets («j'égrenais dans ma course / Des rimes», «je sentais des gouttes / de rosée»), chaque fois pour évoquer une abondance, une vigueur dont Rimbaud se sent encore plein, même si le printemps et l'été sont passés et qu'approche un hiver plus confiné. Le «cœur», mot final, note finale plutôt de la série, et de l'ensemble des poèmes de 1870, n'est nullement un euphémisme pour le sexe, comme l'a suggéré Steve Murphy. La malignité de Rimbaud, à cette date, ne va pas jusque-là. C'est encore une concession à la banalité poétique, mais moins à un sentimentalisme venu, comme la Muse, de Musset, qu'au désir de retrouver la source de vie, comme peut l'être le soleil au début de «*Credo in unam*».

## Le «recueil Demeny»

Le fait nouveau, en septembre et octobre 1870, est que Rimbaud ne se contente pas d'égrener des rimes et des poèmes. Il veut constituer un recueil, comme le font « tous les poètes, tous les bons Parnassiens ».

Izambard ici ne peut servir de modèle, même s'il lui arrive de taquiner la Muse. Verlaine est encore loin. Mais dans l'entourage d'Izambard, à Douai, se trouve un jeune poète dont Rimbaud a déjà eu l'occasion de découvrir le recueil, *Les Glaneuses*, dans la bibliothèque laissée par son professeur à Charleville. Il en parle d'une manière ambiguë dans sa lettre du 25 août à Izambard. « Il y a trois jours, je suis descendu aux *Épreuves* [de Sully Prudhomme, 1866], puis aux *Glaneuses* ». Il serait excessif de parler de décadence, mais le déroulement de la phrase laisse l'impression d'une descente, et même d'une chute. Pourtant Rimbaud précise qu'il a non seulement lu, mais relu le recueil que Paul Demeny avait publié à la Librairie Artistique cette année-même. Relu sans Izambard, ou relu pour lui-même : un signe d'intérêt est là, et il tient moins à la valeur de l'ouvrage (visiblement douteuse pour lui, et le 12 juillet il semble suggérer à Izambard de le brader) qu'au fait que ce jeune poète est parvenu à publier chez un éditeur parisien. Quand, encore le 17 avril 1871, Rimbaud raconte à Demeny dans une lettre sa tournée des éditeurs parisiens, il ne manque pas de lui signaler qu'il est allé à la Librairie Artistique, sise rue Bonaparte. Il marche, mais cette fois sur les traces de son devancier.

La proximité de Demeny à Douai, quand Rimbaud y est logé par Izambard, en septembre 1870, quand il y revient de son propre chef, en octobre, a dû, sinon déclencher, du moins aviver chez Rimbaud le désir de publier un recueil. Izambard nous a laissé un tableau représentant son ancien élève au travail dans la maison familiale des demoiselles Gindre, trois sœurs, Caroline, Isabelle et Henriette, qui l'avaient élevé et qu'il considérait comme ses tantes (elles tenaient un magasin de modes, 29, rue de l'Abbaye-aux-prés) :

> « il ne se fait pas de bile, il est au chaud, il recopie des vers, qui ont le toupet d'être charmants [...]. À la moindre rature, il recommence, et il *exige* de larges feuilles de papier écolier.

Quand une main est noircie, il vient dire : "Je n'ai plus de papier", et cela, plusieurs fois par jour. On lui remet les quelques sous nécessaires pour qu'il aille en acheter d'autre. "Écrivez au dos", lui suggère une des tantes ; mais lui, d'un air scandalisé : "Pour l'imprimerie, on n'écrit jamais au dos". Vous voyez bien qu'il songe à se faire imprimer » [1].

Henry de Bouillane de Lacoste, le spécialiste de la graphie rimbaldienne, a repris la formule d'Izambard, et affirmé à son tour que « c'est bien à l'imprimeur que Rimbaud voulait remettre son manuscrit. Cependant, pour des raisons inconnues, peut-être faute de temps, il ne donna pas suite à ce projet. Il se contenta de confier ses poèmes à Paul Demeny, sans doute avec la mission expresse de trouver un éditeur pour ses vers à lui, comme Demeny en avait trouvé un pour les siens » [2].

Des incertitudes demeurent, et pèsent quelquefois sur l'édition même de ce « recueil Demeny ». Rimbaud a-t-il commencé le travail pour cette mise en forme du recueil dès son premier séjour à Douai, en septembre ? C'est probable. Et le résultat en serait ce qu'on peut considérer, sans rigueur aucune, comme le premier Cahier de Douai, reprenant des textes antérieurs en en donnant quand il le faut une nouvelle version, ajoutant quelquefois. Le second, datant d'octobre, avec des poèmes écrits au cours même de la fugue à travers la Belgique, est constitué sans peine au cours du second séjour. Le travail est beaucoup plus simple, car les sept sonnets de ce second recueil se présentent comme un tout extrêmement homogène, ces poèmes de l'« aise » caractérisés plus haut par le bien-être qu'ils respirent, une dilatation de l'être pour laquelle Rimbaud utilise un terme un peu prosaïque : « je m'épatais ».

Quand Rimbaud a-t-il déposé le tout chez Demeny, qui était absent de son domicile au moment où il y passa ? Septembre ou octobre ? La date est controversée, et le billet qui était joint au manuscrit sur ce point n'est pas explicite :

---

1. *Rimbaud tel que je l'ai connu*, p. 74.    2. *Poésies* de Rimbaud, édition critique, Mercure de France, 1939, p. 15.

« Je viens pour vous dire adieu, je ne vous trouve pas chez vous.

Je ne sais si je pourrai revenir ; je pars demain, dès le matin, pour Charleville, — j'ai un sauf-conduit. — Je regrette infiniment de ne pas pouvoir vous dire adieu, à vous.

Je vous serre la main le plus violemment qu'il m'est possible. — Bonne espérance.

Je vous écrirai. Vous m'écrirez ? Pas ? »

Ce qui est troublant, c'est qu'il figure, non après « Ma Bohême », mais à la suite de « Soleil et Chair », un poème de la première série. Il paraît pourtant plus que probable que ce dépôt et ce billet datent de la fin d'octobre, quand Izambard, d'une manière cette fois un peu brutale, le renvoie à Charleville (d'où la différence que Rimbaud établit, dans son billet, entre Demeny et d'autres). On voit mal comment il pourrait en être autrement puisque les poèmes du second cahier figurent dans le dossier confié à Demeny, et qu'ils sont tous, à une exception près, datés d'octobre.

Pourquoi Rimbaud n'a-t-il pas donné de titre à l'ensemble ? Et à quel titre aurait-il pu penser ? L'hypothèse la plus simple est qu'il se serait contenté de *Poésies*, titre que la postérité, d'ailleurs, a généralement retenu pour ses poèmes en vers. Il est possible aussi qu'il ait considéré son travail comme inachevé, donc en attente d'un titre. Ce serait l'une des raisons pour lesquelles, dans une lettre du 10 juin 1871, Rimbaud demandera à Demeny :

« brûlez, *je le veux*, et je crois que vous respecterez ma volonté comme celle d'un mort, brûlez *tous les vers que je fus assez sot* pour vous donner lors de mon séjour à Douai ».

Il est vrai que la seconde prière, qui suit celle-ci, est surprenante : il demande à Demeny de lui adresser un exemplaire de ses *Glaneuses*, qu'il veut « relire ». A-t-il tant besoin de lire encore une fois ce recueil pour lequel il n'a jamais eu grande estime, et dont, quelques jours plus tard, il sera prêt à revendre pour trois francs aux collégiens d'Ardennes l'exemplaire qu'a laissé Izambard ? Serait-ce un grossier subterfuge pour tirer quelques sols du nouvel exemplaire envoyé, car, à l'en croire, sa mère ne l'a « gratifié d'aucun rond de bronze depuis six mois » ?

Le « recueil Demeny » est à mettre au nombre de ce que Milan Kundera a appelé *Les Testaments trahis*[1]. Demeny n'a cherché ni à faire publier ces vers, ni à les détruire. Aujourd'hui, le temps des conservateurs est venu, qui s'efforcent d'éditer correctement et de classer ces reliques. On voit clairement — et notre édition essaie d'en rendre compte — que l'ensemble, en ses deux parties bien distinctes, constitue un recueil à proprement parler. Et pourtant, en raison de son absence de titre, en raison de sa transmission presque miraculeuse à Darzens pour *Le Reliquaire*, en raison de ses incertitudes et de l'exigence non respectée de l'auteur, l'ensemble a quelque chose de fragile qui le rend émouvant.

La femme y est sotte ou maligne, et s'impose le choix, bien plus satisfaisant, de soi. Aux rêveries d'un promeneur solitaire tendent à se substituer des rêves d'amours splendides, et la meilleure des compagnes reste sans doute la Nature de « Sensation », la meilleure des compagnies celle du ciel étoilé (« Ma Bohême »). Car ni le « nous irions » des « Reparties de Nina », dans le premier cahier, ni même le « nous irons » de « Rêvé Pour l'hiver », dans le second, ne remettent sérieusement en question le « j'irai » de « Sensation » ou le « je m'en allais » de « Ma Bohême ». Nina détruit, avec une question d'employée de bureau, témoignant d'un seul souci d'« assise », l'enthousiasme sans doute trop volontaire d'un projet de promenade sentimentale. L'approche des « derniers dons »[2], excitante sans doute, ne va pas jusqu'aux « transports de l'esprit et des sens » recherchés par Baudelaire. Le rire moqueur de la « demoiselle aux petits airs charmants », dans « Roman », celui des « alertes fillettes », dans « À la Musique », qui trouvent « drôle » celui qui les désire, « et se parlent tout bas », constituent le décor sonore de ce qui n'est même pas une

---

1. Gallimard, 1993.    2. L'expression n'est pas de Rimbaud, mais de Valéry dans « Le Cimetière marin » (« Les derniers dons, les doigts qui les défendent »).

Comédie de l'amour. Et, si l'on passe au registre mythologique, la Vénus de Lucrèce, la Vénus anadyomène de Botticelli, celle qui est encore magnifiée dans « Soleil et Chair », se transforme en une minable prostituée, « belle hideusement d'un ulcère à l'anus ».

« Le Monde a soif d'amour » : mais l'amour de toutes celles qui suivent « Clara Venus » ne parviendra pas à étancher cette soif-là. L'Histoire et la Société n'y parviennent pas davantage. Prêt à admettre « Le châtiment de Tartufe », surtout si Tartufe est Napoléon III, multipliant lui-même les nouveaux châtiments à l'adresse de l'Empereur détesté, responsable de la guerre franco-prussienne et déchu à la suite de la défaite de Sedan, le 4 septembre 1870, Rimbaud craint pourtant que l'humanité, donc lui-même, fassent davantage encore les frais de tous ces Châtiments qui ravagent le monde. Au « gibet noir » du « Bal des pendus », le poète risque de danser lui-même, comme Villon dans sa « Ballade des pendus » ou comme Baudelaire dans « Un voyage à Cythère ». « Le Mal » ravage les « bataillons en masse » sur les champs de bataille, pendant que le Roi (c'est-à-dire toujours l'Empereur) raille et que Dieu rit. Le jeune mort qui a « deux trous rouges au côté droit », « Le Dormeur du Val », constitue une tache dans cette Nature que le promeneur de « Sensation » considérait comme heureuse. La Révolution de 1789, avec tous les espoirs qu'elle a soulevés, se révèle finalement inutile : ni la prise de parole du Forgeron, aux Tuileries, en 1792, ni son geste de jeter son bonnet rouge au front du roi, ni le sacrifice des « Morts de Quatre-vingt-douze et de Quatre-vingt-treize », abusivement utilisé par les « Messieurs de Cassagnac », dans la presse bonapartiste, pour justifier la nouvelle guerre, n'ont servi à quoi que ce soit. Maniant l'indignation quand il le faut, dans le premier Cahier, épinglant l'homme pâle, l'Empereur à l'œil mort et son « Compère en lunettes », Émile Ollivier, qui prit l'initiative de la déclaration de guerre le 19 juillet 1870, Rimbaud passe de la satire à l'émotion dans le second Cahier (« Le Dormeur du Val »), ou s'amuse d'une gravure belge brillamment coloriée, qu'il a vue au passage à Charleroi, et qui permet de tourner à la caricature la représentation trop triomphale de la médiocre victoire de Sarrebrück où le Prince impérial fit ses premières armes.

On peut être plus sensible, en lisant le « recueil Demeny », à ce que Steve Murphy a appelé « l'apprentissage de la subversion », à la mise en place de la « ménagerie impériale », ou, comme Yves Bonnefoy, à la pureté des poèmes du cycle belge. On y trouve de tout, des poèmes de printemps et d'été, de longues tirades, des croquis humoristiques et parfois vengeurs, plus rarement attendris, des poèmes politiques pleins de rancœur et de rancune, l'évocation du désir adolescent, les délices de l'évasion. Mais cette variété ne va pas sans l'assurance singulière d'un ton poétique qui ne se laisse confondre avec nul autre, d'un lyrisme blessé sans doute, mais aussi de l'appel à une fantaisie compensatoire. Hugo a voulu utiliser toute la lyre. D'autres, comme Lamartine, ont voulu y ajouter des cordes. Rimbaud suggère bien qu'il a cherché plutôt à les tirer, à les étirer, pour faire entendre des sons nouveaux sans sacrifier les exigences du « cœur ».

## La Commune et le retournement

De Charleville où il est rentré, Rimbaud écrit à Izambard une lettre où le « bohémien » gémit de « [s]e décompos[er] dans la platitude, dans la mauvaiseté, dans la grisaille ». Le même appel retentit : « Allons, chapeau, capote, les deux poings dans les poches, et sortons ! ». La lettre enchaîne sur « Ma Bohême », et pourtant Rimbaud s'impose de rester, pour obéir à sa mère, sans doute, pour mériter la confiance et l'affection de son ancien professeur, il le dit. Mais lui rendra-t-il cette affection, quand il signe, d'une manière nouvelle, « Ce "sans-cœur" de A. Rimbaud » ?

On peut entendre là un reproche que lui fit Izambard dans une relation de confiance qui le permettait. Mais comment surtout ne pas être frappé par ce retournement : le dernier poème du recueil Demeny s'achève sur « mon cœur » et, quand il a tourné la page, quand il a remis le manuscrit à Demeny, quand il a quitté Douai, et il le sait, à jamais, Rimbaud se présente comme « sans-cœur ».

L'enchaînement est encore plus remarquable quand on saute de cette lettre du 2 novembre 1870 à celle qu'il adresse, le 13 mai 1871, au même Izambard. Comme elle est dure, cette lettre ! C'est Rimbaud qui fait des reproches à celui qu'il appelle pourtant encore « Cher Monsieur ! », avec un point d'exclamation d'ailleurs presque suspect. Il lui en veut d'être redevenu professeur, alors que lui n'a pas voulu redevenir élève, de se donner à la Société en faisant partie d'un corps constitué et en roulant dans la bonne ornière. Il attaque son goût pour la « poésie subjective » : celle qu'Izambard lit par prédilection, celle qu'il compose à l'occasion, celle qui, plus largement, correspond à son mode d'existence. Et cette poésie subjective, qui prétend donc, comme celle de Musset, naître du cœur, Rimbaud la juge « horriblement fadasse ». Ce « cœur »-là, il le méprise, il le hait même. Et par dérision, entonnant un nouvel air, et en attendant de donner de la poésie non-subjective, il lui livre un échantillon de sa nouvelle manière, « Le cœur supplicié ». Le cœur, toujours — dans le titre (et dans les autres titres que portera ce poème, « Le Cœur du pitre », « Le Cœur volé »), dans les premiers vers, appelés à devenir refrain pour une composition en triolets,

> « Mon triste cœur bave à la poupe...
> Mon cœur est plein de caporal ! »

Un cœur qui bave, un cœur qui chique, un cœur qui le dégoûte, comme Baudelaire craignait d'être dégoûté par le sien et par son corps à la fin d'« Un voyage à Cythère », un cœur qu'il est prêt à livrer aux « flots abracadabrantesques » : pour qu'il soit sauvé ? pour qu'il soit purifié ? pour qu'il reste décidément volé ? Un cœur qu'il renie, malgré la clausule de la lettre, « Bonjour de cœur », qui dans ces conditions paraît bien amère.

Le retournement du « cœur » au « sans-cœur » était préparé, on le voit, par le deuxième arrachement à Douai. Mais, à la date de mai 1871, il a quelque chose de plus brutal, et l'arrachement devient déchirement. Cinq mois et demi se sont écoulés, et le temps semble être allé plus vite sous la bousculade des événements : le bombardement et la capitulation de Mézières, le siège de Paris, l'armistice, les élections à l'Assemblée Nationale, la constitution du gouvernement provisoire, la signature des préliminaires de paix, le défilé des Prussiens sur les Champs-Élysées, l'insurrection de la Commune, les premiers bombardements des Versaillais sur la banlieue ouest de Paris. Bien plus qu'au cours de l'été des trop « grandes vacances », Rimbaud a été requis par ces événements. Vaguement attiré par le journalisme, il a été le collaborateur, très modeste et très occasionnel, d'un journal fondé en novembre 1869, *Le Progrès des Ardennes* ; surtout, il est allé voir sur place, à Paris, ce qui se passait « du 25 février au 10 mars », sans risquer cette fois d'être interné dans la prison de Mazas.

Contrairement à ce qu'on a dit parfois en s'appuyant sur le témoignage ici suspect de Delahaye, Rimbaud n'est sans doute pas allé à Paris au moment de la Commune, et encore moins au cours de la Semaine sanglante[1] (21-29 mai). Mais il y était en esprit — nous n'osons dire : de cœur. « Les colères folles me poussent vers Paris, — où tant de travailleurs meurent pourtant encore de faim tandis que je vous écris », confie-t-il à Izambard dans la lettre du 13 mai. À partir de là il pourrait définir une « poésie objective », qui s'opposerait à celle du professeur. Observons bien que, dans le texte de cette lettre, il ne s'agit pas d'une forme, même pas d'un mode de la poésie, mais d'un « principe » qui s'oppose à celui, fadasse, sur lequel Izambard fonde son rôle dans la société. Non pas travailler, mais être du côté des travailleurs. À tous les Assis, à tous les Accroupis, Rimbaud va opposer Jeanne-Marie, pétroleuse de la Commune, et ses « mains fortes » :

---

1. Sur cette question délicate, voir l'article de Michel Décaudin, « Rimbaud et la Commune. — Essai de mise au point », dans *Travaux de linguistique et de littérature*, IX, 2, Publications de l'Université de Strasbourg, 1971, pp. 135-138 et une importante note de Frédéric Eigeldinger et André Gendre dans *Delahaye témoin de Rimbaud*, Neuchâtel, À la Baconnière, 1974, pp. 304-322.

> « Elles ont pâli, merveilleuses,
> Au grand soleil d'amour chargé,
> Sur le bronze des mitrailleuses
> À travers Paris insurgé ! »

Il use toujours d'un texte antérieur qu'il regratte — après les triolets de Banville, les « Études de mains » de Théophile Gautier —, mais le pastiche et la parodie sont ici dépassés par une force nouvelle qui est bien plus proche des pamphlets du communard Eugène Vermersch, ou même de la philosophie de Marx, que des nouveautés poétiques feuilletées chez Alphonse Lemerre, le « bon éditeur » des Parnassiens, ou à la Librairie Artistique. Rimbaud d'ailleurs ne s'y était pas trompé quand il était venu à Paris entre le 25 février et le 10 mars. Sa lettre à Demeny du 17 avril montre bien comment il a dédaigné les « ruissellements fastidieux de photographies et de dessins relatifs au Siège » — de littérature aussi —, et comment au contraire il est allé à la recherche de l'adresse de Vermersch, jugeant « admirables » ses « fantaisies », et celles de Jules Vallès, dans *Le Cri du peuple*.

À Demeny, il a écrit une lettre en mai, deux jours après celle qu'il adressait à Izambard. Et quelle lettre ! Abondante, diluvienne même, et pourtant sœur jumelle de la précédente : la lettre du voyant, version longue, après la version courte, avec des formules qui reviennent de l'une sur l'autre : se rendre, ou se faire *voyant* ; « Je est un autre ». Avec Demeny, il est le professeur, mais pour un cours de « littérature nouvelle » qui n'a rien d'académique, même s'il remonte aux *Origines*. Il donne un grand coup de balai sur la littérature passée et ses prolongements actuels ; oui, et il le dit sans mâcher ses mots, il veut « balayer ces millions de squelettes qui, depuis un temps infini, ont accumulé les produits de leur intelligence borgnesse ». Et presque tout et tous y passent, de Racine, « le Divin Sot », et La Fontaine, représentant avec Rabelais et Voltaire de l'odieux génie français, aux écrivains d'aujourd'hui, qui ne sont que des « fonctionnaires », comme l'autre professeur, Izambard. Semblable en cela à Lautréamont, il rejette d'un « sursaut stomachique » le « quatorze fois exécrable Musset », fadasse (l'épithète revient) comme le principe de la poésie subjective cher à Izambard. Car, on l'aura compris, écrire à Demeny le 15 mai, c'est écrire contre Izambard, indirectement cette fois, mais avec une violence éruptive inouïe.

Seuls échappent au massacre les annonciateurs du voyant, romantiques de la première génération, comme Hugo, ou de la seconde, comme Baudelaire, « le premier voyant, roi des poètes, *un vrai Dieu* », mais limité dans son invention d'inconnu par une forme encore mesquine.

À l'Inconnu vers lequel voulait plonger le poète des *Fleurs du Mal* dans les derniers vers du « Voyage », Rimbaud veut accéder, d'une manière nouvelle, par le « dérèglement de *tous les sens* », et pas seulement par les paradis artificiels. En 1870, le Forgeron, porte-parole du peuple révolutionnaire devant le Roi, et le sien, se voulait le représentant de « la Crapule ». En mai 1871, au moment de cette seconde Révolution véritable qu'est la Commune, Rimbaud décide de « [s']encrapuler le plus possible ». Cela ne se réduit pas au rôle d'un nouveau Forgeron, à celui d'un représentant du peuple. Il ne lui suffit pas des bas-fonds de la société, il lui faut les bas-fonds de la conduite. Comme il s'en prend, dans la lettre à Demeny, à ces « vieux imbéciles » qui n'ont « trouvé du moi que la signification fausse » (et ce sont encore les tenants de la « poésie subjective », donc un grand nombre d'écrivains et de prétendus intellectuels), il avoue cyniquement, dans la lettre à Izambard comment il se fait « *entretenir* » par d'« anciens imbéciles de collège » qu'il a « déterr[és] » : « tout ce que je puis inventer de bête, de sale, de mauvais, en action et en paroles, je le leur livre : on me paie en bocks et en filles » — c'est-à-dire en fillettes de vin.

On aurait tort, du moins à cette date, d'exagérer la plongée de Rimbaud dans le vice. Il se vante clairement, en tout cas, d'être entré en ivrognerie, où il retrouvera Verlaine après son arrivée à Paris à la fin de septembre. Les poèmes contenus dans les deux lettres du voyant, dans une autre lettre à Demeny du 10 juin, ne vont pas si loin, à moins de surinterpréter « Le Cœur du pitre » à l'aide d'on ne sait quelle histoire inventée d'un séjour parmi les pioupious voraces de la caserne de Babylone. Ils sont bas, certes, ces poèmes, quand ils sont scatologiques (« Accroupissements »), quand ils expriment la bave, la vomissure (« Le cœur supplicié », « Mes petites amoureuses »), la moisissure (« Les Pauvres à l'église »), la laideur sous tous ses formes ou dans toutes ses difformités. C'est encore une façon de gagner le fond, d'essayer peut-être de le toucher.

Mais parallèlement, et lors même qu'il pratique ce que Gérard Genette appellera le jeu du palimpseste, Rimbaud découvre ce qui avait échappé à Baudelaire, ce que, dans une tonalité toute différente, il avait aimé spontanément dans le Verlaine des *Fêtes galantes* : non pas la licence, mais les licences. À trois reprises, lançant dans la seconde lettre du voyant ce qu'il appelle ses « psaumes d'actualité » (c'est bien dans l'actualité immédiate, celle de la Commune que prend racine sa nouvelle poésie), il ne peut s'empêcher de s'écrier « Quelles rimes ! ô ! quelles rimes ! », comme si elles étaient venues d'« un autre ». Car la formule « Je est un autre », mal comprise parce qu'elle a été elle aussi sur-interprétée, exprime avant tout un acte et une découverte de ventriloquie poétique.

Une dernière notation, et d'importance, car elle doit éviter un fâcheux contresens : ce *dérèglement* est *raisonné*. Le principe est ainsi précisé, quand on passe de la première à la seconde lettre du voyant et, à l'heure du bilan des « Délires », « Alchimie du verbe » viendra le confirmer dans *Une saison en enfer*, en 1873. L'erreur est de voir en Rimbaud un adepte de la folie ou des folies, un tenant de l'imagination pure, quand il conçoit l'imagination comme raisonnée. « À une Raison » : le mot reviendra encore, avec la majuscule, dans les *Illuminations*.

Les lettres du printemps et de l'été 1871 sont moins abruptes qu'on n'a bien voulu le dire. Rimbaud, nuancé dans son jugement sur Lamartine, sur Hugo, sur Baudelaire, ménage Banville dans la seconde lettre du voyant (il serait « très *voyant* », ce qui ne laisse pas de surprendre), même s'il a l'air de le narguer dans le billet du 14 juillet qui accompagne l'envoi de « Ce qu'on dit au poète à propos de fleurs », contre-herbier poétique de Banville et des Parnassiens, et même sans doute des *Fleurs du Mal*, s'achevant sur le projet d'une version rimée du mal... des pommes de terre. Un poème plein de verve au demeurant, d'une sève singulièrement forte, qui n'hésite pas à prendre des libertés avec la grammaire (« les pampas printaniers »), à pratiquer les comparaisons gouailleuses (« Les lys, ces clystères d'extase »), les effets de cacophonie douteux (« L'Ode Açoka cadre »), les alliances de mots choquantes (« croquignoles végétales », « amygdales gemmeuses ») pour s'abandonner, là encore, aux surprises de l'écoulement de la rime, comparé à l'épanchement du caoutchouc, donc encore à la bave de « l'arbre tendronnier » qui était évoqué au début de « Mes Petites amoureuses ». Car la substitution d'Alcide Bava à Arthur Rimbaud déplace moins l'attention du « sans-cœur » vers le « triste cœur » qui « bave », qu'elle n'invite à s'étonner de cette sève nouvelle.

*Vers « Le Bateau ivre »*

Cette mutation spectaculaire qui vient de s'opérer en Rimbaud, en mai 1871, non pas brutale d'ailleurs, mais préparée, donne des poèmes qui dérangent moins la forme qu'ils ne la subvertissent, des inventions coruscantes qui procèdent souvent de l'exercice, de l'étude, et qui doivent secouer le lecteur par les attaques, par les sarcasmes, par des caricatures sans pitié, par une polémie langagière qui dépasse toute polémique. On y trouve toutefois des éclaircies, comme telle « Tête de faune » qui fait figure d'hommage au poète des *Fêtes galantes*.

C'est qu'aux correspondants déjà nommés de Rimbaud, du moins ceux qui ont pu être retrouvés, il convient d'ajouter Verlaine, même si on dispose ici de bribes plus que de documents véritables. Rimbaud, de Charleville, a lancé vers lui des appels, sans savoir sans doute combien il avait été, lui aussi, du côté de la Commune ; et, comme à peu près toujours, des poèmes accompagnaient ses messages. Le reliquaire ici devient difficile à reconstituer, malgré l'existence du dossier, à la fois incomplet et augmenté, des textes de

Rimbaud recopiés par Verlaine en 1871. À défaut de projet de recueil, cette année-là, le « dossier Verlaine », si incertain soit-il, permet une ébauche de rassemblement.

Les circonstances de leur rencontre sont bien connues. Si en 1871, Rimbaud n'assiste plus aux cours du Collège municipal de Charleville, il fréquente des collègues et connaissances d'Izambard, qui a obtenu sa mutation pour Cherbourg. Il retrouve habituellement, autour d'un bock ou d'une « fille » au café de l'Univers, Lenel, Deverrière (à l'adresse de qui Izambard lui écrit) et Paul-Auguste, dit Charles Bretagne (1835-1881), qui accueille quelquefois le petit cercle chez lui. Certains d'entre eux, considérés comme des dupes, sont peut-être au nombre des « imbéciles de collège » dont parle la lettre du 13 mai. Bretagne était contrôleur des contributions indirectes, violoniste, caricaturiste et chansonnier à ses heures perdues. Il avait connu Verlaine à Fampoux, dans le Pas-de-Calais, où il avait auparavant exercé sa profession. Il conseilla à Rimbaud de lui écrire, sans lui donner sans doute l'adresse de sa tante en province. Il avait en effet de la sympathie pour l'adolescent et à la fin des réunions chez lui, raconte Delahaye, qui y participait aussi, « on lisait les vers ou quelques-uns des premiers *poèmes en prose* » qu'Arthur avait remis, quand il ne pouvait venir lui-même.

Un premier envoi, sans doute chez Lemerre, resta sans réponse. C'était, paraît-il, une longue lettre serrée, avec des poèmes recopiés par Delahaye et quelques lignes de Bretagne pour recommander son protégé. Nouvelle lettre, nouvel envoi, Rimbaud insistant sur le projet qu'il a de faire un grand poème, projet qui ne peut aboutir à Charleville. Verlaine ne réagissait pas, car il était alors dans le Nord. Rentré à Paris à la fin du mois d'août, il découvre les lettres du jeune homme de Charleville, et bientôt il lui lance à son tour : « Venez, chère grande âme, on vous appelle, on vous attend ». Il l'invite chez ses beaux-parents, M. et Mme Mauté de Fleurville, dans leur hôtel particulier de la rue Nicolet, à Montmartre et, en compagnie de Charles Cros, il va l'attendre à la gare de Strasbourg, notre actuelle gare

de l'Est. Ils le manquent, mais le retrouvent déjà installé
chez les Mauté.

Il y a des trous dans le « dossier Verlaine », tel qu'il a été
reproduit en fac-similé par les éditions Messein en 1919.
« Les Mains de Jeanne-Marie » doit naturellement combler
l'un d'entre eux. On peut y ajouter des textes qui étaient
épars dans ses papiers, comme « Les Chercheuses de poux »,
« Paris se repeuple ». Du « Bateau ivre » il existe une copie
non paginée de la main de Verlaine. En 1871, Rimbaud
avait, si l'on en croit le témoignage de Delahaye, déjà écrit
des poèmes en prose. L'ami de Charleville pensait sans
doute aux *Déserts de l'amour*, qu'il datait du printemps
1871. Cette date a été remise en question, mais sur le manus-
crit nous croyons bien reconnaître, là encore, l'écriture de
Verlaine. Ce manuscrit, en tout cas, se trouvait joint au
« Dossier Verlaine » quand celui-ci fut découvert.

Ce n'est pas le lieu d'entrer ici dans le détail de la vie de
Rimbaud et de Verlaine à Paris au cours des derniers mois
de l'année 1871, du trouble que l'intrus a apporté dans la
maison des Mauté, dans la vie conjugale de Mathilde, dans
l'entourage de Verlaine. Il importe davantage de noter que
très peu de temps après son arrivée, le 30 septembre, Rim-
baud fait son entrée chez les Vilains Bonshommes, des
poètes et artistes bohèmes, au sens parisien du terme, qui se
réunissaient pour un dîner mensuel dès 1869 et avaient repris
la tradition après la fin de la guerre. Blémont et les rédac-
teurs de *La Renaissance littéraire et artistique*, le photo-
graphe Carjat, le peintre Forain, entre autres, en faisaient
partie. Mais on y vit Coppée (c'est pour avoir pris son parti
qu'ils avaient reçu le nom de Vilains Bonshommes), Ban-
ville et Mallarmé lui-même, qui a laissé un précieux témoi-
gnage. De ce groupement sortira le *Coin de table* peint par
Fantin-Latour.

Rimbaud, à Charleville, avait rêvé d'entrer dans un pareil
cercle, et on peut penser qu'il avait insisté auprès de Ver-
laine pour que très vite il l'y introduisît. Selon le témoignage
de Delahaye, il avait composé un grand poème en vue de le
« présenter aux gens de Paris », et c'était « Le Bateau

ivre »[1]. On veut bien croire qu'il impressionna les Vilains Bonshommes quand il le lut devant eux. Ce n'est pas pour rien non plus que Verlaine s'est donné la peine de le recopier.

Pour lire aujourd'hui « Le Bateau ivre » comme il doit être lu, il faut laisser de côté la question des sources, le rapprochement avec « Le Vieux Solitaire » de Léon Dierx (Qui se soucie encore de Léon Dierx ?), il faut éviter de le tirer du côté du Parnasse sans négliger le fait que Rimbaud avait quelque temps été sensible au mirage parnassien. Il faut bien plutôt retrouver l'étonnement de certains des premiers auditeurs devant un souffle, même s'il est porté par ce que Claudel a appelé à propos de Hugo un « patron dynamique » (la répétition de « J'ai vu », en particulier, degré encore élémentaire de l'expression du voyant), même s'il retombe au moment du retour dans la flache ardennaise, quand le « bateau frêle comme un papillon de mai » que lâche un enfant rend le Bateau au terme de son ivresse aussi dérisoire que l'Invincible Armada auprès de la Rose de l'Infante. On ne peut qu'être sensible à ce que Verlaine a appelé « l'entrée dans la Force splendide », celle qui domine quelque temps « les clapotements furieux des marées », les délires des courants, l'assaut de la houle, avant un éclatement ruineux. De l'aventure, proprement *romanesque* encore, au sens rimbaldien du terme, demeureront des images vives, et elles sont bien, « nuit verte aux neiges éblouies », « incroyables Florides / Mêlant aux fleurs des yeux de panthères à peaux / D'hommes », « péninsules démarrées », « serpents géants dévorés de punaises », « poissons chantants » ou « poissons d'or », de ces visions dont la seconde lettre du voyant pouvait dire : « Il arrive à l'inconnu, et quand, affolé, il finirait par perdre l'intelligence de ses visions, il les a vues ! » Mais là encore, et plus que jamais, l'affolement va de pair avec le raisonnement, tout est contrôlé dans cette progression massive, cet élan audacieux qui est la forme marine, et superlative, de l'ancienne bohémiennerie. À deux reprises, Rimbaud, retour de Douai,

---

**1.** *Rimbaud, l'artiste et l'être moral*, Messein, 1923, p. 41.

était rentré au bercail à l'automne de 1870. Pour le Bateau
ivre encore, en 1871, il n'y a qu'un havre, celui-là même
qu'il refusait.

*Chants d'un « couple de jeunesse »*

Verlaine introduisit également Rimbaud dans le cercle des
« Zutistes », fondé par Charles Cros en novembre 1871. On
y trouvait les deux frères du poète inventeur du phono-
graphe, Antoine le médecin et Henri le sculpteur, on y ren-
contrait Ernest Cabaner, « l'apocalyptique musicien », le
peintre et caricaturiste André Gill, le poète Léon Valade, qui
faisait aussi partie des Vilains Bonshommes et figure sur le
*Coin de table* de Fantin-Latour. Le siège était un local dans
l'hôtel des Étrangers, au Quartier latin, à l'angle de la rue
Racine et de la rue de l'École-de-Médecine. Rimbaud y fut
hébergé quelque temps, et Delahaye se rappelait l'y avoir
retrouvé.

Il reste apparemment peu de chose de ce qu'il écrivit ou
projeta d'écrire dans ces premiers mois à Paris. « Voyelles »
doit peut-être à l'audition colorée de Cabaner. Mais surtout
l'*Album zutique*, création collective du Cercle, atteste la pré-
sence de Rimbaud dès le premier sonnet, « Propos du cer-
cle », où lui revient le « Merde » final. Sa contribution
personnelle à cet album lui permet de mettre à profit son
goût du pastiche et de la parodie : il fait des « coppées »,
bien sûr, des dizains surtout auxquels il faut ajouter le meil-
leur d'entre eux, celui qu'il écrivit dans un autre album, pour
le dessinateur Félix Regamey en septembre 1872 ; il
compose aussi de faux Armand Silvestre, Léon Dierx,
Louis-Xavier de Ricard, Louis Ratisbonne, Belmontet, et
même un faux Verlaine, une parodie licencieuse cette fois
des *Fêtes galantes*.

Mais le plus remarquable est que cet *Album zutique* donne
à Verlaine et à Rimbaud l'occasion d'une collaboration poé-
tique : ils s'associent pour ajouter par plaisanterie au recueil
d'Albert Mérat, *L'Idole*, publié par ce familier des Vilains
Bonshommes chez Lemerre en 1869, un blason du corps
plus qu'osé, le « Sonnet du trou du cul ».

Une telle collaboration aboutissant à un texte commun reste exceptionnelle. Mais elle introduit à un climat d'émulation autrement précieux, qui correspond aux mois de mai-juin 1872 à Paris et au début du voyage à deux hommes qui commence le 7 juillet. La Belgique, paradis perdu du « bohémien » d'octobre 1870, redevient un lieu de bonheur pour ceux que Verlaine qualifiera plus tard de « *laeti et errabundi* ». Un lieu de bonheur poétique, en tout cas, qui éclate dans des textes jumeaux, dont l'un est daté (celui, sans titre, qui commence par « *Est-elle almée ?* », juillet 1872) et dont l'autre (qu'il faut aussi désigner seulement par son *incipit*, « *Plates-bandes d'amarantes* ») ajoute des indications qui valent pour les deux (« Juillet, Bruxelles, Boulevard du Régent »). Or dans le même lieu, au même moment, Verlaine s'exerce parallèlement aux « Simples fresques » de « Bruxelles », qui seront datées d'août 1872 dans les *Romances sans paroles*.

De ses poèmes de l'année 1872 Rimbaud parlera, précisément, dans « Alchimie du verbe », comme « d'espèces de romances ». Le genre, il est vrai, se fait plus approximatif, ou il est perçu comme tel après la rupture entre les deux compagnons. Un voile vient alors recouvrir ces romances, une certaine aigreur de caractère, du noir, l'urgence d'un adieu au monde prématuré. Mais une montée vers l'éclat solaire, vers la joie élémentaire se produit, placée, conformément à l'alliance inaugurée dans la seconde lettre du voyant, sous le double signe de la « raison » et de l'égarement, du délire.

Verlaine, de son côté, parlera plus tard des tentatives poétiques de son compagnon comme d'*Études néantes*, « un recueil », ajoute-t-il, « qu'il n'écrivit, à ma connaissance pas »[1]. Aurait-on le droit de regrouper les poèmes de cette période, la troisième période poétique de Rimbaud, sous ce titre ? Tout autant que d'intituler un autre ensemble *Illuminations* à partir d'un autre renseignement fugace fourni par le même Verlaine. Un autre ensemble auquel, curieusement,

---

1. Préface pour l'édition Vanier des *Poésies complètes* de Rimbaud en 1895.

les premiers éditeurs des *Illuminations*, dans *La Vogue*, en
1886, tendaient à amalgamer celui-ci, complétant les proses
par des poésies...

La différence, si on revient à deux projets de recueils
séparés, est que celui des *Études néantes* se laisse beaucoup
moins aisément constituer que l'autre, malgré la présence,
dans les deux cas, de séries : ici, les quatre *Fêtes de la
patience*, les cinq sections de *Comédie de la soif*. « Fêtes de
la faim » pourra être scindé en deux dans la version,
« Faim », que citera « Alchimie du verbe ». Le compte rendu
des « Délires » permet, précisément, de constituer une
chaîne à laquelle aucun maillon ne manque si on tient
compte des brouillons d'*Une saison en enfer*. En restituant
les titres, cela donne : « Larme », « Bonne pensée du
matin », « Chanson de la plus haute Tour », « Fêtes de la
faim », « L'Éternité », « Âge d'or », « Mémoire », « Confins
du monde » (une pièce non identifiée, peut-être perdue),
« Bonheur » (c'est-à-dire le poème qui commence par « Ô
saisons, ô châteaux »).

D'autres poèmes, datés (« La Rivière de Cassis », mai
1872, « Jeune ménage », 27 juin 1872) ou non datés (« Mi-
chel et Christine », « Honte », et celui qui commence par
« Entends comme brame ») méritent d'en être rapprochés
tant par la tonalité que par la technique, celle que Verlaine
a caractérisée par les « assonances » et les « rythmes » que
Rimbaud lui-même appelait « *néants* ».

Mais là cesse l'accord des deux compagnons, représentés
peut-être dans le « couple de jeunesse » qui « s'isole sur l'ar-
che » et « chante » à la fin d'un des deux poèmes en vers
libres, ou en prose versifiée, qu'on maintient dans les *Illumi-
nations*, « Mouvement ». Verlaine, qui considère en 1895 que
Rimbaud est mort jeune à la poésie, parce que « nous n'avons
pas de vers de lui postérieurs à 1872 », n'appréciait guère,
semble-t-il, les « vers nouveaux » de son ami : « vers délicieu-
sement faux exprès », écrivait-il en 1886, et en 1895 : « pièces
par trop enfantines presque, ou alors par trop s'écartant de la
versification romantique ou parnassienne, et à dire vrai la
seule classique, la seule française ».

Il se souciait bien de versification française, celui qui

avait rejeté en mai 1871 le prétendu « génie français » comme « haïssable au suprême degré » ! En 1872, lors même qu'il est près de Verlaine à Paris, qu'il fréquente avec lui l'Académie d'absomphe (d'absinthe) ou qu'il l'accompagne dans le « vertigineux voillage », Rimbaud sait que son art poétique s'écarte sensiblement de celui de Verlaine, même de ce qui sera sa forme la plus avancée dans l'« Art poétique » publié dans *Jadis et naguère*. L'« opéra fabuleux », par son expression volontairement « égarée au possible », la reprise considérablement stylisée d'éléments empruntés pour des montages de plus en plus subtils, l'effet de néant qu'on a pris pour de l'impressionnisme à la manière de l'impression fausse de Verlaine, la syntaxe bouleversée de « Honte », le prolongement à l'infini *(indesinenter)* d'« Âge d'or », rien de cela n'a d'équivalent véritable dans la poétique verlainienne.

Qui, en définitive, pouvait passer pour l'émule de l'autre ? Aucun des deux sans doute, chacun étant un trop grand artiste pour cela. L'homosexualité, trop complaisamment invoquée par la critique, n'explique rien, ou pas grand-chose. Elle fut elle aussi vécue différemment, dans le sentimentalisme fadasse et vite douloureusement déçu, pour Verlaine, dans le désir suivi de dégoût pour ce « sans-cœur » de Rimbaud. Mais celui-ci précisera dans les *Illuminations* que, dans l'aventure des « Vagabonds » telle qu'il l'a vécue, il était seul « pressé de trouver le lieu et la formule ».

La formule poétique, Rimbaud ne l'avait jamais trouvée d'une manière stable : ni dans l'héritage de ses devanciers, ni dans le pastiche et la parodie, ni dans le sarcasme élevé à la hauteur d'un art poétique nouveau, ni dans la pratique d'une versification de plus en plus libérée. C'est d'une autre manière, et toujours grâce à Verlaine, mais après l'avoir quitté, qu'il devait se chercher encore...

Pierre BRUNEL

# CHRONOLOGIE

1854    Naissance, à Charleville, de Jean-Nicolas Arthur Rimbaud.

1865    Il entre au Collège de Charleville, où il sera un brillant élève.

1870    Son premier poème en vers français, « Les Étrennes des orphelins », est publié dans *La Revue pour tous* le 2 janvier. Au même moment Georges Izambard devient son professeur de lettres, en classe de rhétorique.

Le 24 mai il adresse trois poèmes à Banville pour *Le Parnasse contemporain*. Ils ne seront pas publiés.

Le 13 août, *La Charge* publie « Trois baisers ».

29 août-26 septembre. Première fugue (Paris, où il est emprisonné, Douai, où il est recueilli par Izambard).

Octobre. Deuxième fugue, à Douai en traversant la Belgique. C'est probablement à ce moment-là qu'il laisse à Paul Demeny le manuscrit d'un recueil sans titre.

1871    25 février-début mars : troisième fugue (Paris).

13-15 mai. Lettres à Izambard et à Demeny connues sous le nom de « Lettres du voyant ».

Septembre, Verlaine accueille Rimbaud à Paris.

Octobre. Charles Cros fonde le « Cercle zutique ». Rimbaud collaborera à l'*Album zutique*, non destiné à la publication.

1872     Rimbaud regagne Charleville en février.
         En mai, de retour à Paris, il occupe divers domiciles
         et compose de nouveaux poèmes.
         7 juillet. Verlaine et Rimbaud quittent Paris pour la
         Belgique.
         4 septembre. Ils s'embarquent pour l'Angleterre, où
         ils s'installeront à Londres.
         14 septembre. Publication des « Corbeaux » dans
         *La Renaissance littéraire et artistique*.

1873     25 mars. Rimbaud prend une carte de lecteur au
         British Museum.
         Mai. Séjournant dans la ferme familiale à Roche, il
         commence un « Livre païen » ou « Livre nègre ».
         27 mai. Retour à Londres.
         3 juillet. À la suite d'une nouvelle querelle avec
         Rimbaud, Verlaine s'embarque pour la Belgique.
         10 juillet. À Bruxelles, Verlaine tire sur Rimbaud,
         qui l'a rejoint.
         Août. À Roche, Rimbaud achève *Une saison en
         enfer*, publié en octobre.

1874     Long séjour à Londres, où il est d'abord accom-
         pagné de Germain Nouveau, et où sa mère et sa
         sœur Vitalie le rejoignent en juillet.

1875     Février-avril. Séjour à Stuttgart. Dernière et brève
         rencontre avec Verlaine.
         Mai-juin. Voyage en Italie, en particulier à Milan.

1876     Avril. Premier voyage vers l'Orient, interrompu à
         Vienne (Autriche).
         Mai. À Rotterdam, il s'engage dans l'armée colo-
         niale hollandaise. Départ pour Batavia le 10 juin.
         Août. À Java, il déserte. Retour en Europe par Le
         Cap.

1877     Mai. Il est à Brême et veut s'enrôler dans la marine
         américaine.
         Juin. Il est à Stockholm.

1878     19 novembre. Il s'embarque à Gênes pour Alexan-
         drie.
         Décembre. Il est chef de chantier dans une carrière
         à Chypre.

1879   Mai. Atteint par la fièvre typhoïde, il rentre en France.

1880   Mars. Il regagne Chypre, où il va surveiller les ouvriers d'un chantier de construction.

Juillet. Il cherche du travail dans les ports de la mer Rouge.

Août. Il est engagé par la compagnie Mazeran, à Aden, pour surveiller le triage et l'emballage du café.

Décembre. Il est affecté à l'agence que cette firme vient de fonder à Harar en Abyssinie.

1881   Décembre. Rimbaud quitte Harar et rentre à Aden.

1883   Mars. Il regagne Harar.

Octobre. Verlaine révèle au public plusieurs poèmes de Rimbaud dans la revue *Lutèce*.

1884   1er février. La Société de géographie prend connaissance de son « Rapport sur l'Ogadine » et va le publier.

Mars. À la suite de la faillite de la compagnie Mazeran, Rimbaud quitte Harar et regagne Aden.

19 juin. Il est réengagé par la nouvelle société, qui a pris le nom des frères Bardey.

1885   Octobre. Il rompt avec les Bardey et signe un contrat avec Labatut pour aller vendre des armes à Ménélik II, roi du Choa.

1886   Avril. Publication des « Premières Communions », dans *La Vogue*.

Mai-juin. Publication des *Illuminations* dans *La Vogue*, toujours sans qu'il le sache. Plusieurs poésies s'y trouvent mêlées.

Octobre. Départ de la caravane, malgré la mort de Labatut.

1887   Février-mai. Difficultés de la succession Labatut. Rimbaud cède son matériel à Ménélik dans des conditions désastreuses.

25-27 août. Publication de la lettre au *Bosphore égyptien*.

1888   Mai. Il renonce au trafic d'armes et fonde à Harar une agence commerciale.

*1891*     Avril. Souffrant d'une violente douleur au genou,
           il est transporté vers Aden.
           27 mai. Il est amputé de la jambe droite à l'hôpital
           de la Conception à Marseille.
           10 novembre. Mort de Rimbaud.
           20 novembre. Publication de *Reliquaire, Poésies*.

# I.

# LES PREMIERS TEXTES :
# L'ANNÉE 1870

# Les Étrennes des orphelins

## I

La chambre est pleine d'ombre[1] ; on entend vaguement
De deux enfants le triste et doux chuchotement.
Leur front se penche, encor, alourdi par le rêve,
Sous le long rideau blanc qui tremble et se soulève...
— Au dehors les oiseaux se rapprochent frileux ;
Leur aile s'engourdit sous le ton gris des cieux ;
Et la nouvelle Année, à la suite brumeuse,
Laissant traîner les plis de sa robe neigeuse[2],
Sourit avec des pleurs, et chante en grelottant[3]...

## II

Or les petits enfants, sous le rideau flottant,
Parlent bas comme on fait dans une nuit obscure.
Ils écoutent, pensifs, comme un lointain murmure...
Ils tressaillent souvent à la claire voix d'or
Du timbre matinal, qui frappe et frappe encor
Son refrain métallique en son globe de verre...
— Puis, la chambre est glacée... on voit traîner à terre,

---

1. *Cf.* Victor Hugo, « Les Pauvres Gens » (dans *La Légende des siècles*) :
« Le logis est bien sombre [...] »    2. *Cf.* Baudelaire, « Recueillement » :
« Loin d'eux. Vois se pencher les défuntes Années, / Sur les balcons du ciel,
en robes surannées. »    3. *Cf.* Baudelaire, « Le Crépuscule du matin » :
« L'Aurore grelottante en robe rose et verte ».

Épars autour des lits, des vêtements de deuil :
L'âpre bise d'hiver qui se lamente au seuil
Souffle dans le logis son haleine morose !
On sent, dans tout cela, qu'il manque quelque chose...
— Il n'est donc point de mère à ces petits enfants,
De mère au frais sourire, aux regards triomphants ?
Elle a donc oublié, le soir, seule et penchée,
D'exciter une flamme à la cendre arrachée,
D'amonceler sur eux la laine et l'édredon
Avant de les quitter en leur criant : pardon.
Elle n'a point prévu la froideur matinale,
Ni bien fermé le seuil à la bise hivernale ?...
— Le rêve maternel, c'est le tiède tapis,
C'est le nid[1] cotonneux où les enfants tapis,
Comme de beaux oiseaux que balancent les branches,
Dorment leur doux sommeil plein de visions blanches !...
— Et là, — c'est comme un nid sans plumes, sans chaleur,
Où les petits ont froid, ne dorment pas, ont peur ;
Un nid que doit avoir glacé la bise amère...

III

Votre cœur l'a compris : — ces enfants sont sans mère[2].
Plus de mère au logis ! — et le père est bien loin !...
— Une vieille servante, alors, en a pris soin.
Les petits sont tout seuls en la maison glacée ;
Orphelins de quatre ans, voilà qu'en leur pensée
S'éveille, par degrés, un souvenir riant...
C'est comme un chapelet qu'on égrène en priant :
— Ah ! quel beau matin, que ce matin des étrennes !
Chacun, pendant la nuit, avait rêvé des siennes
Dans quelque songe étrange où l'on voyait joujoux,
Bonbons habillés d'or, étincelants bijoux,
Tourbillonner, danser une danse sonore,

---

1. *Cf.* V. Hugo, « Les Pauvres Gens » (« nid d'âmes ») et, dans *Les Contemplations*, « Chose vue un jour de printemps ».   2. *Cf.* dans ce dernier poème : « Les quatre enfants pleuraient et la mère était morte ».

Puis fuir sous les rideaux, puis reparaître encore !
On s'éveillait matin, on se levait joyeux,
La lèvre affriandée[1], en se frottant les yeux...
On allait, les cheveux emmêlés sur la tête,
Les yeux tout rayonnants, comme aux grands jours de fête,
Et les petits pieds nus effleurant le plancher,
Aux portes des parents tout doucement toucher...
On entrait !... Puis alors les souhaits... en chemise,
Les baisers répétés, et la gaîté permise[2] !

### IV

Ah ! c'était si charmant, ces mots dits tant de fois !
— Mais comme il est changé, le logis d'autrefois :
Un grand feu pétillait, clair, dans la cheminée,
Toute la vieille chambre était illuminée ;
Et les reflets vermeils, sortis du grand foyer,
Sur les meubles vernis aimaient à tournoyer...
— L'armoire était sans clefs !... sans clefs, la grande armoire !
On regardait souvent sa porte brune et noire...
Sans clefs !... c'était étrange !... on rêvait bien des fois
Aux mystères dormant entre ses flancs de bois,
Et l'on croyait ouïr, au fond de la serrure
Béante, un bruit lointain, vague et joyeux murmure...
— La chambre des parents est bien vide, aujourd'hui :
Aucun reflet vermeil sous la porte n'a lui ;
Il n'est point de parents, de foyer, de clefs prises :
Partant, point de baisers, point de douces surprises !
Oh ! que le jour de l'an sera triste pour eux !
— Et, tout pensifs, tandis que de leurs grands yeux bleus
Silencieusement tombe une larme amère,
Ils murmurent : « Quand donc reviendra notre mère ? »
..............................................................................

------

**1.** Rendue gourmande.   **2.** *Cf.* François Coppée. « Enfants trouvées »,
dans *Poèmes modernes* (1867-1869) : « Sur le tapis devant le feu / La gaîté
bruyante et permise ».

V

Maintenant, les petits sommeillent tristement :
Vous diriez, à les voir, qu'ils pleurent en dormant,
Tant leurs yeux sont gonflés et leur souffle pénible !
Les tout petits enfants ont le cœur si sensible !
— Mais l'ange des berceaux [1] vient essuyer leurs yeux,
Et dans ce lourd sommeil met un rêve joyeux,
Un rêve si joyeux, que leur lèvre mi-close,
Souriante, semblait murmurer quelque chose...
— Ils rêvent que, penchés sur leur petit bras rond,
Doux geste du réveil, ils avancent le front,
Et leur vague regard tout autour d'eux se pose...
Ils se croient endormis dans un paradis rose...
Au foyer plein d'éclairs chante gaîment le feu...
Par la fenêtre on voit là-bas un beau ciel bleu ;
La nature s'éveille et de rayons s'enivre...
La terre, demi-nue, heureuse de revivre,
A des frissons de joie aux baisers du soleil [2]...
Et dans le vieux logis tout est tiède et vermeil [3] :
Les sombres vêtements ne jonchent plus la terre,
La bise sous le seuil a fini par se taire...
On dirait qu'une fée a passé dans cela !...
— Les enfants, tout joyeux, ont jeté deux cris... Là,
Près du lit maternel, sous un beau rayon rose,
Là, sur le grand tapis, resplendit quelque chose...
Ce sont des médaillons argentés, noirs et blancs,
De la nacre et du jais aux reflets scintillants ;
Des petits cadres noirs, des couronnes de verre,
Ayant trois mots gravés en or : « À NOTRE MÈRE ! »
...................................................................

---

1. Il vient de « L'Ange et l'enfant », poème de Jean Reboul, et matière
d'un poème en vers latins écrit par Rimbaud en classe de seconde et publié
dans *Le Moniteur de l'Enseignement secondaire, spécial et classique, Bulle-
tin officiel de l'Académie de Douai*, numéro du 1er juin 1869.    2. Souve-
nir d'un fragment de Lucrèce traduit par Rimbaud. L'image sera développée
dans « Credo in unam » et « Soleil et Chair ».    3. L'épithète a ici un sens
vague, comme chez Hugo.

## Trois baisers

Elle était fort déshabillée
Et de grands arbres indiscrets
Aux vitres penchaient leur feuillée
Malignement, tout près, tout près.

Assise sur ma grande chaise,
Mi-nue, elle joignait les mains.
Sur le plancher frissonnaient d'aise
Ses petits pieds si fins, si fins.

— Je regardai, couleur de cire,
Un petit rayon buissonnier[1]
Papillonner[2] comme un sourire
À son sein blanc, — mouche au rosier !

— Je baisai ses fines chevilles.
Elle eut un doux rire brutal
Qui s'égrenait en claires trilles[3],
Un joli rire de cristal.

Les petits pieds sous la chemise
Se sauvèrent : « Veux-tu finir ! »
— La première audace permise,
Elle feignait de me punir !

— Pauvrets palpitants sous ma lèvre,
Je baisai doucement ses yeux :
— Elle jeta sa tête mièvre
En arrière : « Ah ! c'est encor mieux !

Monsieur, j'ai deux mots à te dire... »
— Je lui jetai le reste au sein
Dans un baiser. — Elle eut un rire,
Un bon rire qui voulait bien...

---

1. Flâneur.    2. Voleter.    3. Le mot, normalement, est masculin.

Elle était fort déshabillée
Et de grands arbres indiscrets
Aux vitres penchaient leur feuillée
Malignement, tout près, tout près.

## [POÈMES ADRESSÉS À BANVILLE]

## [Lettre à Théodore de Banville du 24 mai 1870]

Charleville, (Ardennes), le 24 mai 1870.
À Monsieur Théodore de Banville.

Cher Maître,

Nous sommes aux mois d'amour ; j'ai dix-sept ans [1], l'âge des espérances et des chimères, comme on dit — et voici que je me suis mis, enfant touché par le doigt de la Muse, — pardon si c'est banal, — à dire mes bonnes croyances, mes espérances, mes sensations, toutes ces choses des poètes, — moi j'appelle cela du printemps.

Que si je vous envoie quelques-uns de ces vers, — et cela en passant par Alph. Lemerre, le bon éditeur [2], — c'est que j'aime tous les poètes, tous les bons Parnassiens, — puisque le poète est un Parnassien, — épris de la beauté idéale ; c'est que j'aime en vous, bien naïvement, un descendant de Ronsard, un frère de nos maîtres de 1830, un vrai romantique, un vrai poète. Voilà pourquoi. — c'est bête, n'est-ce pas, mais enfin ?...

Dans deux ans, dans un an peut-être, je serai à Paris. — Anch'io [3], messieurs du journal, je serai Parnassien ! — Je ne sais ce que j'ai là... qui veut monter... — Je jure,

---

**1.** Rimbaud avait d'abord écrit « presque dix-sept ans ». Il a en réalité quinze ans et sept mois. Il se donnera encore cet âge quand il écrira « Roman », quelques mois plus tard.    **2.** La lettre était adressée « chez Monsieur Alphonse Lemerre, éditeur, passage Choiseul, Paris ». Lemerre était l'éditeur du *Parnasse* et des Parnassiens.    **3.** Reprise de l'exclamation du Corrège devant la *Sainte Cécile* de Raphaël : *« Anch'io son pittore »* (moi aussi, je serai peintre).

cher maître, d'adorer toujours les deux déesses, Muse et Liberté.

Ne faites pas trop la moue en lisant ces vers :

..... Vous me rendriez fou de joie et d'espérance, si vous vouliez, cher Maître, *faire faire* à la pièce Credo in unam une petite place entre les Parnassiens,

..... Je viendrais à la dernière série[1] du Parnasse : cela ferait le Credo des poètes[2] !... — Ambition ! ô Folle !

Arthur Rimbaud

——— x x x ———

Par les beaux soirs d'été, j'irai dans les sentiers,
Picoté par les blés, fouler l'herbe menue :
Rêveur, j'en sentirai la fraîcheur à mes pieds :
Je laisserai le vent baigner ma tête nue....

Je ne parlerai pas, je ne penserai rien....
Mais un amour immense entrera dans mon âme :
Et j'irai loin, bien loin, comme un bohémien,
Par la Nature, — heureux comme avec une femme[3] !

20 avril 1870
A.R.

---

1. La *Bibliographie de la France* avait annoncé dix fascicules. Il y en aura douze. Six avaient paru au moment où Rimbaud écrivit cette lettre.   2. Le *credo* des Parnassiens serait donc un *credo* païen, comme le *credo in unam* [*deam*], c'est-à-dire « je crois en Vénus ».   3. Autre version, sans titre, et avec quelques variantes, de « Sensation », qui fera partie du premier cahier du « recueil Demeny », où elle est datée de mars 1870.

# Ophélie[1]

## I

Sur l'onde calme et noire où dorment les étoiles
La blanche Ophélia flotte comme un grand lys,
Flotte très lentement, couchée en ses longs voiles...
— On entend dans les bois de lointains hallalis...

Voici plus de mille ans que la triste Ophélie
Passe, fantôme blanc sur le long fleuve noir :
Voici plus de mille ans que sa douce folie
Murmure sa romance à la brise du soir...

Le vent baise ses seins et déploie en corolle
Ses longs voiles bercés mollement par les eaux :
Les saules frissonnants pleurent sur son épaule,
Sur son grand front rêveur s'inclinent les roseaux[.]

Les nénuphars froissés soupirent autour d'elle :
Elle éveille parfois, dans un aune qui dort,
Quelque nid d'où s'échappe un léger frisson d'aile
— Un chant mystérieux tombe des astres d'or...

## II

Ô pâle Ophélia ! belle comme la neige !
Oui tu mourus, enfant, par un fleuve emporté !
— C'est que les vents tombant des grands monts de Norwège
T'avaient parlé tout bas de l'âpre liberté ;

---

1. Autre version d'un poème de ce même cahier. On relève quelques
variantes, et la date est plus précise.

C'est qu'un souffle du ciel, tordant ta chevelure,
À ton esprit rêveur portait d'étranges bruits :
Que ton cœur entendait le cœur de la Nature
Dans les plaintes de l'arbre et les soupirs des nuits ;

C'est que la voix des mers, comme un immense râle,
Brisait ton sein d'enfant trop humain et trop doux ;
— C'est qu'un matin d'avril, un beau cavalier pâle,
Un pauvre fou s'assit, muet, à tes genoux !

Ciel ! Amour ! Liberté ! quel rêve, ô pauvre folle !
Tu te fondais à lui comme une neige au feu :
Tes grandes visions étranglaient ta parole
— Un infini terrible égara ton œil bleu !....

.................................................................

III

— Et le Poète dit qu'aux rayons des étoiles
Tu viens chercher la nuit les fleurs que tu cueillis,
Et qu'il a vu sur l'eau, couchée en ses longs voiles,
La blanche Ophélia flotter comme un grand lys.

15 mai 1870
Arthur Rimbaud

## *Credo in unam* [1]...

...............................................................

Le soleil, le foyer de tendresse et de vie
Verse l'amour brûlant à la terre ravie ;
Et quand on est couché sur la vallée, on sent
Que la terre est nubile et déborde de sang ;
Que son immense sein, soulevé par une âme,
Est d'amour comme Dieu, de chair comme la Femme,
Et qu'il renferme, gros de sève et de rayons,
Le grand fourmillement de tous les embryons !

Et tout vit, et tout monte !... — Ô Vénus, ô Déesse !
Je regrette les temps de l'antique jeunesse,
Des Satyres lascifs, des faunes animaux,
Dieux qui mordaient d'amour l'écorce des rameaux,
Et dans les nénuphars baisaient la Nymphe blonde !
Je regrette les temps où la sève du monde,
L'eau du fleuve jaseur, le sang des arbres verts,
Dans les veines de Pan mettaient un univers !
Où tout naissait, vivait, sous ses longs pieds de chèvre ;
Où, baisant mollement le vert syrinx, sa lèvre
Murmurait sous le ciel le grand hymne d'amour ;
Où, debout sur la plaine, il entendait autour
Répondre à son appel la Nature vivante ;
Où les arbres muets berçant l'oiseau qui chante,
La Terre berçant l'Homme, et le long fleuve bleu,
Et tous les Animaux aimaient aux pieds d'un Dieu !

Je regrette les temps de la grande Cybèle
Qu'on disait parcourir, gigantesquement belle,
Sur un grand char d'airain les splendides cités !...
Son double sein versait dans les immensités
Le pur ruissellement de la vie infinie

---

**1.** Première version de « Soleil et Chair », dans ce même cahier. La date portée dans le recueil Demeny (mai 1870) le confirme. Cette première version est plus longue et les variantes sont nombreuses et importantes.

L'Homme suçait, heureux, sa Mamelle bénie,
Comme un petit enfant, jouant sur ses genoux !

Parce qu'il était fort, l'Homme était chaste et doux !
.......................................................................
Misère ! maintenant il dit : Je sais les choses,
Et va les yeux fermés et les oreilles closes !
S'il accepte des dieux, il est au moins un Roi !
C'est qu'il n'a plus l'Amour, s'il a perdu la Foi !
— Oh ! s'il savait encor puiser à ta mamelle,
Grande Mère des Dieux et des Hommes, Cybèle !
S'il n'avait pas laissé l'immortelle Astarté
Qui jadis, émergeant dans l'immense clarté
Des flots bleus, fleur de chair que la vague parfume,
Montra son nombril rose où vint neiger l'écume,
Et fit chanter partout, Déesse aux yeux vainqueurs,
Le Rossignol aux bois et l'amour dans les cœurs !
.......................................................................
Je crois en Toi ! je crois en Toi ! Divine Mère !
Aphroditè marine ! — Oh ! la vie est amère,
Depuis qu'un autre dieu nous attelle à sa croix !
Mais c'est toi la Vénus ! c'est en toi que je crois !
— Oui, l'homme est faible et laid, le doute le dévaste,
Il a des vêtements, parce qu'il n'est plus chaste,
Parce qu'il a sali son fier buste de Dieu,
Et qu'il a rabougri, comme une idole au feu,
Son corps Olympien aux servitudes sales !
Oui, même après la mort, dans les squelettes pâles
Il veut vivre, insultant la première Beauté !
Et l'Idole où tu mis tant de virginité,
Où tu divinisas notre argile, la Femme,
Afin que l'Homme pût éclairer sa pauvre âme
Et monter lentement dans un immense amour
De la prison terrestre à la beauté du jour ;
— La Femme ne sait plus faire la courtisane !...
— C'est une bonne farce, et le monde ricane
Au nom doux et sacré de la grande Vénus !
.......................................................................
Oh ! les temps reviendront ! les temps sont bien venus !

Et l'homme n'est pas fait pour jouer tous ces rôles !
Au grand jour, fatigué de briser les idoles,
Il ressuscitera, libre de tous ses Dieux,
Et comme il est du ciel, il scrutera les cieux !...
Tout ce qu'il a de Dieu sous l'argile charnelle,
L'idéal, la pensée invincible, éternelle,
Montera, montera, brûlera sous son front !
Et quand tu le verras sonder tout l'horizon,
Contempteur du vieux joug, libre de toute crainte,
Tu viendras lui donner la Rédemption sainte !...
Splendide, radieuse, au sein des grandes mers,
Tu surgiras, jetant sur le vaste Univers
L'Amour infini dans un infini Sourire !
Le monde vibrera comme une immense lyre
Dans le frémissement d'un immense baiser !
— Le monde a soif d'amour : tu viendras l'apaiser !...
...............................................................
Ô ! L'Homme [1] a relevé sa tête libre et fière !
Et le rayon soudain de la beauté première
Fait palpiter le dieu dans l'autel de la chair !
Heureux du bien présent, pâle du mal souffert,
L'Homme veut tout sonder, — et savoir ! La Pensée,
La cavale longtemps, si longtemps oppressée
S'élance de son front ! Elle saura Pourquoi... !
Qu'elle bondisse libre, et l'Homme aura la Foi !
— Pourquoi l'azur muet et l'espace insondable ?
Pourquoi les astres d'or fourmillant comme un sable ?
Si l'on montait toujours, que verrait-on là-haut ?
Un Pasteur mène-t-il cet immense troupeau
De mondes cheminant dans l'horreur de l'espace ?
Et tous ces mondes-là, que l'éther vaste embrasse,
Vibrent-ils aux accents d'une éternelle voix ?
— Et l'Homme, peut-il voir ? peut-il dire : Je crois ?
La voix de la pensée est-elle plus qu'un rêve ?
Si l'homme naît si tôt, si la vie est si brève,

---

**1.** Ici commence le passage supprimé dans « Soleil et Chair ». Il s'achève à « c'est l'amour ! c'est l'amour ! » Rimbaud l'a peut-être jugé trop hugolien.

D'où vient-il ? Sombre-t-il dans l'Océan profond
Des Germes, des Fœtus, des Embryons, au fond
De l'immense Creuset d'où la Mère-Nature
Le ressuscitera, vivante créature,
Pour aimer dans la rose, et croître dans les blés ?...

Nous ne pouvons savoir ! — Nous sommes accablés
D'un manteau d'ignorance et d'étroites chimères !
Singes d'hommes tombés de la vulve des mères,
Notre pâle raison nous cache l'infini !
Nous voulons regarder : — le Doute nous punit !
Le doute, morne oiseau, nous frappe de son aile...
— Et l'horizon s'enfuit d'une fuite éternelle !...
.................................................................
Le grand ciel est ouvert ! les mystères sont morts
Devant l'Homme, debout, qui croise ses bras forts
Dans l'immense splendeur de la riche nature !
Il chante... et le bois chante, et le fleuve murmure
Un chant plein de bonheur qui monte vers le jour !...
— C'est la Rédemption ! c'est l'amour ! c'est l'amour !...
.................................................................
Ô splendeur de la chair ! ô splendeur idéale !
Ô renouveau sublime, aurore triomphale,
Où, courbant à leurs pieds les Dieux et les Héros,
La blanche Kallipyge et le petit Éros
Effleureront, couverts de la neige des roses,
Les femmes et les fleurs sous leurs beaux pieds écloses !
— Ô grande Ariadnè, qui jettes tes sanglots
Sur la rive, en voyant fuir là-bas sur les flots,
Blanche sous le soleil, la voile de Thésée,
Ô douce vierge enfant qu'une nuit a brisée,
Tais-toi : sur son char d'or brodé de noirs raisins,
Lysios, promené dans les champs Phrygiens
Par les tigres lascifs et les panthères rousses,
Le long des fleuves bleus rougit les sombres mousses.
— Zeus, Taureau, sur son cou berce comme un enfant
Le corps nu d'Europè, qui jette son bras blanc
Au cou nerveux du dieu frissonnant dans la vague...
Il tourne longuement vers elle son œil vague...

Elle laisse traîner sa pâle joue en fleur
Au front du dieu ; ses yeux sont fermés ; elle meurt
Dans un divin baiser, et le flot qui murmure
De son écume d'or fleurit sa chevelure...
— Entre le laurier-rose et le lotus jaseur [1]
Glisse amoureusement le grand cygne rêveur
Embrassant la Léda des blancheurs de son aile...
— Et tandis que Cypris passe, étrangement belle,
Et, cambrant les rondeurs splendides de ses reins,
Étale fièrement l'or de ses larges seins,
Et son ventre neigeux brodé de mousse noire ;
Héraclès, le Dompteur, et, comme d'une gloire
Couvrant son vaste corps de la peau du lion,
S'avance, front terrible et doux, à l'horizon !

Par la lune d'été vaguement éclairée,
Debout, nue, et rêvant dans sa pâleur dorée
Que tache le flot lourd de ses longs cheveux bleus,
Dans la clairière sombre où la mousse s'étoile,
La Dryade regarde au ciel mystérieux...
— La blanche Sélénè laisse flotter son voile,
Craintive, sur les pieds du bel Endymion,
Et lui jette un baiser dans un pâle rayon...
— La source pleure au loin dans une longue extase :
C'est la Nymphe qui rêve, un coude sur son vase
Au beau jeune homme fort que son onde a pressé...
— Une brise d'amour dans la nuit a passé...
Et dans les bois sacrés, sous l'horreur des grands arbres,
Majestueusement debout, les sombres marbres,
Les Dieux au front desquels le bouvreuil fait son nid,
— Les Dieux écoutent l'Homme et le monde infini !...
........................................................................................

29 avril 1870
Arthur Rimbaud

----

1. Variante du manuscrit : « en fleur ».

Si ces vers trouvaient place au Parnasse contemporain ?

— ne sont-ils pas la foi des poètes ?

— je ne suis pas connu ; qu'importe ? les poètes sont frères. Ces vers croient ; ils aiment ; ils espèrent : c'est tout.

— Cher maître, à moi : Levez-moi un peu : je suis jeune : tendez-moi la main...

[LE DOSSIER IZAMBARD]

[Lettres]

[Lettre à Georges Izambard du 25 août 1870]

Charleville, 25 août 70.

Monsieur,

Vous êtes heureux, vous, de ne plus habiter Charleville !
— Ma ville natale est supérieurement idiote entre les petites
villes de province. Sur cela, voyez-vous, je n'ai plus d'illu-
sions. Parce qu'elle est à côté de Mézières, — une ville
qu'on ne trouve pas, — parce qu'elle voit pérégriner dans
ses rues deux ou trois cents de pioupious, cette benoîte popu-
lation gesticule, prud-hommesquement spadassine, bien
autrement que les assiégés de Metz et de Strasbourg[1] ! C'est
effrayant, les épiciers retraités qui revêtent l'uniforme !
C'est épatant comme ça a du chien, les notaires, les vitriers,
les percepteurs, les menuisiers, et tous les ventres, qui, chas-
sepot au cœur, font du patrouillotisme aux portes de Méziè-
res ; ma patrie se lève !... moi, j'aime mieux la voir assise ;
ne remuez pas les bottes ! c'est mon principe.

Je suis dépaysé, malade, furieux, bête, renversé ; j'espérais
des bains de soleil, des promenades infinies, du repos, des
voyages, des aventures, des bohémienneries, enfin ; j'espérais
surtout des journaux, des livres... — Rien ! Rien ! Le courrier
n'envoie plus rien aux libraires ; Paris se moque de nous joli-

---

1. Bazaine est enfermé dans Metz depuis le 18 août. L'armée du prince
royal de Prusse menace Strasbourg.

ment : pas un seul livre nouveau ! c'est la mort ! Me voilà
réduit, en fait de journaux, à l'honorable *Courrier des
Ardennes*, propriétaire, gérant, directeur, rédacteur en chef et
rédacteur unique, A. Pouillard ! Ce journal résume les aspira-
tions, les vœux et les opinions de la population, ainsi, jugez !
c'est du propre !... — On est exilé dans sa patrie ! ! ! !

Heureusement, j'ai votre chambre : — Vous vous rappe-
lez la permission que vous m'avez donnée. — J'ai emporté
la moitié de vos livres ! J'ai pris *Le Diable à Paris*[1]. Dites-
moi un peu s'il y a jamais eu quelque chose de plus idiot
que les dessins de Grandville[2] ? — J'ai *Costal l'Indien*[3], j'ai
*La Robe de Nessus*[4], deux romans intéressants. Puis, que
vous dire ?... J'ai lu tous vos livres, tous ; il y a trois jours,
je suis descendu aux *Épreuves*[5], puis aux *Glaneuses*[6],
— oui ! j'ai relu ce volume ! — puis ce fut tout !... Plus
rien ; votre bibliothèque, ma dernière planche de salut, était
épuisée !... Le *Don Quichotte* m'apparut ; hier, j'ai passé,
deux heures durant, la revue des bois de Doré[7] : maintenant,
je n'ai plus rien ! — Je vous envoie des vers[8] ; lisez cela un
matin, au soleil, comme je les ai faits : vous n'êtes plus
professeur, maintenant, j'espère !... —

— Vous aviez l'air de vouloir connaître Louisa Siefert[9],

**1.** *Le Diable à Paris, ou Paris et les Parisiens, mœurs et coutumes, carac-
tères et portraits des habitants de Paris*, par George Sand, P.-J. Stahl, Léon
Gozlan, Charles Nodier, etc., paru chez Hetzel, 1845.   **2.** Le dessinateur
(1803-1847), célèbre pour ses caricatures dans le *Magasin pittoresque* et ses
illustrations des *Fables* de La Fontaine.   **3.** Gabriel Ferry, *Le Dragon de la
Reine, ou Costal l'Indien*, L. de Potter, 1855, 4 volumes ; réédité en un
volume par Hachette, 1862.   **4.** Amédée Achard, *La Robe de Nessus*
(1855), rééd. Michel Lévy, 1868.   **5.** Sully Prudhomme, *Les Épreuves*,
Lemerre, 1866.   **6.** Paul Demeny, *Les Glaneuses*, Librairie Artistique,
1870.   **7.** Le célèbre roman de Cervantes, dans la traduction de Louis Viar-
dot, avec des dessins de Gustave Doré gravés par H. Pisan, Hachette, 1863,
3 volumes.   **8.** Ici se trouve posée la question du « dossier Izambard », que
nous évoquons plus haut. Parmi ces vers peuvent figurer « Trois baisers »,
récemment publié, ou la version que possédait Izambard de ce poème,
« Comédie en trois baisers », ou encore « À la Musique », « Ce que retient
Nina », « Vénus anadyomène ».   **9.** Jeune poétesse lyonnaise, née en
1845, qui devait mourir de tuberculose en 1877, à l'âge de trente-deux ans.
Elle venait de publier *L'Année républicaine* (1869) et *les Stoïques* (1870). Son
recueil ancien, *Rayons perdus*, date de 1868.

quand je vous ai prêté ses derniers vers ; je viens de me procurer des parties de son premier volume de poésies, les *Rayons perdus*, 4e édition, j'ai là une pièce très émue et fort belle, *Marguerite*

.................................................................

« Moi, j'étais à l'écart, tenant sur mes genoux
Ma petite cousine aux grands yeux bleus si doux :
C'est une ravissante enfant que Marguerite
Avec ses cheveux blonds, sa bouche si petite
Et son teint transparent...

.................................................

Marguerite est trop jeune. Oh ! si c'était ma fille,
Si j'avais une enfant, tête blonde et gentille,
Fragile créature en qui je revivrais,
Rose et candide avec de grands yeux indiscrets !
Des larmes sourdent presque au bord de ma paupière
Quand je pense à l'enfant qui me rendrait si fière,
Et que je n'aurai pas, que je n'aurai jamais ;
Car l'avenir, cruel en celui que j'aimais,
De cette enfant aussi veut que je désespère...

.................................................................

Jamais on ne dira de moi : c'est une mère !
Et jamais un enfant ne me dira : maman !
C'en est fini pour moi du céleste roman
Que toute jeune fille à mon âge imagine...

.................................................................

Ma vie à dix-huit ans compte tout un passé. »

— C'est aussi beau que les plaintes d'Antigone ἀνύμφη [1] dans Sophocle. — J'ai les *Fêtes Galantes* [2] de Paul Verlaine, un joli in-12 écu. C'est fort bizarre, très drôle ; mais vraiment, c'est adorable. Parfois de fortes licences : ainsi,

    « Et la tigresse épou - vantable d'Hyrcanie »

_____

1. Lamentations d'Antigone qui meurt non mariée (ἀνύμφη) dans la tragédie de Sophocle ; le rapprochement était fait dans l'avertissement de *Rayons perdus*.  2. Recueil publié en 1869 chez Lemerre ; il avait été tiré à 360 exemplaires.

est un vers de ce volume[1]. — Achetez, je vous le conseille, *La Bonne Chanson*[2], un petit volume de vers du même poète : ça vient de paraître chez Lemerre ; je ne l'ai pas lu ; rien n'arrive ici ; mais plusieurs journaux en disent beaucoup de bien. — Au revoir, envoyez-moi une lettre de 25 pages, — poste restante, — et bien vite !

A. Rimbaud.

P.S. — À bientôt, des révélations sur la vie que je vais mener après... les vacances...

## [Lettre à Georges Izambard du 5 septembre 1870]

Paris, 5 septembre 1870.

Cher Monsieur,

Ce que vous me conseilliez de ne pas faire, je l'ai fait : je suis allé à Paris, quittant la maison maternelle ! J'ai fait ce tour le 29 août[3]. Arrêté en descendant de wagon pour n'avoir pas un sou et devoir treize francs de chemin de fer, je fus conduit à la préfecture et, aujourd'hui, j'attends mon jugement à Mazas[4] ! Oh ! — *J'espère en vous* comme en ma mère ; vous m'avez toujours été comme un frère : je vous demande instamment cette aide que vous m'offrîtes. J'ai écrit à ma mère, au procureur impérial[5], au commissaire de police de Charleville ; si vous ne recevez de moi aucune nouvelle mercredi, avant le train qui conduit de Douai à

---

**1.** Vers 3 de « Dans la grotte », sixième pièce du recueil ; le jeu des accents fait en réalité apparaître ce vers comme un simple trimètre, moins audacieux que Rimbaud ne le dit.     **2.** Annoncée dans *La Charge* le 30 juillet 1870 et déjà imprimée (l'achevé d'imprimer est du 12 juin 1870), la plaquette ne fut mise en vente par Lemerre qu'en 1872, après la guerre. **3.** Cette phrase est un ajout dans la marge.     **4.** Prison située Boulevard Diderot.     **5.** Le 5 septembre, le mot « impérial » paraît anachronique. Mais, dans sa prison, Rimbaud n'avait peut-être pas appris la proclamation de la République, le 4.

Paris, *prenez ce train, venez ici me réclamer par lettre, ou en vous présentant au procureur*, en priant, en *répondant de moi*, en *payant ma dette ! faites tout ce que vous pourrez*, et, quand vous recevrez cette lettre, écrivez, vous aussi, *je vous l'ordonne*, oui, *écrivez à ma pauvre mère*, (quai de la Madeleine, 5, Charlev.) *pour la consoler. Écrivez-moi* aussi ; faites tout ! Je vous aime comme un frère, je vous aimerai comme un père.

Je vous serre la main ; votre pauvre

Arthur Rimbaud
à Mazas.

Et si vous parvenez à me libérer, vous m'emmènerez à Douai avec [vous][1].

## [Lettre à Georges Izambard du 2 novembre 1870]

Charleville, le 2 novembre 1870.

Monsieur,

— À vous seul ceci. —

Je suis rentré à Charleville un jour après vous avoir quitté. Ma mère m'a reçu, et je suis là... tout à fait oisif. Ma mère ne me mettrait en pension qu'en janvier 71.

Eh bien ! j'ai tenu ma promesse.

Je meurs, je me décompose dans la platitude, dans la mauvaiseté, dans la grisaille. Que voulez-vous, je m'entête affreusement à adorer la liberté libre, et... un tas de choses que « *ça fait pitié*[2] », n'est-ce pas ? — Je devais repartir aujourd'hui même ; je le pouvais : j'étais vêtu de neuf, j'aurais vendu ma montre, et vive la liberté ! — Donc je suis resté ! je suis resté ! — et je voudrai repartir encore bien des fois. — Allons, chapeau, capote, les deux poings dans les

---

1. Une déchirure dans le papier oblige à restituer le mot entre crochets.
2. Expression que Mme Rimbaud, sans doute, avait coutume d'employer.

poches[1], et sortons ! — Mais je resterai, je resterai. Je n'ai
pas promis cela. Mais je le ferai pour mériter votre affec-
tion : vous me l'avez dit. Je la mériterai.

La reconnaissance que je vous ai, je ne saurais pas vous
l'exprimer aujourd'hui plus que l'autre jour. Je vous la prou-
verai. Il s'agirait de faire quelque chose pour vous, que je
mourrais pour le faire, — je vous en donne ma parole. —
J'ai encore un tas de choses à dire...

Ce « *sans-cœur* » de

A. Rimbaud.

Guerre : — pas de siège de Mézières. Pour quand ? On
n'en parle pas. — J'ai fait votre commission à M. Dever-
rière[2], et, s'il faut faire plus, je ferai. — Par ci, par là, des
francs-tirades[3]. — Abominable prurigo d'idiotisme, tel est
l'esprit de la population. On en entend de belles, allez. C'est
dissolvant.

---

1. *Cf.* « Ma Bohème », v. 1.    2. Léon Deverrière était professeur de
philosophie à l'Institution Rossat de Charleville, et tout jeune, comme Izam-
bard. C'était, selon le témoignage de ce dernier, « un érudit et un homme
de cœur ». La commission concerne les caisses de livres d'Izambaud, qui
étaient restées emballées à Charleville et qu'il fallait réexpédier.    3. Les
corps des francs-tireurs avaient été créés en 1868, lors de la réforme qui
créa la garde nationale mobile. Par « francs-tirades » Rimbaud désigne sans
doute des coups de feu tirés, sur leur seule initiative, par tel ou tel citoyen,
par patriotisme ou... patrouillotisme.

# [Poèmes confiés à Izambard]

## Le Forgeron

Tuileries, vers le 20 juin 1792[1].

Les bras sur un marteau gigantesque, effrayant
D'ivresse[2] et de grandeur, le front large, riant
Comme un clairon d'airain[3] avec toute sa bouche,
Et prenant ce gros-là dans son regard farouche,
Le forgeron parlait à Louis Seize, un jour
Que le peuple était là, se tordant tout autour,
Et sur les lambris d'or traînait sa veste sale.
Or le bon Roi, debout sur son ventre, était pâle,
Pâle comme un vaincu qu'on prend pour le gibet,
Et, soumis comme un chien, jamais ne regimbait,
Car ce maraud de forge aux énormes épaules
Lui disait de vieux mots et des choses si drôles,
Que cela l'empoignait au front, comme cela !

« Donc, Sire, tu sais bien[4], nous chantions tra la la
Et nous piquions les bœufs vers les sillons des autres :
Le chanoine au soleil disait ses patenôtres
Sur des chapelets clairs grenés de pièces d'or[5].

---

**1.** La date est bien choisie. Le 20 juin 1792, la foule affamée envahit les Tuileries. Rimbaud avait pu lire le récit de cette journée dans l'*Histoire de la Révolution française* de Mignet : « En entrant se l'Assemblée, la foule se dirigea vers le château, [...] la multitude se précipita à l'intérieur [...]. On fit prudemment placer Louis XVI dans l'embrasure d'une fenêtre [...]. Ayant eu le courage de refuser ce qui était l'objet essentiel de ce mouvement, il ne crut pas devoir repousser un signe vain pour lui et qui aux yeux de la multitude était celui de la liberté : il mit sur sa tête un bonnet rouge qui lui fut présenté au bout d'une pique. La multitude fut très satisfaite de cette condescendance ». Le chef des manifestants était le boucher Legendre, que Rimbaud a remplacé ici par le Forgeron. **2.** Ivre d'espoir ; *cf.* plus bas « nous étions soûls de terribles espoirs ». **3.** Symbole hugolien. **4.** Legendre n'avait pas tutoyé Louis XVI. Le tutoiement en revanche est bien dans la manière de Hugo (*cf.* « Les Quatre jours d'Elciis » dans *La Légende des siècles*). **5.** Dont les grains étaient constitués par des pièces d'or.

Le seigneur à cheval passait, sonnant du cor,
Et, l'un avec la hart[1], l'autre avec la cravache,
Nous fouaillaient ; hébétés comme des yeux de vache,
Nos yeux ne pleuraient pas : nous allions ! nous allions !
Et quand nous avions mis le pays en sillons,
Quand nous avions laissé dans cette terre noire
Un peu de notre chair, nous avions un pourboire :
— Nous venions voir flamber nos taudis dans la nuit ;
Nos enfants y faisaient un gâteau fort bien cuit !...

« Oh ! je ne me plains pas ! je te dis mes bêtises :
— C'est entre nous ; j'admets que tu me contredises...
Or, n'est-ce pas joyeux de voir, au mois de juin
Dans les granges entrer des voitures de foin
Énormes ? De sentir l'odeur de ce qui pousse,
Des vergers quand il pleut un peu, de l'herbe rousse ?
De voir les champs de blés, les épis pleins de grain,
De penser que cela prépare bien du pain ?...
— Oui, l'on pourrait, plus fort, au fourneau qui s'allume,
Chanter joyeusement en martelant l'enclume,
Si l'on était certain qu'on pourrait prendre un peu,
Étant homme, à la fin, de ce que donne Dieu !...
— Mais voilà, c'est toujours la même vieille histoire !

« ... Oh ! je sais maintenant ! Moi, je ne peux plus croire,
Quand j'ai deux bonnes mains, mon front et mon marteau,
Qu'un homme vienne là, dague sous le manteau
Et me dise : Maraud, ensemence ma terre ;
Que l'on arrive encor, quand ce serait la guerre,
Me prendre mon garçon comme cela chez moi !...
— Moi je serais un homme, et toi tu serais roi,
Tu me dirais : Je veux ! — Tu vois bien, c'est stupide !...
Tu crois que j'aime à voir ta baraque splendide,
Tes officiers dorés, tes mille chenapans,
Tes palsembleu bâtards tournant comme des paons ?
Ils ont rempli ton nid de l'odeur de nos filles,
Et de petits billets pour nous mettre aux Bastilles,

---

1. Archaïsme : la corde.

Et nous dirions : C'est bien : les pauvres à genoux !...
Nous dorerions ton Louvre en donnant nos gros sous,
Et tu te soûlerais, tu ferais belle fête,
Et tes Messieurs riraient, les reins sur notre tête !...

« Non ! ces saletés-là datent de nos papas !
Oh ! le peuple n'est plus une putain ! Trois pas,
Et, tous, nous avons mis ta Bastille en poussière !
Cette bête suait du sang à chaque pierre...
Et c'était dégoûtant, la Bastille debout
Avec ses murs lépreux qui nous rappelaient tout
Et, toujours, nous tenaient enfermés dans leur ombre !
— Citoyen ! citoyen ! c'était le passé sombre
Qui croulait, qui râlait, quand nous prîmes la tour !
Nous avions quelque chose au cœur comme l'amour :
Nous avions embrassé nos fils sur nos poitrines,
Et, comme des chevaux, en soufflant des narines,
Nous marchions, nous chantions, et ça nous battait là,
Nous allions au soleil, front haut, comme cela,
Dans Paris accourant devant nos vestes sales !...
Enfin ! Nous nous sentions hommes ! nous étions pâles,
Sire ; nous étions soûls de terribles espoirs,
Et quand nous fûmes là, devant les donjons noirs,
Agitant nos clairons et nos feuilles de chêne [1],
Les piques à la main, nous n'eûmes pas de haine :
— Nous nous sentions si forts ! nous voulions être doux [2] !...
.......................................................................
« Et depuis ce jour-là nous sommes comme fous...
Le flot des ouvriers a monté dans la rue
Et ces maudits s'en vont, foule toujours accrue,
Comme des revenants, aux portes des richards !...
Moi, je cours avec eux assommer les mouchards,
Et je vais dans Paris, le marteau sur l'épaule,

---

1. Le chêne symbolise la force du peuple. Le 11 juillet 1789, Camille Desmoulins avait invité le peuple à prendre les couleurs de l'espérance. Ceux qui n'avaient pas de cocarde mirent des feuilles à leur chapeau.     2. L'image du peuple assoiffé de justice, mais refusant la vengeance, rappelle Michelet.

Farouche, à chaque coin balayant quelque drôle,
Et si tu me riais au nez, je te tuerais !...
— Puis, tu dois y compter, tu te feras des frais
Avec tes avocats qui prennent nos requêtes
Pour se les renvoyer comme sur des raquettes,
Et, tout bas, les malins ! nous traitent de gros sots !
Pour mitonner des lois, ranger de petits pots
Pleins de menus décrets, de méchantes droguailles[1],
S'amuser à couper proprement quelques tailles[2],
Puis se boucher le nez quand nous passons près d'eux,
— Ces chers avocassiers qui nous trouvent crasseux ! —
Pour débiter là-bas des milliers de sornettes
Et ne rien redouter sinon les baïonnettes,
Nous en avons assez, de tous ces cerveaux plats !
Ils embêtent le Peuple !... Ah ! ce sont là les plats
Que tu nous sers, bourgeois, quand nous sommes féroces,
Quand nous cassons déjà les sceptres et les crosses !... »

Puis il le prend au bras, arrache le velours
Des rideaux, et lui montre, en bas, les larges cours
Où fourmille, où fourmille, où se lève la foule,
La foule épouvantable avec des bruits de houle,
Hurlant comme une chienne, hurlant comme une mer,
Avec ses bâtons forts et ses piques de fer,
Ses clameurs, ses grands cris de halles et de bouges,
Tas sombre de haillons taché de bonnets rouges !
L'Homme, par la fenêtre ouverte, montre tout
Au Roi pâle, suant, qui chancelle debout,
Malade à regarder cela !...
                            « C'est la Crapule[3],

---

1. Mot péjoratif formé sur « drogue », qui l'est déjà. 2. Les impôts ;
« couper quelques tailles », ce n'est point en supprimer, mais en inventer
de nouvelles. 3. Le colonel Godchot, dans *Rimbaud ne varietur*, Nice,
2 vol., 1936-1937, tome II, a rappelé qu'une chanson de Suzanne Lagier,
écrite à la suite de l'assassinat de Victor Noir par le Prince impérial Pierre
Bonaparte, le 10 janvier 1870, disait « C'est la crapule ». Delahaye, de son
côté, raconte dans ses *Souvenirs familiers* : « Labarrière devait être avec
moi le jour où j'assistai, sur la place Ducale [de Charleville] à une scène
non seulement comique, mais encore lamentable : des gamins pleins de
joie, des femmes ardemment curieuses, qui se poussaient, pour voir, avec

Sire ! ça bave aux murs, ça roule, ça pullule...
— Puisqu'ils ne mangent pas, Sire, ce sont les gueux !
— Je suis un forgeron : ma femme est avec eux :
Folle ! elle vient chercher du pain aux Tuileries :
On ne veut pas de nous dans les boulangeries !...
J'ai trois petits ; — Je suis crapule ! — Je connais
Des vieilles qui s'en vont pleurant sous leurs bonnets,
Parce qu'on leur a pris leur garçon ou leur fille :
— C'est la crapule. — Un homme était à la Bastille,
D'autres étaient forçats ; c'étaient des citoyens
Honnêtes ; libérés, ils sont comme des chiens ;
On les insulte ! alors ils ont là quelque chose
Qui leur fait mal, allez ! c'est terrible, et c'est cause
Que, se sentant brisés, que, se sentant damnés[1],
Ils viennent maintenant hurler sous votre nez !...
— Crapules : — Là-dedans sont des filles, infâmes
Parce que —, sachant bien que c'est faible, les femmes,
Messeigneurs de la cour, que ça veut toujours bien, —
Vous leur avez sali leur âme comme rien !
Vos belles, aujourd'hui, sont là : — C'est la Crapule...
..............................................................

« Oh ! tous les malheureux, tou[s][2] ceux dont le dos brûle
Sous le soleil féroce, et qui vont, et qui vont,
Et dans ce travail-là sentent crever leur front,
Chapeau bas, mes bourgeois ! Oh ! ceux-là sont les hommes !
— Nous sommes Ouvriers ! Sire, Ouvriers ! — nous sommes
Pour les grands temps nouveaux où l'on voudra savoir,
Où l'homme forgera du matin jusqu'au soir[3],

---

des mines dégoûtées, entouraient un pauvre diable d'ouvrier tellement ivre
qu'il ne pouvait faire trois pas et pleurait à chaudes larmes, en gémissant :
"Crapule... je suis crapule !..." et s'administrant pour en témoigner, de
grands coups de poing dans l'estomac. Je contai la chose à Rimbaud,
croyant le faire rire. Il fronça le sourcil, devint très rouge et ne dit rien.
Mais il s'en souvenait quand il écrivit *Le Forgeron*, ce beau poème de
colère et de pitié. »

1. *Cf.* « Mauvais sang », dans *Une saison en enfer*.  2. Orthographe
du manuscrit : *tout*.  3. Le symbole du forgeron trouve ici son épanouis-
sement. On songe à la troisième partie de « *Credo in unam* », mais aussi
déjà à « Mauvais sang » et à l'évocation ambiguë du progrès que contient
cette section d'*Une saison en enfer*.

Où, lentement vainqueur, il soumettra les choses,
Poursuivant les grands buts, cherchant les grandes causes,
Et montera sur Tout comme sur un cheval !
Oh ! nous sommes contents, nous aurons bien du mal !
— Tout ce qu'on ne sait pas, c'est peut-être terrible.
Nous prendrons nos marteaux, nous passerons au crible
Tout ce que nous savons, puis, Frères, en avant[1] !...
— Nous faisons quelquefois ce grand rêve émouvant
De vivre simplement, ardemment, sans rien dire
De mauvais, travaillant sous l'auguste sourire
D'une femme qu'on aime avec un noble amour !
Et l'on travaillerait fièrement tout le jour,
Écoutant le devoir comme un clairon qui sonne :
Et l'on se trouverait fort heureux, et personne,
Oh ! personne ! surtout, ne vous ferait plier !...
On aurait un fusil au-dessus du foyer...

...............................................................
...............................................................

« Oh ! mais ! l'air est tout plein d'une odeur de bataille !
Que te disais-je donc ? Je suis de la canaille !


## Ophélie

### I

Sur l'onde calme et noire où dorment les étoiles,
La blanche Ophélia flotte comme un grand lys
Flotte très lentement, couchée en ses longs voiles...
— On entend dans les bois de lointains hallalis.

Voici plus de mille ans que la triste Ophélie
Passe, fantôme blanc sur le long fleuve noir ;
Voici plus de mille ans que sa douce folie
Murmure sa romance à la brise du soir...

---

1. Formule rimbaldienne essentielle qu'on retrouvera dans le poème en prose des *Illuminations* intitulé « Démocratie ».

Le vent baise ses seins et déploie en corolle
Ses grands voiles bercés mollement par les eaux ;
Les saules frissonnants pleurent sur son épaule,
Sur son grand front rêveur s'inclinent les roseaux.

Les nénuphars froissés soupirent autour d'elle ;
Elle éveille parfois, dans un aune qui dort
Quelque nid, d'où s'échappe un léger frisson d'aile...
— Un chant mystérieux tombe des astres d'or...

..................................................................


II

Ô pâle Ophélia ! belle comme la neige !
Oui tu mourus, enfant, par un fleuve emporté !
— C'est que les vents tombant des grands monts de Norwège
T'avaient parlé tout haut de l'âpre liberté !

C'est qu'un souffle inconnu, tordant ta chevelure,
À ton esprit rêveur portait d'étranges bruits :
Que ton cœur entendait la voix de la Nature
Dans les plaintes de l'arbre et les soupirs des nuits !

C'est que la voix des mers, comme un immense râle
Brisait ton sein d'enfant trop humain et trop doux !
— C'est qu'un matin d'avril un beau cavalier pâle
Un pauvre fou s'assit, muet, à tes genoux !

Ciel ! amour ! liberté ! quel rêve, ô pauvre folle !
Tu te fondais à lui comme une neige au feu.
Tes grandes visions étranglaient ta parole :
— Un infini terrible égara ton œil bleu !

..................................................................

III

Et le Poète dit qu'aux rayons des étoiles,
Tu viens chercher la nuit les fleurs que tu cueillis
Et qu'il a vu sur l'eau, couchée en ses longs voiles,
La blanche Ophélia flotter comme un grand lys.

## Comédie en trois baisers

Elle était fort déshabillée
Et de grands arbres indiscrets
Aux vitres penchaient leur feuillée.
Malinement[1], tout près, tout près.

Assise sur ma grande chaise,
Mi-nue, elle joignait les mains.
Sur le plancher frissonnaient d'aise
Ses petits pieds si fins, si fins.

— Je regardai, couleur de cire,
Un petit rayon buissonnier
Papillonner comme un sourire
Sur son beau sein, — mouche au rosier...

— Je baisai ses fines chevilles.
Elle eut un long rire très mal
Qui s'égrenait en claires trilles,
Une risure[2] de cristal.

Les petits pieds sous la chemise
Se sauvèrent : « Veux-tu finir ! »
— La première audace permise,
Le rire feignait de punir !

---

**1.** Orthographe provinciale pour « malignement » ; *cf.* pp. 133-134 « La Maline ».　**2.**　Le mot, équivalent de rire, ne figure pas au Littré.

— Pauvrets palpitants sous ma lèvre,
Je baisai doucement ses yeux :
— Elle jeta sa tête mièvre
En arrière : « Ô ! c'est encor mieux !...

Monsieur, j'ai deux mots à te dire... »
— Je lui jetai le reste au sein
Dans un baiser, qui la fit rire
D'un bon rire qui voulait bien...

— Elle était fort déshabillée
Ce soir... — les arbres indiscrets
Aux vitres penchaient leur feuillée
Malinement, tout près, tout près.

## À la Musique

Place de la gare, tous les jeudis soirs, à Charleville.

Sur la place taillée en mesquines pelouses,
Square où tout est correct, les arbres et les fleurs,
Tous les bourgeois poussifs qu'étranglent les chaleurs
Portent, les jeudis soirs, leurs bêtises jalouses.

— Un orchestre guerrier[1], au milieu du jardin,
Balance ses schakos dans la *Valse des fifres* :
On voit aux premiers rangs parader le gandin ;
Les notaires montrer leurs breloques à chiffres.

Les rentiers à lorgnons soulignent tous les couacs :
Les gros bureaux[2] bouffis traînant leurs grosses dames
Auprès desquelles vont, officieux cornacs,
Celles dont les volants ont des airs de réclames ;

---

1. Cette rédaction est encore très proche du poème de Glatigny « Promenades d'hiver ».  2. Au sens de « bureaucrates ».

Sur les bancs verts, des clubs d'épiciers retraités
Chacun rayant le sable avec sa canne à pomme,
Fort sérieusement discutent des traités,
Et prisent en argent mieux que monsieur Prudhomme[1].

Étalant sur un banc les rondeurs de ses reins,
Un bourgeois bien heureux, à bedaine flamande,
Savoure, s'abîmant en des rêves divins
La musique française et la pipe allemande[2] !

Au bord des gazons verts ricanent des voyous ;
Et, rendus amoureux par le chant des trombones,
Très naïfs, et fumant des roses, les pioupious
Caressent les bébés pour enjôler les bonnes...

— Moi, je suis, débraillé comme un étudiant,
Sous les verts marronniers les alertes fillettes :
Elles le savent bien ; et tournent en riant,
Vers moi, leurs grands yeux pleins de choses indiscrètes.

Je ne dis pas un mot : je regarde toujours,
La chair de leurs cous blancs brodés de mèches folles :
Je suis, sous le corsage et les frêles atours,
Le dos divin après les rondeurs des épaules.

J'ai bientôt déniché la bottine, le bas...
— Je reconstruis les corps, brûlé de belles fièvres.
Elles me trouvent drôle et se parlent tout bas...
— Et je sens des baisers qui me viennent aux lèvres[3]...

---

1. J. Gengoux retrouve cette rime « canne à pomme / Prudhomme » dans un autre poème de Glatigny, « À Ronsard ». Sur Monsieur Prudhomme, voir « Roman », p. 112. 2. Antithèse encore discrète qui laisse supposer à J. Gengoux que la guerre n'était pas encore déclarée au moment où Rimbaud a écrit ces vers. Mais on peut soutenir également le contraire. 3. Si l'on en croit Izambard, Rimbaud avait d'abord écrit : « Et mes désirs brutaux s'accrochent à leurs lèvres ». Puis il substitua ce vers qui lui aurait été dicté par son professeur (voir l'article d'Izambard « Arthur Rimbaud rhétoricien » dans le *Mercure de France* du 16 décembre 1910).

## Ce que retient Nina

........................................................

LUI. — Ta poitrine sur ma poitrine,
      Hein ? nous irions,
  Ayant de l'air plein la narine,
      Aux frais rayons

Du bon matin bleu, qui vous baigne
      Du vin du jour ?
Quand tout le bois frissonnant saigne
      Muet d'amour,

De chaque branche, gouttes vertes,
      Des bourgeons clairs,
On sent dans les choses ouvertes
      Frémir des chairs ;

Tu plongerais dans la luzerne
      Ton long peignoir,
Divine avec ce bleu qui cerne
      Ton grand œil noir,

Amoureuse de la campagne,
      Semant partout,
Comme une mousse de champagne,
      Ton rire fou !

Riant à moi, brutal d'ivresse,
      Qui te prendrais
Comme cela, — la belle tresse,
      Oh !, — qui boirais

Ton goût de framboise et de fraise
      Ô chair de fleur !
Riant au vent vif qui te baise
      Comme un voleur,

Au rose églantier qui t'embête
    Aimablement...
Comme moi ? petite tête [1],
    C'est bien méchant !

Dix-sept ans ! Tu seras heureuse !
    Oh [2] ! les grands prés,
La grande campagne amoureuse !
    — Dis, viens plus près [3] !...

— Ta poitrine sur ma poitrine,
    Mêlant nos voix,
Lents, nous gagnerions la ravine,
    Puis les grands bois !

Puis, comme une petite morte,
    Le cœur pâmé,
Tu me dirais que je te porte [4],
    L'œil mi-fermé...

Je te porterais palpitante
    Dans le sentier...
L'oiseau filerait son andante,
    Joli portier...

Je te parlerais dans ta bouche :
    J'irais, pressant
Ton corps, comme une enfant qu'on couche,
    Ivre du sang

Qui coule bleu sous ta peau blanche
    Aux tons rosés :
Te parlant bas la langue franche...
    Tiens !... — que tu sais...

---

1. Vers de sept syllabes, que Rimbaud devra corriger.   2. En surcharge sur « dans ».   3. Cette strophe sera supprimée dans « Les reparties de Nina ».   4. C'est-à-dire : Tu me demanderais de te porter.

Nos grands bois sentiraient la sève
  Et le soleil
Sablerait d'or fin leur grand rêve
  Sombre et vermeil !

Le soir ?... Nous reprendrons la route
  Blanche qui court,
Flânant, comme un troupeau qui broute,
  Tout à l'entour...

Nous regagnerions le village
  Au demi-noir[1],
Et ça sentirait le laitage
  Dans l'air du soir,

Ça sentirait l'étable pleine
  De fumiers chauds,
Pleine d'un rhythme lent d'haleine,
  Et de grands dos

Blanchissant sous quelque lumière ;
  Et, tout là-bas,
Une vache fienterait, fière,
  À chaque pas !...

Les lunettes de la grand'mère
  Et son nez long
Dans son missel ; le pot de bière
  Cerclé de plomb

Moussant entre trois larges pipes
  Qui crânement
Fument ; dix, quinze immenses lippes
  Qui, tout fumant,

---

1. Entre chien et loup.

Happent le jambon aux fourchettes
    Tant, tant et plus ;
Le feu qui claire [1] les couchettes
    Et les bahuts ;

Les fesses luisantes et grasses
    Du gros enfant
Qui fourre, à genoux, dans des tasses,
    Son museau blanc

Frôlé par un mufle qui gronde
    D'un ton gentil
Et pourlèche la face ronde
    Du fort petit ;

Noire, rogue au bord de sa chaise,
    Affreux profil,
Une vieille devant la braise
    Qui fait du fil [2] ;

Que de choses nous verrions, chère,
    Dans ces taudis,
Quand la flamme illumine, claire,
    Les carreaux gris !...

— Et puis, fraîche et toute nichée
    Dans les lilas
La maison, la vitre cachée
    Qui rit là-bas...

Tu viendras, tu viendras, je t'aime,
    Ce sera beau !...
Tu viendras, n'est-ce pas ? et même...

ELLE. — *Mais le bureau* ?

15 août 1870

---

1. Éclaire.    2. Strophe supprimée dans « Les reparties de Nina ».

## Vénus anadyomène

Comme d'un cercueil vert en fer blanc, une tête
De femme à cheveux bruns fortement pommadés
D'une vieille baignoire émerge, lente et bête,
Montrant des déficits assez mal ravaudés ;

Puis le col gras et gris, les larges omoplates
Qui saillent ; le dos court qui rentre et qui ressort.
La graisse sous la peau paraît en feuilles plates ;
Et les rondeurs des reins semblent prendre l'essor...

L'échine est un peu rouge, et le tout sent un goût
Horrible étrangement, — on remarque surtout
Des singularités qu'il faut voir à la loupe...

Les reins portent deux mots gravés : *Clara Venus* ;
— Et tout ce corps remue et tend sa large croupe
Belle hideusement d'un ulcère à l'anus.

27 juillet 1870

# UN CŒUR SOUS UNE SOUTANE
## Nouvelle [1]

### *Un cœur sous une soutane*
— Intimités d'un Séminariste. —


...... Ô Thimothina Labinette ! Aujourd'hui que j'ai revêtu
la robe sacrée, je puis rappeler la passion, maintenant refroi-
die et dormant sous la soutane, qui, l'an passé, fit battre mon
cœur de jeune homme sous ma capote de séminariste !......

... I<sup>er</sup> mai 18.................................................................

... Voici le printemps. Le plant de vigne de l'abbé***
bourgeonne dans son pot de terre : l'arbre de la cour a de
petites pousses tendres comme des gouttes vertes sur ses
branches ; l'autre jour, en sortant de l'étude, j'ai vu à la
fenêtre du second quelque chose comme le champignon
nasal du Sup***. Les Souliers de J*** sentent un peu ; et
j'ai remarqué que les élèves sortent fort souvent pour... dans
la cour ; eux qui vivaient à l'étude comme des taupes, ren-
tassés, enfoncés dans leur ventre, tendant leur face rouge
vers le poêle, avec une haleine épaisse et chaude comme
celle des vaches ! Ils restent fort longtemps à l'air, mainte-
nant, et, quand ils reviennent, ricanent, et referment l'isthme
de leur pantalon fort minutieusement, — non, je me trompe,
fort lentement, — avec des manières, en semblant se

---

1. « Nouvelle » remplace « Roman », barré sur la page de garde, qui
contient le premier titre. Le second titre avec sous-titre figure en haut de la
p. 1 du manuscrit.

complaire, machinalement, à cette opération qui n'a rien en soi que de très futile....

2 mai. Le Sup\*\*\* est descendu hier de sa chambre, et, en fermant les yeux, les mains cachées, craintif et frileux, il a traîné à quatre pas dans la cour ses pantoufles de chanoine[1] !...

Voici mon cœur qui bat la mesure dans ma poitrine, et ma poitrine qui bat contre mon pupitre crasseux ! Oh ! je déteste maintenant le temps où les élèves étaient comme de grosses brebis suant dans leurs habits sales, et dormaient dans l'atmosphère empuanti[e] de l'étude, sous la lumière du gaz, dans la chaleur fade du poêle !... J'étends mes bras ! je soupire, j'étends mes jambes... Je sens des choses dans ma tête, oh ! des choses !...

... 4 mai...

... Tenez, hier, je n'y tenais plus : j'ai étendu, comme l'ange Gabriel, les ailes de mon cœur. Le souffle de l'esprit sacré a parcouru mon être ! J'ai pris ma lyre, et j'ai chanté :

> Approchez-vous,
> Grande Marie !
> Mère chérie !
> Du doux Jhésus !
> Sanctus Christus !
> Ô Vierge enceinte,
> Ô mère sainte,
> Exaucez-nous !

Ô ! si vous saviez les effluves mystérieuses[2] qui secouaient mon âme pendant que j'effeuillais cette rose poétique ! Je pris ma cithare, et, comme le Psalmiste, j'élevai ma voix innocente et pure dans les célestes altitudes ! ! ! O altitudo altitudinum !...

..............................................................................................

1. Première rédaction : « ses pantoufles frileuses de chanoine ».     2. Le mot est normalement masculin.

... 7 mai.... Hélas ! ma poésie a replié ses ailes[1], mais, comme Galilée, je dirai, accablé par l'outrage et le supplice : Et pourtant elle se meut[2] ! — lisez : elles se meuvent ! — J'avais commis l'imprudence de laisser tomber la précédente confidence... J*** l'a ramassée, J***, le plus féroce des jansénistes, le plus rigoureux des séides du sup***, et l'a portée à son maître, en secret ; mais le monstre, pour me faire sombrer sous l'insulte universelle, avait fait passer ma poésie dans les mains de tous ses amis !

Hier, le sup*** me mande ; j'entre dans son appartement, je suis debout devant lui, fort de mon intérieur. Sur son front chauve frissonnait comme un éclair furtif son dernier cheveu roux ; ses yeux émergeaient de sa graisse, mais calmes, paisibles ; son nez, semblable à une batte, était mû par son branle habituel ; il chuchotait un oremus ; il mouilla l'extrémité de son pouce, tourna quelques feuilles de livre, et sortit un petit papier crasseux, plié...

> Granananande Maarieie !...
> Mèèèree Chééérieie !

Il ravalait ma poésie ! il crachait sur ma rose ! il faisait le Brid'oison, le Joseph, le bêtiot, pour salir, pour souiller ce chant virginal ! Il bégayait et prolongeait chaque syllabe avec un ricanement de haine concentré et quand il fut arrivé au cinquième vers, ...*Vierge enceinte !* il s'arrêta, contourna sa nasale, et ! il — ! ! éclata : ...Vierge enceinte ! Vierge enceinte ! il disait cela avec un ton, en fronçant avec un frisson son abdomen proéminent, avec un ton si affreux, qu'une pudique rougeur couvrit mon front. Je tombai à genoux, les bras vers le plafond, et je m'écriai : Ô mon père !...

........................................................................

---

**1.** Première rédaction : « ma première aile » ; puis « ma première poésie a pu palpiter ».    **2.** C'est-à-dire : la Terre se meut. Galilée fut condamné par le Saint-Office, en 1633, pour avoir pris parti en faveur de la réalité du mouvement de la Terre.

— Votre lyyyre ! votre cithâre ! jeune homme ! votre cithâre ! des effluves mystérieuses ! qui vous secouaient l'âme ! J'aurais voulu voir ! Jeune âme, je remarque là dedans, dans cette confession impie, quelque chose de mondain, un abandon dangereux, de l'entraînement, enfin ! —

Il se tut, fit frissonner de haut en bas son abdomen : puis, solennel :

— Jeune homme, avez-vous la foi ?...

— Mon père, pourquoi cette parole ? Vos lèvres plaisantent-elles ?... Oui, je crois à tout ce que dit ma mère... la Sainte Église !

— Mais... Vierge enceinte !... C'est la conception, ça, jeune homme ; c'est la conception !...

— Mon père ! je crois à la conception...

— Vous avez raison ! jeune homme ! C'est une chose...

... Il se tut... — Puis : Le jeune J*** m'a fait un rapport où il constate chez vous un écartement des jambes, de jour en jour plus notoire, dans votre tenue à l'étude ; il affirme vous avoir vu vous étendre de tout votre long sous la table, à la façon d'un jeune homme... dégingandé. Ce sont des faits auxquels vous n'avez rien à répondre... Approchez-vous, à genoux, tout près de moi ; je veux vous interroger avec douceur ; répondez : vous écartez beaucoup vos jambes, à l'étude ?

Puis il me mettait la main sur l'épaule, autour du cou, et ses yeux devenaient clairs, et il me faisait dire des choses sur cet écartement des jambes...... Tenez, j'aime mieux vous dire que ce fut dégoûtant, moi qui sais ce que cela veut dire, ces scènes-là !...

Ainsi, on m'avait mouchardé, on avait calomnié mon cœur et ma pudeur, — et je ne pouvais rien dire à cela, les rapports, les lettres anonymes des élèves les uns contre les autres, au Sup***, étant autorisées et commandées —, et je venais dans cette chambre, me f... sous la main de ce gros !... Oh ! le séminaire !...

.......................................................................................................

10 mai. — Oh ! mes condisciples sont effroyablement méchants et effroyablement lascifs. À l'étude, ils savent

tous, ces profanes, l'histoire de mes vers et, aussitôt que je
tourne la tête, je rencontre la face du poussif D***, qui me
chuchote : Et ta cithare ? et ta cithare ? et ton journal ? Puis,
l'idiot L*** reprend : Et ta lyre ? et ta cithare ? Puis trois
ou quatre chuchotent en chœur : Grande Marie... Grande
Marie... Mère chérie !

Moi, je suis un grand benêt : — Jésus, je ne me donne
pas de coups de pied ! — Mais enfin, je ne moucharde pas,
je n'écris pas d'ânonymes, et j'ai pour moi ma sainte poésie
et ma pudeur !......

12 mai...

Ne devinez-vous pas pourquoi je meurs d'amour ?
La fleur me dit : salut ; l'oiseau me dit bonjour.
Salut : c'est le printemps ! c'est l'ange de tendresse !
Ne devinez-vous pas pourquoi je bous d'ivresse !
Ange de ma grand'mère, ange de mon berceau,
Ne devinez-vous pas que je deviens oiseau,
Que ma lyre frissonne et que je bats de l'aile
        Comme hirondelle ?......

J'ai fait ces vers-là hier, pendant la récréation ; je suis
entré dans la chapelle, je me suis enfermé dans un confes-
sionnal, et là, ma jeune poésie a pu palpiter et s'envoler,
dans le rêve et le silence, vers les sphères de l'amour. Puis,
comme on vient m'enlever mes moindres papiers dans mes
poches, la nuit et le jour, j'ai cousu ces vers en bas de mon
dernier vêtement, celui qui touche immédiatement à ma
peau, et, pendant l'étude, je tire, sous mes habits, ma poésie
sur mon cœur, et je la presse longuement en rêvant.........

15 mai. — Les événements se sont bien pressés, depuis ma
dernière confidence, et des événements bien solennels, des
événements qui doivent influer sur ma vie future et inté-
rieure d'une façon sans doute bien terrible !

Thimothina Labinette, je t'adore !

Thimothina Labinette, je t'adore ! je t'adore ! laisse-moi
chanter sur mon luth, comme le divin Psalmiste sur son Psal-

térion, comment je t'ai vue, et comment mon cœur a sauté sur le tien pour un éternel amour !

Jeudi, c'était jour de sortie : nous, nous sortons deux heures[1] ; je suis sorti : ma mère, dans sa dernière lettre, m'avait dit : « ... tu iras, mon fils, occuper superficiellement ta sortie chez monsieur Césarin Labinette, un habitué à ton feu père, auquel il faut que tu sois présenté un jour ou l'autre avant ton ordination... »

... Je me présentai à monsieur Labinette, qui m'obligea beaucoup en me reléguant, sans mot dire, dans sa cuisine ; sa fille, Thimothine, resta seule avec moi, saisit un linge, essuya un gros bol ventru en l'appuyant contre son cœur, et me dit tout à coup, après un long silence : Eh bien, Monsieur Léonard ?...

Jusque-là, confondu de me voir avec cette jeune créature dans la solitude de cette cuisine, j'avais baissé les yeux et invoqué dans mon cœur le nom sacré de Marie : je relevai le front en rougissant, et, devant la beauté[2] de mon interlocutrice, je ne pus que balbutier un faible : Mademoiselle ?...

Thimothine ! tu étais belle ! Si j'étais peintre, je reproduirais sur la toile tes traits sacrés sous ce titre : La Vierge au bol ! Mais je ne suis que poète, et ma langue ne peut te célébrer qu'incomplètement...

La cuisinière noire, avec ses trous où flamboyaient les braises comme des yeux rouges, laissait échapper, de ses casseroles à minces filets de fumée, une odeur céleste de soupe aux choux et de haricots ; et devant elle, aspirant avec ton doux nez l'odeur de ces légumes, regardant ton gros chat avec tes beaux yeux gris, ô Vierge au bol, tu essuyais ton vase ! Les bandeaux plats et clairs de tes cheveux se collaient pudiquement sur ton front jaune comme le soleil ; de tes yeux courait un sillon bleuâtre jusqu'au milieu de ta joue, comme à Santa Teresa ! ton nez, plein de l'odeur des haricots, soulevait ses narines délicates ; un duvet léger, serpentant sur tes lèvres, ne contribuait pas peu à donner une belle énergie à ton visage ; et, à ton menton, brillait un beau signe

---

1. Première rédaction : « nous sortons deux heures cet après-midi-là ».
2. Première rédaction : « la splendeur ».

brun où frissonnaient de beaux poils follets : tes cheveux
étaient sagement retenus à ton occiput par des épingles ;
mais une courte mèche s'en échappait... Je cherchai vaine-
ment tes seins ; tu n'en as pas : tu dédaignes ces ornements
mondains : ton cœur est tes seins [1] !... quand tu te retournas
pour frapper de ton pied large ton chat doré, je vis tes omo-
plates saillant et soulevant ta robe, et je fus percé d'amour,
devant le tortillement gracieux des deux arcs prononcés de
tes reins !...

Dès ce moment, je t'adorai : j'adorais, non pas tes che-
veux, non pas tes omoplates, non pas ton tortillement infé-
rieurement postérieur : ce que j'aime en une femme, en une
vierge, c'est la modestie sainte ; ce qui me fait bondir
d'amour, c'est la pudeur et la piété ; c'est ce que j'adorai en
toi, jeune bergère !...

Je tâchais de lui faire voir ma passion, et, du reste, mon
cœur, mon cœur me trahissait ! Je ne répondais que par des
paroles entrecoupées à ses interrogations ; plusieurs fois, je
lui dis Madame, au lieu de Mademoiselle, dans mon trou-
ble ! Peu à peu, aux accents magiques de sa voix, je me
sentais succomber ; enfin je résolus de m'abandonner, de
lâcher tout : et, à je ne sais plus quelle question qu'elle
m'adressa, je me renversai en arrière sur ma chaise, je mis
une main sur mon cœur, de l'autre je saisis dans ma poche
un chapelet dont je laissai passer la croix blanche, et, un œil
vers Thimothine, l'autre au ciel, je répondis douloureuse-
ment et tendrement, comme un cerf à une biche :

— Oh ! oui ! Mademoiselle... Thimothina ! ! !

Miserere ! miserere ! — Dans mon œil ouvert délicieuse-
ment vers le plafond tombe tout à coup une goutte de sau-
mure, dégouttant d'un jambon planant au-dessus de moi, et,
lorsque, tout rouge de honte, réveillé dans ma passion, je
baissais mon front, je m'aperçus que je n'avais dans ma
main gauche, au lieu d'un chapelet, qu'un biberon brun ;
— ma mère me l'avait confié l'an passé pour le donner au
petit de la mère chose ! — De l'œil que je tendais au plafond

---

1. Jules Mouquet corrigeait « est » en « et ». Steve Murphy respecte le
texte du manuscrit. Nous le suivons ici.

découla la saumure amère : — mais, de l'œil qui te regardait, ô Thimothina, une larme coula, larme d'amour, et larme de douleur !......................................................................
..................................................................................

Quelque temps, une heure après, quand Thimothina m'annonça une collation composée de haricots et d'une omelette au lard, tout ému de ses charmes, je répondis à mi-voix :

— J'ai le cœur si plein, voyez-vous, que cela me ruine l'estomac ! — Et je me mis à table ; oh ! je le sens encore, son cœur avait répondu au mien dans son appel : pendant la courte collation, elle ne mangea pas :

— Ne trouves-tu pas qu'on sent un goût ? répétait-elle ; son père ne comprenait pas ; mais mon cœur le comprit : c'était la Rose de David, la Rose de Jessé, la Rose mystique de l'écriture [1] ; c'était l'Amour !

Elle se leva brusquement, alla dans un coin de la cuisine et, me montrant la double fleur de ses reins, elle plongea son bras dans un tas informe de bottes, de chaussures diverses, d'où s'élança son gros chat ; et jeta tout cela dans un vieux placard vide ; puis elle retourna à sa place, et interrogea l'atmosphère d'une façon inquiète ; tout à coup, elle fronça le front et s'écria :

— Cela sent encore !...

— Oui, cela sent, répondit son père assez bêtement : (il ne pouvait comprendre, lui, le profane !)

Je m'aperçus bien que tout cela n'était dans ma chair vierge que les mouvements intérieurs de sa passion ! Je l'adorais et je savourais avec amour l'omelette dorée, et mes mains battaient la mesure avec la fourchette, et, sous la table, mes pieds frissonnaient d'aise [2] dans mes chaussures !...

Mais, ce qui me fut un trait de lumière, ce qui me fut comme un gage d'amour éternel, comme un diamant de tendresse de la part de Thimothina, ce fut l'adorable obligeance

---

**1.** *Sic* sur le manuscrit ; on peut rétablir la majuscule, conforme au sens, comme le faisait J. Mouquet. Mais la minuscule peut être conforme à une intention de dérision de la part de Rimbaud.     **2.** Apparition d'un mot, « aise », qui sera essentiel dans le second cahier de Douai.

qu'elle eut, à mon départ, de m'offrir une paire de chaus-
settes blanches, avec un sourire et ces paroles :

— Voulez-vous cela pour vos pieds, Monsieur Léonard ?

..........................................................................

16 mai — Thimothina ! Je t'adore, toi et ton père, toi et ton
chat...

Thimothina,
{
Vas devotionis,
Rosa mystica,
Turris davidica, Ora pro nobis !
Cœli porta,
Stella maris[1],
}

17 mai — Que m'importent à présent les bruits du monde
et les bruits de l'étude ? Que m'importent ceux que la
paresse et la langueur courbent à mes côtés ? Ce matin, tous
les fronts, appesantis par le sommeil, étaient collés aux
tables ; un ronflement, pareil au cri du clairon du jugement
dernier, un ronflement sourd et lent s'élevait de ce vaste
Gethsémani[2]. Moi, stoïque, serein, droit et m'élevant au-
dessus de tous ces morts comme un palmier au-dessus des
ruines, méprisant les odeurs et les bruits incongrus, je portais
ma tête dans ma main, j'écoutais battre mon cœur plein de
Thimothina, et mes yeux se plongeaient dans l'azur du ciel,
entrevu par la vitre supérieure de la fenêtre !...

— 18 mai : Merci à l'Esprit Saint qui m'a inspiré ces vers
charmants : ces vers, je vais les enchâsser dans mon cœur :
et, quand le ciel me donnera de revoir Thimothina, je les lui
donnerai, en échange de ses chaussettes !...

Je l'ai intitulée La Brise :

---

1. « Vase de dévotion, Rose mystique, Tour de David, prie pour nous !
Porte du Ciel, Étoile de la mer ». Thimothina est invoquée comme la Vierge
Marie dans la liturgie.    2. À Gethsémani, Jésus trouve ses disciples
endormis et dit à Pierre : « Ainsi, vous n'avez pas eu la force de veiller une
heure avec moi » (Matthieu, XXVI, 40).

Dans sa retraite de coton
Dort le zéphyr à douce haleine :
Dans son nid de soie et de laine
Dort le zéphyr au gai menton !

Quand le zéphyr lève son aile
Dans sa retraite de coton,
Quand il court où la fleur l'appelle,
Sa douce haleine sent bien bon !

Ô brise quintessenciée !
Ô quintessence de l'amour !
Quand la rosée est essuyée,
Comme ça sent bon dans le jour !

Jésus ! Joseph ! Jésus ! Marie !
C'est comme une aile de condor
Assoupissant celui qui prie !
Ça nous pénètre et nous endort !

.....................................................................................

La fin est trop intérieure et trop suave : je la conserve dans le tabernacle de mon âme. À la prochaine sortie, je lirai cela à ma divine et odorante Thimothina.

Attendons dans le calme et le recueillement.

.....................................................................................

Date incertaine. Attendons !...

16 juin ! — Seigneur, que votre volonté se fasse : je n'y mettrai aucun obstacle ! Si vous voulez détourner de votre serviteur l'amour de Thimothina, libre à vous, sans doute : mais, Seigneur Jésus, n'avez-vous pas aimé vous-même, et la lance de l'amour ne vous a-t-elle pas appris à condescendre aux souffrances des malheureux ! Priez pour moi !

Oh ! j'attendais depuis longtemps cette sortie de deux heures du 15 juin : j'avais contraint mon âme, en lui disant : Tu seras libre ce jour-là : le 15 juin, je m'étais peigné mes quelques cheveux modestes, et, usant d'une odorante pommade rose, je les avais collés sur mon front, comme les bandeaux de Thimothina ; je m'étais pommadé les sourcils ; j'avais minutieusement brossé mes habits noirs, comblé adroitement certains déficits[1] fâcheux dans ma toilette, et je me présentai à la sonnette espérée de M. Césarin Labinette. Il arriva, après un assez long temps, la calotte un peu crânement sur l'oreille, une mèche de cheveux raide et fort pommadée lui cinglant la face comme une balafre, une main dans la poche de sa robe de chambre à fleurs jaunes, l'autre sur le loquet... Il me jeta un bonjour sec, fronça le nez en jetant un coup d'œil sur mes souliers à cordons noirs, et s'en alla devant moi, les mains dans ses deux poches, ramenant en devant sa robe de chambre, comme fait l'abbé*** avec sa soutane, et modelant ainsi à mes regards sa partie inférieure.

Je le suivis.

Il traversa la cuisine, et j'entrai après lui dans son salon. Oh ! ce salon ! je l'ai fixé dans ma mémoire avec les épingles du souvenir ! La tapisserie était à fleurs brunes ; sur la cheminée, une énorme pendule en bois noir, à colonnes ; deux vases bleus avec des roses ; sur les murs, une peinture de la bataille d'Inkermann[2] ; et un dessin au crayon, d'un ami de Césarin, représentant un moulin avec sa meule souffletant un petit ruisseau semblable à un crachat, dessin que charbonnent tous ceux qui commencent à dessiner. La poésie est bien préférable !...

Au milieu du salon, une table à tapis vert, autour de laquelle mon cœur ne vit que Thimothina, quoiqu'il s'y trouvât un ami de monsieur Césarin, ancien exécuteur des œuvres sacristaines dans la paroisse de ***, et son épouse, madame de Riflandouille, et que monsieur Césarin lui-même vînt s'y accouder de nouveau, aussitôt mon entrée.

Je pris une chaise rembourrée, songeant qu'une partie de moi-même allait s'appuyer sur une tapisserie faite sans doute par Thimothina, je saluai tout le monde, et, mon chapeau

---

1. *Cf.* « Vénus anadyomène », v. 4 « Avec des déficits assez mal ravaudés ».   2. En Crimée ; les Anglais, attaqués et surpris, furent sauvés par l'arrivée spontanée et l'énergie de la division française Bosquet. Cette victoire sanglante, remportée le 5 novembre 1854, est un des épisodes marquants du siège de Sébastopol.

noir posé sur la table, devant moi, comme un rempart, j'écoutai...

Je ne parlais pas, mais mon cœur parlait ! Les messieurs continuèrent la partie[1] de cartes commencée : je remarquai qu'ils trichaient à qui mieux mieux, et cela me causa une surprise assez douloureuse. La partie terminée, ces personnes s'assirent en cercle autour de la cheminée vide ; j'étais à un des coins, presque caché par l'énorme ami de Césarin, dont la chaise seule me séparait de Thimothina : je fus content en moi-même du peu d'attention que l'on faisait à ma personne ; relégué derrière la chaise du sacristain honoraire, je pouvais laisser voir sur mon visage les mouvements de mon cœur sans être remarqué de personne ; je me livrai donc à un doux abandon ; et je laissai la conversation s'échauffer et s'engager entre ces trois personnes ; car Thimothina ne parlait que rarement ; elle jetait sur son séminariste des regards d'amour, et, n'osant le regarder en face, elle dirigeait ses yeux clairs vers mes souliers bien cirés !... Moi, derrière le gros sacristain, je me livrais à mon cœur.

Je commençai par me pencher du côté de Thimothina, en levant les yeux au ciel. Elle était retournée. Je me relevai, et, la tête baissée vers ma poitrine, je poussai un soupir ; elle ne bougea pas. Je remis mes boutons, je fis aller mes lèvres, je fis un léger signe de croix ; elle ne vit rien. Alors, transporté, furieux d'amour, je me baissai très fort vers elle, en tenant mes mains comme à la communion, et en poussant un ah !... prolongé et douloureux ; Miserere ! tandis que je gesticulais, que je priais, je tombai de ma chaise avec un bruit sourd, et le gros sacristain se retourna en ricanant, et Thimothina dit à son père :

— Tiens, M. Léonard qui coule par terre !

Son père ricana ! Miserere !

Le sacristain me repiqua, rouge de honte et faible d'amour, sur ma chaise rembourrée, et me fit une place. Mais je baissai les yeux, je voulus dormir ! Cette société m'était importune, elle ne devinait pas l'amour qui souffrait

---

[1]. Première rédaction : « continuèrent le jeu ».

là dans l'ombre : je voulus dormir ! mais j'entendis la conversation se tourner sur moi !...

Je rouvris faiblement les yeux...

Césarin et le sacristain fumaient chacun un cigare maigre, avec toutes les mignardises possibles, ce qui rendait leurs personnes effroyablement ridicules : madame la sacristaine, sur le bord de sa chaise, sa poitrine cave penchée en avant, ayant derrière elle tous les flots de sa robe jaune qui lui bouffaient jusqu'au cou, et épanouissant autour d'elle son unique volant, effeuillait délicieusement une rose : un sourire affreux entr'ouvrait ses lèvres[1], et montrait à ses gencives maigres deux dents noires, jaunes, comme la faïence d'un vieux poêle. — Toi, Thimothina, tu étais belle, avec ta collerette blanche, tes yeux baissés, et tes bandeaux plats.

— C'est un jeune homme d'avenir ; son présent inaugure son futur, disait en laissant aller un flot de fumée grise le sacristain...

— Oh ! monsieur Léonard illustrera la robe, nasilla[2] la sacristaine : les deux dents parurent !...

Moi, je rougissais à la façon d'un garçon de bien ; je vis que les chaises s'éloignaient de moi, et qu'on chuchotait sur mon compte...

Thimothina regardait toujours mes souliers ; les deux sales dents me menaçaient... le sacristain riait ironiquement : j'avais toujours la tête baissée !...

— Lamartine est mort[3]... dit tout à coup Thimothina.

Chère Thimothina ! C'était pour ton adorateur, pour ton pauvre poète Léonard, que tu jetais dans la conversation ce nom de Lamartine ; alors je relevai le front, je sentis que la pensée seule de la poésie allait refaire une virginité à tous ces profanes, je sentais mes ailes palpiter, et je dis, rayonnant, l'œil sur Thimothina :

— Il avait de beaux fleurons à sa couronne, l'auteur des *Méditations poétiques* !

— Le cygne des vers est défunt ! dit la sacristaine.

---

1. Première rédaction : « un sourire atroce sortait de ses lèvres ».
2. Première rédaction : « dit la sacristaine ».   3. Lamartine était mort le 28 février 1869.

— Oui, mais il a chanté son chant funèbre, repris-je, enthousiasmé.

— Mais, s'écria la sacristaine, monsieur Léonard est poète aussi ! Sa mère m'a montré l'an passé des essais de sa muse...

Je jouai d'audace :

— Oh ! Madame je n'ai apporté ni ma lyre ni ma cithare ; mais...

— Oh ! votre cithare ! vous l'apporterez un autre jour...

— Mais, ce néanmoins, si cela ne déplaît pas à l'honorable — et je tirais un morceau de papier de ma poche, — je vais vous lire quelques vers... Je les dédie à mademoiselle Thimothina.

— Oui ! oui ! jeune homme ! très bien ! Récitez, récitez, mettez-vous au bout de la salle...

Je me reculai... Thimothina regardait mes souliers... La sacristaine faisait la Madone ; les deux messieurs se penchaient l'un vers l'autre... Je rougis, je toussai, et je dis en chantant tendrement :

> Dans sa retraite de coton
> Dort le zéphyr à douce haleine...
> Dans son nid de soie et de laine
> Dort le zéphyr au gai menton.

Toute l'assistance pouffa de rire : les messieurs se penchaient l'un vers l'autre en faisant de grossiers calembours [1] ; mais ce qui était surtout effroyable, c'était l'air de la sacristaine, qui, l'œil au ciel, faisait la mystique, et souriait avec ses dents affreuses ! Thimothina, Thimothina crevait de rire ! Cela me perça d'une atteinte mortelle, Thimothina se tenait les côtes !... — Un doux zéphyr dans du coton, c'est suave, c'est suave !... faisait en reniflant le père Césarin... Je crus m'apercevoir de quelque chose... Mais cet éclat de rire ne dura qu'une seconde : tous essayèrent de reprendre leur sérieux, qui pétait encore de temps en temps...

---

1. Rimbaud écrit « calembourgs », avec une possible intention de jeu de mots.

— Continuez, jeune homme, c'est bien, c'est bien !

> Quand le zéphyr lève son aile
> Dans sa retraite de coton,...
> Quand il court où la fleur l'appelle,
> Sa douce haleine sent bien bon...

Cette fois, un gros rire secoua mon auditoire ; Thimothina regarda mes souliers : j'avais chaud, mes pieds brûlaient sous son regard, et nageaient dans la sueur ; car je disais : ces chaussettes que je porte depuis un mois, c'est un don de son amour, ces regards qu'elle jette sur mes pieds, c'est un témoignage de son amour : elle m'adore !

Et voici que je ne sais quel petit goût me parut sortir de mes souliers : oh ! je compris les rires horribles de l'assemblée ! Je compris qu'égarée dans cette société méchante, Thimothina Labinette, Thimothina ne pourrait jamais donner un libre cours à sa passion ! Je compris qu'il me fallait dévorer, à moi aussi, cet amour douloureux éclos dans mon cœur une après-midi de mai, dans une cuisine des Labinette, devant le tortillement postérieur de la Vierge au bol !

Quatre heures, l'heure de la rentrée, sonnaient à la pendule du salon ; éperdu, brûlant d'amour et fou de douleur, je saisis mon chapeau, je m'enfuis en renversant une chaise, je traversai le corridor en murmurant : J'adore Thimothina, et je m'enfuis au séminaire sans m'arrêter...

Les basques de mon habit noir volaient derrière moi, dans le vent, comme des oiseaux sinistres !...

.................................................................................................

.................................................................................................

30 juin. Désormais, je laisse à la muse divine le soin de bercer ma douleur ; martyr d'amour à dix-huit ans, et, dans mon affliction, pensant à un autre martyr du sexe qui fait nos joies et nos bonheurs, n'ayant plus celle que j'aime, je vais aimer la foi ! Que le Christ, que Marie me prennent sur leur sein : je les suis ; je ne suis pas digne de dénouer les cordons des souliers de Jésus ; mais ma douleur ! mais mon supplice ! Moi aussi, à dix-huit ans et sept mois, je porte

une croix, une couronne d'épines ! mais, dans la main, au lieu d'un roseau, j'ai une cithare ! Là sera le dictame[1] à ma plaie !

....................................................................................

— Un an après, 1er août. — Aujourd'hui, on m'a revêtu de la robe sacrée ; je vais servir Dieu ; j'aurai une cure et une modeste servante dans un riche village. J'ai la foi ; je ferai mon salut, et sans être dispendieux, je vivrai comme un bon serviteur de Dieu avec sa servante. Ma Mère la sainte Église me réchauffera dans son sein : qu'elle soit bénie ! que Dieu soit béni !

... Quant à cette passion cruellement chérie que je renferme au fond de mon cœur, je saurai la supporter avec constance : sans la raviver précisément, je pourrai m'en rappeler quelquefois le souvenir ; ces choses-là sont bien douces ! — Moi, du reste, j'étais né pour l'amour et pour la foi ! — Peut-être un jour, revenu dans cette ville, aurai-je le bonheur de confesser ma chère Thimothina ? Puis, je conserve d'elle un doux souvenir : depuis un an, je n'ai pas défait les chaussettes qu'elle m'a données...

Ces chaussettes-là, mon Dieu ! je les garderai à mes pieds jusque dans votre saint Paradis !...

----

1. Le baume.

## [Premier cahier]

## Les reparties de Nina

...........................................................

Lui. — Ta poitrine sur ma poitrine,
    Hein ? nous irions,
Ayant de l'air plein la narine,
    Aux frais rayons

Du bon matin bleu, qui vous baigne
    Du vin de jour ?...
Quand tout le bois frissonnant saigne
    Muet d'amour

De chaque branche, gouttes vertes,
    Des bourgeons clairs,
On sent dans les choses ouvertes
    Frémir des chairs :

Tu plongerais dans la luzerne
    Ton blanc peignoir,
Rosant [1] à l'air ce bleu qui cerne
    Ton grand œil noir,

Amoureuse de la campagne,
    Semant partout,

_____

**1.** Changeant en rose.

Comme une mousse de champagne,
    Ton rire fou :

Riant à moi, brutal d'ivresse,
    Qui te prendrais
Comme cela, — la belle tresse,
    Oh ! — qui boirais

Ton goût de framboise et de fraise,
    Ô chair de fleur !
Riant au vent vif qui te baise
    Comme un voleur,

Au rose églantier qui t'embête
    Aimablement :
Riant surtout, ô folle tête,
    À ton amant !...

.................................................

— Ta poitrine sur ma poitrine
    Mêlant nos voix
Lents, nous gagnerions la ravine,
    Puis les grands bois !...

Puis, comme une petite morte,
    Le cœur pâmé,
Tu me dirais que je te porte,
    L'œil mi-fermé...

Je te porterais, palpitante,
    Dans le sentier :
L'oiseau filerait son andante :
    Au Noisetier [1]...

Je te parlerais dans ta bouche ;
    J'irais, pressant

---

1. Ce serait, selon Bouillane de Lacoste, le titre de cet *andante*.

Ton corps, comme une enfant qu'on couche,
    Ivre du sang

Qui coule, bleu, sous ta peau blanche
    Aux tons rosés :
Et te parlant la langue franche...
    Tiens !... — que tu sais...

Nos grands bois sentiraient la sève
    Et le soleil
Sablerait d'or fin leur grand rêve
    Vert et vermeil.

..................................................

Le soir ?... Nous reprendrons la route
    Blanche qui court
Flânant, comme un troupeau qui broute,
    Tout à l'entour

Les bons vergers à l'herbe bleue
    Aux pommiers tors [1] !
Comme on les sent toute une lieue
    Leurs parfums forts [2] !

Nous regagnerons le village
    Au ciel mi-noir ;
Et ça sentira le laitage
    Dans l'air du soir ;

Ça sentira l'étable, pleine
    De fumiers chauds,
Pleine d'un lent rhythme d'haleine,
    Et de grands dos

Blanchissant sous quelque lumière :
    Et, tout là-bas,

---

1. Tordus.     2. Strophe ajoutée.

Une vache fientera, fière,
    À chaque pas...


— Les lunettes de la grand'mère
    Et son nez long
Dans son missel ; le pot de bière
    Cerclé de plomb,


Moussant entre les larges pipes
    Qui, crânement,
Fument : les effroyables lippes
    Qui, tout fumant,


Happent le jambon aux fourchettes
    Tant, tant et plus :
Le feu qui claire les couchettes
    Et les bahuts.


Les fesses luisantes et grasses
    D'un gros enfant
Qui fourre, à genoux, dans les tasses,
    Son museau blanc


Frôlé par un mufle qui gronde
    D'un ton gentil,
Et pourlèche la face ronde
    Du cher petit...


........................................................


Que de choses verrons-nous, chère,
    Dans ces taudis,
Quand la flamme illumine, claire [1]
    Les carreaux gris !...

---

1. Il s'agit sans doute de nouveau du verbe clairer (= éclairer), puisque, contrairement à la première version, « claire » n'est pas suivi ici d'une virgule.

— Puis, petite et toute nichée
    Dans les lilas
Noirs et frais : la vitre cachée,
    Qui rit là-bas...

Tu viendras, tu viendras, je t'aime !
    Ce sera beau.
Tu viendras, n'est-ce pas, et même...

Elle — Et mon bureau [1] ?

Arthur Rimbaud

## Vénus anadyomène.

Comme d'un cercueil vert en fer blanc [2], une tête
De femme à cheveux bruns fortement pommadés [3]
D'une vieille baignoire émerge, lente et bête,
Avec des déficits [4] assez mal ravaudés ;

Puis le col [5] gras et gris, les larges omoplates
Qui saillent ; le dos court qui rentre et qui ressort ;
Puis les rondeurs des reins semblent prendre l'essor ;
La graisse sous la peau paraît en feuilles plates [6] ;

---

**1.** La version précédente, « *Mais le bureau* », renvoyait assurément au lieu. La version nouvelle peut en laisser deviner l'occupant, le patron (*bureau = bureaucrate*, l'un de ces « Assis » contre lesquels se déchaînera Rimbaud). Cette interprétation, qui est par exemple celle de Louis Forestier (éd. Bouquins, pp. 444-445) n'est pas absolument nécessaire, et le poème peut ne pas passer par le trio traditionnel.    **2.** Souvenir du cercueil-baignoire d'Agamemnon auquel faisait allusion le dizain de Coppée, comme l'a suggéré Antoine Adam (éd. de la Pléiade, p. 692) ? L'hypothèse nous semble inutile. En revanche il nous semble opportun de rappeler que les baignoires à bon marché étaient en zinc et peintes en vert, à l'époque de Rimbaud.    **3.** *Cf.* « Mauvais Sang » : « mais je ne beurre pas ma chevelure ».    **4.** Les blessures du temps.    **5.** Le cou.    **6.** L'ordre de ces deux vers est inverse sur le manuscrit Izambard, p. 83.

L'échine est un peu rouge, et le tout sent un goût
Horrible étrangement ; on remarque surtout
Des singularités qu'il faut voir à la loupe...

Les reins portent deux mots gravés : Clara Venus [1] ;
— Et tout ce corps remue et tend sa large croupe
Belle hideusement [2] d'un ulcère à l'anus.

A. Rimbaud

### « *Morts de Quatre-vingt-douze...* »

« ... Français de soixante-dix, bonapar-
tistes, républicains, souvenez-vous de vos
pères en 92, etc.

.................................................................

Paul de Cassagnac.
— *Le Pays* —

Morts de Quatre-vingt-douze et de Quatre-vingt-treize [3],
Qui, pâles du baiser fort de la liberté,
Calmes, sous vos sabots, brisiez le joug qui pèse
Sur l'âme et sur le front de toute humanité ;

Hommes extasiés et grands dans la tourmente,
Vous dont les cœurs sautaient d'amour sous les haillons,
Ô Soldats que la Mort a semés, noble Amante,
Pour les régénérer, dans tous les vieux sillons [4] ;

---

**1.** Illustre Vénus.   **2.** L'alliance de mots fait, selon Suzanne Bernard, apparaître une esthétique « réaliste », quasi baudelairienne, de la laideur. Mais l'expression peut exprimer tout aussi bien la pure dérision.   **3.** J. Gengoux a cherché la source de cette invocation dans un poème d'Émile Verodach, « Les Volontaires », publié le 4 septembre 1870 dans la *Revue pour tous* et où l'on peut lire : « Si les plus glorieux sont de Quatre-vingt-douze/ Quatre-vingt-treize a les plus beaux ». Outre les difficultés suscitées par la date tardive de parution de ces vers, il faut avouer que cette source est inutile. Il suffisait à Rimbaud de songer à tel poème de Hugo (« Ô soldats de l'an Deux » ou « Nox ») pour évoquer les armées républicaines.   **4.** Souvenir de *La Marseillaise*, selon Suzanne Bernard ; souvenir possible aussi du mythe de Cadmos, et des guerriers nés des dents du dragon qu'il avait semées.

Vous dont le sang lavait toute grandeur salie[1]
Morts de Valmy[2], Morts de Fleurus[3], Morts d'Italie[4]
Ô million de Christs aux yeux sombres et doux[5] ;

Nous vous laissions dormir avec la République,
Nous, courbés sous les rois[6] comme sous une trique.
— Messieurs de Cassagnac nous reparlent de vous[7] !

                                        Arthur Rimbaud
          fait à Mazas, 3 septembre 1870


## Première soirée

« — Elle était fort déshabillée
Et de grands arbres indiscrets
Aux vitres jetaient leur feuillée
Malinement, tout près, tout près.

Assise sur ma grande chaise,
Mi-nue, elle joignait les mains.
Sur le plancher frissonnaient d'aise
Ses petits pieds si fins, si fins.

---

1. « Le Forgeron » attribue cette fonction régénératrice au sang du
peuple. Voir p. 125.     2. À Valmy, le 20 septembre 1792, les va-nu-pieds
commandés par Dumouriez battaient les Prussiens commandés par le duc
de Brunswick (voir Michelet, *Histoire de la Révolution*, VII, 8).     3. Vic-
toire du général Jourdan en 1794, le 26 juin.     4. La campagne d'Italie,
où s'illustra Bonaparte en 1796.     5. Les soldats de la République sont
des sauveurs qui se sont sacrifiés comme le Christ. Les épithètes « sombre
et doux » sont présentes dans « Les Mages » de Victor Hugo.     6. Dont
l'empereur Napoléon III.     7. Ironique : et ce sont des bonapartistes, les
Cassagnac, directeurs du journal *Le Pays*, qui, pour faire durer le régime
impérial, invoquent votre exemple !

— Je regardai, couleur de cire
Un petit rayon buissonnier
Papillonner dans son sourire
Et sur son sein, mouche au rosier.

— Je baisai ses fines chevilles.
Elle eut un doux rire brutal
Qui s'égrenait en claires trilles,
Un joli rire de cristal [.]

Les petits pieds sous la chemise
Se sauvèrent : « Veux-tu finir ! »
— La première audace permise,
Le rire feignait de punir !

— Pauvrets palpitants sous ma lèvre,
Je baisai doucement ses yeux :
— Elle jeta sa tête mièvre
En arrière : « Oh ! c'est encore mieux !...

« Monsieur, j'ai deux mots à te dire... »
— Je lui jetai le reste au sein
Dans un baiser, qui la fit rire
D'un bon rire qui voulait bien...

— Elle était fort déshabillée
Et de grands arbres indiscrets
Aux vitres jetaient leur feuillée
Malinement, tout près, tout près.

                                        Arthur Rimbaud

## Sensation

Par les soirs bleus[1] d'été, j'irai dans les sentiers,
Picoté par les blés, fouler l'herbe menue :
Rêveur, j'en sentirai la fraîcheur à mes pieds.
Je laisserai le vent baigner ma tête nue.

Je ne parlerai pas, je ne penserai rien[2] :
Mais l'amour infini me montera dans l'âme,
Et j'irai loin, bien loin, comme un bohémien[3],
Par[4] la Nature, — heureux comme avec une femme.

Arthur Rimbaud
Mars 1870

## Bal des pendus

Au gibet noir, manchot aimable,
Dansent, dansent les paladins
Les maigres paladins du diable
Les squelettes de Saladins[5].

Messire Belzébuth tire par la cravate
Ses petits pantins noirs grimaçant sur le ciel,
Et, leur claquant au front un revers de savate,
Les fait danser, danser aux sons d'un vieux Noël !

---

**1.** Réminiscence possible d'un vers des *Chimères* d'Albert Mérat : « Par un soir bleu d'avril elle s'en revenait ».   **2.** Différence essentielle avec le Hugo de « Demain dès l'aube ».   **3.** *Cf.* « Ma Bohème », Baudelaire avait déjà évoqué, d'après Jacques Callot, les « Bohémiens en voyage »   **4.** « Par » au sens du *per* latin : « à travers ».   **5.** Saladin fut le sultan adversaire de Frédéric Barberousse, de Richard Cœur de Lion et de Philippe Auguste (1137-1196). Le mot vient pour la couleur historique et... pour la rime.

Et les pantins choqués enlacent leurs bras grêles :
Comme des orgues noirs, les poitrines à jour
Que serraient autrefois les gentes damoiselles,
Se heurtent longuement dans un hideux amour.


Hurrah ! Les gais danseurs, qui n'avez plus de panse !
On peut cabrioler, les tréteaux sont si longs !
Hop ! qu'on ne sache plus si c'est bataille ou danse !
Belzébuth enragé racle ses violons !


Ô durs talons, jamais on n'use sa sandale !
Presque tous ont quitté la chemise de peau[1] :
Le reste est peu gênant et se voit sans scandale.
Sur les crânes, la neige applique un blanc chapeau :


Le corbeau fait panache à ces têtes fêlées,
Un morceau de chair tremble à leur maigre menton :
On dirait, tournoyant dans les sombres mêlées,
Des preux, raides, heurtant armures de carton [.]


Hurrah ! La bise siffle au grand bal des squelettes !
Le gibet noir mugit comme un orgue de fer !
Les loups vont répondant des forêts violettes :
À l'horizon, le ciel est d'un rouge d'enfer....


Holà, secouez-moi ces capitans[2] funèbres
Qui défilent, sournois[3], de leurs gros doigts cassés
Un chapelet d'amour sur leurs pâles vertèbres[4] :
Ce n'est pas un moustier[5] ici, les trépassés !


Oh ! voilà qu'au milieu de la danse macabre
Bondit dans le ciel rouge un grand squelette fou

---

1. *Cf.* Gautier, « Bûchers et Tombeaux » : « Pas de cadavre sous la tombe, / Spectre hideux de l'être cher, / Comme d'un vêtement qui tombe/ Se déshabillant de sa chair ».     2. Personnage fanfaron dans la comédie italienne.     3. Ils essaient d'échapper au diable par une prière sournoise.     4. *Cf.* Gautier, poème cité : le blanc squelette « Pend son chapelet de vertèbres. / Dans les charniers, le long des murs ».     5. Monastère.

Emporté par l'élan, comme un cheval se cabre :
Et, se sentant encor la corde raide au cou,

Crispe ses petits doigts sur son fémur qui craque
Avec des cris pareils à des ricanements,
Et, comme un baladin rentre dans la baraque,
Rebondit dans le bal au chant des ossements.

     Au gibet noir, manchot aimable,
     Dansent dansent les paladins
     Les maigres paladins du diable,
     Les squelettes de Saladins.

                    Arthur Rimbaud

## — Les Effarés —

Noirs dans la neige et dans la brume,
Au grand soupirail qui s'allume[1],
    Leurs culs en rond,

À genoux, cinq petits[2] — misère ! —
Regardent le boulanger faire
    Le lourd pain blond...

Ils voient le fort bras blanc qui tourne
La pâte grise, et qui l'enfourne
    Dans un trou clair.

---

1. Dès ces deux premiers vers les couleurs (noir, blanc, rouge) sont évoquées dans l'ordre que leur conférera le sonnet des voyelles. Il en va de même pour les mots qui les énoncent : « noirs » (v. 1), « blanc » (v. 7), « rouge » (v. 14). 2. Le texte donné par Verlaine, dans *Les Poètes maudits* — « *les* petits » —, semble fautif. Rimbaud s'est peut-être souvenu ici — comme dans « Les Étrennes des orphelins » — des « Pauvres Gens » de Victor Hugo où sommeillent « cinq petits enfants ». Il est inutile de rappeler, comme le fait Hackett (*op. cit.*, p. 77, n.2), que les enfants Rimbaud (morts et vivants) étaient cinq.

Ils écoutent le bon pain cuire.
Le boulanger au gras sourire
    Chante un vieil air.

Ils sont blottis, pas un ne bouge,
Au souffle du soupirail rouge,
    Chaud comme un sein[1].

Et quand pendant que minuit sonne,
Façonné, pétillant et jaune,
    On sort le pain ;

Quand sous les poutres enfumées,
Chantent les croûtes parfumées,
    Et les grillons[2] ;

Quand ce trou chaud souffle la vie ;
Ils ont leur âme si ravie[3]
    Sous leurs haillons,

Ils se ressentent si bien vivre,
Les pauvres petits pleins de givre, !
    — Qu'ils sont là, tous,

Collant leurs petits museaux roses
Au grillage, chantant des choses,
    Entre les trous,

Mais bien bas, — comme une prière...
Repliés vers cette lumière
    Du ciel rouvert[4],

---

1. Le sein maternel dont ils sont privés.   2. Suzanne Bernard invite à un rapprochement avec le conte de Dickens *Le Grillon du foyer*.   3. Au sens fort (fascinée).   4. Ce qui laisse supposer que le ciel des chrétiens est fermé ; S. Bernard souligne justement l'ironie apitoyée du mot.

— Si fort, qu'ils crèvent leur culotte,
— Et que leur lange blanc tremblotte[1]
    Au vent d'hiver...

                       Arthur Rimbaud

20 sept. 70


# Roman

## I

On n'est pas sérieux, quand on a dix-sept ans[2].
— Un beau soir, foin des bocks et de la limonade,
Des cafés tapageurs aux lustres éclatants !
— On va sous les tilleuls verts de la promenade [.]

Les tilleuls sentent bon dans les bons soirs de juin !
L'air est parfois si doux, qu'on ferme la paupière ;
Le vent chargé de bruits, — la ville n'est pas loin, —
A des parfums de vigne et des parfums de bière...

## II

— Voilà qu'on aperçoit un tout petit chiffon
D'azur sombre, encadré d'une petite branche,
Piqué d'une mauvaise étoile[3], qui se fond
Avec de doux frissons, petite et toute blanche...

---

**1.** Orthographe du manuscrit. **2.** Seize, en réalité, mais Arthur aime à se vieillir et à se donner cet âge (voir la première lettre à Banville, 24 mai 1870 ; « Ce que retient Nina », p. 80). **3.** La strophe ne va pas sans quelque obscurité. Mais c'est la compliquer à plaisir que de voir dans cette « mauvaise étoile » l'étoile occultiste.

Nuit de juin ! Dix-sept ans ! — On se laisse griser.
La sève est du champagne et vous monte à la tête...
On divague ; on se sent aux lèvres un baiser [1]
Qui palpite là, comme une petite bête...


### III

Le cœur fou Robinsonne [2] à travers les romans,
— Lorsque, dans la clarté d'un pâle réverbère,
Passe une demoiselle aux petits airs charmants,
Sous l'ombre du faux-col [3] effrayant de son père...

Et, comme elle vous trouve immensément naïf,
Tout en faisant trotter ses petites bottines,
Elle se tourne, alerte et d'un mouvement vif...
— Sur vos lèvres alors meurent les cavatines [4]...


### IV

Vous êtes amoureux. Loué jusqu'au mois d'août.
Vous êtes amoureux — Vos sonnets La [5] font rire.
Tous vos amis s'en vont, vous êtes mauvais goût.
— Puis l'adorée, un soir, a daigné vous écrire... !

---

1. *Cf.* le vers donné par Izambard à Rimbaud pour « À la Musique » :
« Et je sens des baisers qui me viennent aux lèvres ».     2. Ce verbe est
une création de Rimbaud, qui garde même la majuscule de Robinson.
3. Réminiscence probable de « Monsieur Prudhomme » dans les *Poèmes
Saturniens* (un recueil que Rimbaud connaissait bien à cette date, si l'on
en croit Delahaye) : Monsieur Prudhomme, dont le « faux col engloutit
[l'] oreille », songe à « marier sa fille » avec « un jeune homme cossu » ;
mais il méprise les « faiseurs de vers, ces vauriens, ces maroufles / Ces
fainéants barbus, mal peignés [...] ».     4. Romance à la française dont
Baudelaire déjà soulignait l'importune miévrerie. Dans l'opéra italien, la
cavatine exprime l'émotion intime avant le déploiement virtuose de la caba-
lette.     5. C'est toujours « Elle » des « Reparties de Nina ».

— Ce soir-là,... — vous rentrez aux cafés éclatants,
Vous demandez des bocks ou de la limonade...
— On n'est pas sérieux, quand on a dix-sept ans
Et qu'on a des tilleuls verts sur la promenade.

Arthur Rimbaud

29 sept. 70


## Rages de Césars

L'Homme pâle[1], le long des pelouses fleuries[2],
Chemine, en habit noir[3], et le cigare aux dents :
L'Homme pâle repense aux fleurs des Tuileries
— Et parfois son œil terne[4] a des regards ardents...

Car l'Empereur est soûl de ses vingt ans d'orgie !
Il s'était dit : « Je vais souffler la Liberté
Bien délicatement, ainsi qu'une bougie ! »
La Liberté revit ! Il se sent éreinté[5] !

Il est pris. — Oh ! quel nom sur ses lèvres muettes
Tressaille ? Quel regret implacable le mord ?
On ne le saura pas. L'Empereur a l'œil mort.

Il repense peut-être au Compère en lunettes[6]...
— Et regarde filer de son cigare en feu,
Comme aux soirs de Saint-Cloud[7], un fin nuage bleu.

Arthur Rimbaud

---

1. Napoléon III, affaibli par la maladie, par la défaite et par la captivité.
2. Celles du château de Wilhelmshöhe, en Prusse, où l'Empereur a été interné.   3. *Cf.* le portrait de l'Empereur par Cabanel (1865). Après Sedan, Napoléon III a repris ses vêtements civils.   4. *Cf.* ce témoignage du vicomte de Beaumont-Vassy : « [les yeux] perdus dans le vague et n'indiquant la pensée intime que par quelques lueurs passagères [...] me parurent tout d'abord devoir être en politique une force immense ».   5. Les reins brisés.   6. Émile Ollivier (1825-1913), chef du gouvernement depuis le 2 janvier 1870 ; il avait déclaré le 15 juillet qu'il acceptait « d'un cœur léger » les lourdes responsabilités de la guerre.   7. L'une des résidences de l'empereur.

# Le Mal

Tandis que les crachats rouges de la mitraille
Sifflent tout le jour par l'infini du ciel bleu ;
Qu'écarlates ou verts[1], près du Roi[2] qui les raille,
Croulent les bataillons en masse dans le feu ;

Tandis qu'une folie épouvantable, broie
Et fait de cent milliers d'hommes un tas fumant ;
— Pauvres morts ! dans l'été, dans l'herbe[3], dans ta joie,
Nature ! ô toi qui fis ces hommes saintement !..

— Il est un Dieu, qui rit aux nappes damassées
Des autels, à l'encens, aux grands calices d'or ;
Qui dans le bercement des hosannah s'endort,

Et se réveille, quand des mères, ramassées
Dans l'angoisse, et pleurant sous leur vieux bonnet noir,
Lui donnent un gros sou lié[4] dans leur mouchoir !

                                        Arthur Rimbaud

---

**1.** Aussi bien les soldats français (en uniforme garance) que les soldats prussiens (en uniforme vert).   **2.** Rimbaud avait d'abord écrit « chef » (biffé sur le manuscrit). Il s'agit aussi bien de Napoléon III que du roi Guillaume.   **3.** *Cf.* « Le Dormeur du Val ».   **4.** Jacques Gengoux découvre ici un jeu de mots sou lié/ soulier : les mères réveillent Dieu « pour le *faire marcher* dans leur intérêt à elles, pour la défense de leurs superstitions et de leur mode de vie "français". De là, l'offrande du soulier qui doit lui permettre de marcher » (*La Pensée poétique de Rimbaud*, Nizet, 1950, pp. 156-157). L'exégèse est sans doute excessive.

# Ophélie

## I

Sur l'onde calme et noire où dorment les étoiles
La blanche Ophélia[1] flotte comme un grand lys[2],
Flotte très lentement, couchée en ses longs voiles[3]...
— On entend dans les bois lointains des hallalis.

Voici plus de mille ans que la triste Ophélie
Passe, fantôme blanc, sur le long fleuve noir
Voici plus de mille ans que sa douce folie
Murmure sa romance[4] à la brise du soir.

Le vent baise ses seins et déploie en corolle
Ses grands voiles bercés mollement par les eaux ;
Les saules[5] frissonnants pleurent sur son épaule,
Sur son grand front rêveur s'inclinent les roseaux.

Les nénuphars froissés soupirent autour d'elle ;
Elle éveille parfois, dans un aune qui dort, —
Quelque nid, d'où s'échappe un petit frisson d'aile ;
— Un chant mystérieux tombe des astres d'or.

---

**1.** *Ophelia* : Rimbaud reprend le nom anglais de l'héroïne de Shakespeare, ce qui semble indiquer qu'il connaissait le texte original. **2.** Dans *Hamlet*, Ophélie était comparée par son frère Laërtes à une « rose de mai » (*a rose of May*, IV, 5, v. 156). Millais l'avait peinte comme un grand nénuphar. **3.** *Cf. Hamlet*, IV, 7 : « Ses voiles d'abord s'étalèrent et la soutinrent quelques instants ; on aurait dit une sirène ». **4.** *Cf.* les romances que chante Ophélie au cours de la scène de la folie (IV, 5) et qui ne sont pas sans analogie avec ces « refrains niais, rythmes naïfs » chers à Rimbaud (voir « Alchimie du verbe », dans *Une saison en enfer*) **5.** C'est en cherchant à accrocher des guirlandes de fleurs à un saule qu'Ophélie est tombée dans l'eau.

II

Ô pâle Ophélia ! belle comme la neige !
Oui tu mourus, enfant, par un fleuve emporté !
— C'est que les vents tombant des grands monts de
T'avaient parlé tout bas de l'âpre liberté ;          [Norwège[1]

C'est qu'un souffle, tordant ta grande chevelure,
À ton esprit rêveur portait d'étranges bruits ;
Que ton cœur écoutait le chant de la Nature
Dans les plaintes de l'arbre et les soupirs des nuits ;

C'est que la voix des mers folles, immense râle,
Brisait ton sein d'enfant, trop humain et trop doux ;
C'est qu'un matin d'avril, un beau cavalier pâle,
Un pauvre fou[2], s'assit muet à tes genoux !

Ciel ! Amour ! Liberté ! Quel rêve, ô pauvre Folle !
Tu te fondais à lui comme une neige au feu :
Tes grandes visions étranglaient ta parole
— Et l'Infini terrible effara[3] ton œil bleu !

III

— Et le Poète dit qu'aux rayons des étoiles
Tu viens chercher, la nuit, les fleurs que tu cueillis[4] ;
Et qu'il a vu sur l'eau, couchée en ses longs voiles,
La blanche Ophélia flotter, comme un grand lys.

                                        Arthur Rimbaud

---

1. En réalité l'action de *Hamlet* se passe au Danemark.     2. Hamlet,
qui simule la folie.     3. Rimbaud a remplacé l'« égara » initial (dont il
reprend puis raye les deux premières lettres) par un terme du vocabulaire
hugolien (*cf.* « Les Effarés », p. 110).     4. Celles qu'énumère Ophélie
dans la scène de la folie : « Pour vous, du fenouil, et des colombines ; pour
vous, du souci. Et en voici pour moi, que nous appellerons l'herbe des
beaux dimanches. Oh ! votre souci, portez-le mieux que je ne fais ! Ceci,
c'est une marguerite. J'aurais voulu vous apporter des violettes mais elles
se sont toutes fanées lorsque mon père est mort » (trad. A. Gide).

## Le Châtiment de Tartufe :

Tisonnant, tisonnant son cœur amoureux sous
Sa chaste robe noire, heureux, la main gantée,
Un jour qu'il s'en allait, effroyablement doux,
Jaune, bavant la foi de sa bouche édentée,

Un jour qu'il s'en allait, « Oremus »[1], — un Méchant[2]
Le prit rudement par son oreille benoîte
Et lui jeta des mots affreux, en arrachant
Sa chaste robe noire autour de sa peau moite !

Châtiment !... Ses habits étaient déboutonnés,
Et le long chapelet des péchés pardonnés
S'égrenant dans son cœur, Saint Tartufe était pâle !...

Donc, il se confessait, priait, avec un râle !
L'homme se contenta d'emporter ses rabats...
— Peuh ! Tartufe était nu du haut jusques en bas[3] !

Arthur Rimbaud

## À la Musique.

Place de la gare, à Charleville.

Sur la place taillée en mesquines pelouses,
Square où tout est correct, les arbres et les fleurs,

---

1. « Prions » : l'une de ces invitations à la prière dont Tartuffe est prodigue. Et *cf.* « le Sup*** » dans *Un cœur sous une soutane* qui « chuchotait un *oremus* ».　　2. Le novice, dans la nouvelle, trouvait « effroyablement méchants » ses condisciples.　　3. Reprise des paroles de Dorine à Tartuffe, dans la comédie de Molière (acte III, scène 2, v. 867-868) : « Et je vous verrais nu du haut jusques en bas / Que toute votre peau ne me tenterait pas ».

Tous les bourgeois poussifs qu'étranglent les chaleurs
Portent, les jeudis soirs, leurs bêtises jalouses

— L'orchestre militaire, au milieu du jardin,
Balance ses schakos dans la Valse des fifres :
— Autour, aux premiers rangs, parade le gandin ;
Le notaire pend à ses breloques[1] à chiffres

Des rentiers à lorgnons soulignent tous les couacs :
Les gros bureaux bouffis traînent leurs grosses dames
Auprès desquelles vont, officieux cornacs,
Celles dont les volants ont des airs de réclames ;

Sur les bancs verts, des clubs d'épiciers retraités
Qui tisonnent le sable avec leur canne à pomme,
Fort sérieusement discutent les traités,
Puis prisent en argent[2], et reprennent : « En somme !... »

Épatant sur son banc les rondeurs de ses reins,
Un bourgeois à boutons clairs, bedaine flamande,
Savoure son onnaing[3] d'où le tabac par brins
Déborde — vous savez, c'est de la contrebande ; —

Le long des gazons verts ricanent les voyous ;
Et, rendus amoureux par le chant des trombones,
Très naïfs, et fumant des roses, les pioupious[4]
Caressent les bébés pour enjôler les bonnes...

— Moi, je suis, débraillé comme un étudiant
Sous les marronniers verts les alertes fillettes :
Elles le savent bien ; et tournent en riant,
Vers moi, leurs yeux tout pleins de choses indiscrètes

---

1. *Breloques* : menus objets d'or ou d'argent où était gravé le chiffre (les initiales) du possesseur. **2.** Prisent dans des tabatières d'argent. **3.** Onnaing est une localité proche de Valenciennes, où l'on fabriquait des pipes en terre réfractaire, très prisées, réservées aux riches, contrairement à la « gambier ». **4.** Les soldats d'infanterie.

Je ne dis pas un mot : je regarde toujours
La chair de leurs cous blancs brodés de mèches folles :
Je suis, sous le corsage et les frêles atours,
Le dos divin après la courbe des épaules

J'ai bientôt déniché la bottine, le bas...
— Je reconstruis les corps, brûlé de belles fièvres.
Elles me trouvent drôle et se parlent tout bas...
— Et je sens les baisers qui me viennent aux lèvres...

                                        Arthur Rimbaud


## Le Forgeron

                Palais des Tuileries, vers le 10 août 92 [1].

Le bras sur un marteau gigantesque, effrayant
D'ivresse et de grandeur, le front vaste, riant
Comme un clairon d'airain, avec toute sa bouche,
Et prenant ce gros-là dans son regard farouche,
Le Forgeron parlait à Louis Seize, un jour
Que le Peuple était là, se tordant tout autour,
Et sur les lambris d'or traînant sa veste sale.
Or le bon roi, debout sur son ventre, était pâle,
Pâle comme un vaincu qu'on prend pour le gibet,
Et, soumis comme un chien, jamais ne regimbait
Car ce maraud de forge aux énormes épaules
Lui disait de vieux mots et des choses si drôles,
Que cela l'empoignait au front, comme cela !

---

**1.** Cette date ne constitue pas une erreur. À l'insurrection massive du 20 juin, date choisie pour la première version du poème, a succédé l'insurrection définitive du 10 août : prise des Tuileries, emprisonnement du Roi, chute de la royauté. Par cette substitution, Rimbaud veut souligner la victoire de la « Crapule ».

« Or, tu sais bien, Monsieur[1], nous chantions tra la la
Et nous piquions les bœufs vers les sillons des autres :
Le Chanoine au soleil filait des patenôtres
Sur des chapelets clairs grenés de pièces d'or.
Le Seigneur, à cheval, passait, sonnant du cor
Et l'un avec la hart, l'autre avec la cravache
Nous fouaillaient — Hébétés comme des yeux de vache,
Nos yeux ne pleuraient plus ; nous allions, nous allions,
Et quand nous avions mis le pays en sillons,
Quand nous avions laissé dans cette terre noire
Un peu de notre chair... nous avions un pourboire :
On nous faisait flamber nos taudis dans la nuit ;
Nos petits y faisaient un gâteau fort bien cuit.

... « Oh ! je ne me plains pas. Je te dis mes bêtises,
C'est entre nous. J'admets que tu me contredises.
Or, n'est-ce pas joyeux de voir, au mois de juin
Dans les granges entrer des voitures de foin
Énormes ? De sentir l'odeur de ce qui pousse,
Des vergers quand il pleut un peu, de l'herbe rousse ?
De voir des blés, des blés, des épis pleins de grain,
De penser que cela prépare bien du pain ?...
Oh[2] ! plus fort, on irait, au fourneau qui s'allume,
Chanter joyeusement en martelant l'enclume,
Si l'on était certain de pouvoir prendre un peu,
Étant homme, à la fin ! de ce que donne Dieu !
— Mais voilà, c'est toujours la même vieille histoire !

« Mais je sais, maintenant ! Moi, je ne peux plus croire,
Quand j'ai deux bonnes mains, mon front[3], et mon marteau,
Qu'un homme vienne là, dague sur le manteau,
Et me dise : Mon gars, ensemence ma terre ;
Que l'on arrive encor, quand ce serait la guerre,
Me prendre mon garçon comme cela, chez moi !

---

1. *Cf.* la harangue du boucher Legendre à Louis XVI : « *Monsieur*, vous êtes un perfide, vous nous avez toujours trompés, vous nous trompez encore. Mais prenez garde, la mesure est comble ».    2. En surcharge sur « Oui » dans le manuscrit.    3. Ma pensée.

— Moi, je serais un homme, et toi, tu serais roi,
Tu me dirais : Je veux !... — Tu vois bien, c'est stupide.
Tu crois que j'aime voir ta baraque splendide,
Tes officiers dorés, tes mille chenapans,
Tes palsembleu[1] bâtards tournant comme des paons :
Ils ont rempli ton nid de l'odeur de nos filles
Et de petits billets pour nous mettre aux Bastilles,
Et nous dirons : C'est bien : les pauvres à genoux !
Nous dorerons ton Louvre en donnant nos gros sous !
Et tu te soûleras, tu feras belle fête...
— Et ces Messieurs riront, les reins sur notre tête !

« Non. Ces saletés-là datent de nos papas !
Oh ! Le Peuple n'est plus une putain. Trois pas[2]
Et tous, nous avons mis ta Bastille en poussière
Cette bête suait du sang à chaque pierre
Et c'était dégoûtant, la Bastille debout
Avec ses murs lépreux qui nous racontaient tout
Et, toujours, nous tenaient enfermés dans leur ombre !
— Citoyen ! citoyen ! c'était le passé sombre
Qui croulait, qui râlait, quand nous prîmes la tour !
Nous avions quelque chose au cœur comme l'amour.
Nous avions embrassé nos fils sur nos poitrines.
Et, comme des chevaux, en soufflant des narines
Nous allions, fiers et forts, et ça nous battait là...
Nous marchions au soleil, front haut, — comme cela —
Dans Paris ! On venait devant nos vestes sales.
Enfin ! Nous nous sentions Hommes ! Nous étions pâles,
Sire, nous étions soûls de terribles espoirs :
Et quand nous fûmes là, devant les donjons noirs,
Agitant nos clairons et nos feuilles de chêne,
Les piques à la main ; nous n'eûmes pas de haine,
— Nous nous sentions si forts, nous voulions être doux !

.................................................................................................
.................................................................................................

---

  **1.** L'orthographe est normalement *palsambleu* (= « par le sang de
Dieu ») ; c'était un juron. Par retour au sens étymologique, l'expression
pourrait signifier : tes bâtards qui se croient (par toi) d'origine divi-
ne.     **2.** Il a suffi de trois pas...

« Et depuis ce jour-là, nous sommes comme fous !
Le tas des ouvriers a monté dans la rue,
Et ces maudits s'en vont, foule toujours accrue
De sombres revenants, aux portes des richards.
Moi, je cours avec eux assommer les mouchards :
Et je vais dans Paris, noir, marteau sur l'épaule,
Farouche, à chaque coin balayant quelque drôle,
Et, si tu me riais au nez, je te tuerais !
— Puis, tu peux y compter, tu te feras des frais
Avec tes hommes noirs, qui prennent nos requêtes
Pour se les renvoyer comme sur des raquettes
Et, tout bas, les malins ! se disent : « Qu'ils sont sots ! »
Pour mitonner des lois, coller de petits pots
Pleins de jolis décrets roses et de droguailles,
S'amuser à couper proprement quelques tailles,
Puis se boucher le nez quand nous marchons près d'eux,
— Nos doux représentants qui nous trouvent crasseux ! —
Pour ne rien redouter, rien, que les baïonnettes...,
C'est très bien. Foin de leur tabatière à sornettes !
Nous en avons assez, là, de ces cerveaux plats
Et de ces ventres-dieux [1]. Ah ! ce sont là les plats
Que tu nous sers, bourgeois, quand nous sommes féroces,
Quand nous brisons déjà les sceptres et les crosses !... »

.....................................................................................

Il le prend par le bras, arrache le velours
Des rideaux, et lui montre en bas les larges cours
Où fourmille, où fourmille, où se lève la foule,
La foule épouvantable avec des bruits de houle,
Hurlant comme une chienne, hurlant comme une mer,
Avec ses bâtons forts et ses piques de fer,
Ses tambours, ses grands cris de halles et de bouges,
Tas sombre de haillons saignant de bonnets rouges :
L'Homme, par la fenêtre ouverte, montre tout
Au roi pâle et suant qui chancelle debout,
Malade à regarder cela !

                 « C'est la Crapule,
Sire. Ça bave aux murs, ça monte, ça pullule :

---

1. Juron ; on employait plutôt la forme atténuée « ventrebleu ».

— Puisqu'ils ne mangent pas, Sire, ce sont des gueux !
Je suis un forgeron : ma femme est avec eux ;
Folle ! Elle croit trouver du pain aux Tuileries !
— On ne veut pas de nous dans les boulangeries.
J'ai trois petits. Je suis crapule. — Je connais
Des vieilles qui s'en vont pleurant sous leurs bonnets
Parce qu'on leur a pris leur garçon ou leur fille :
C'est la crapule. — Un homme était à la bastille,
Un autre était forçat : et tous deux, citoyens
Honnêtes. Libérés, ils sont comme des chiens :
On les insulte ! Alors, ils ont là quelque chose
Qui leur fait mal, allez ! C'est terrible, et c'est cause
Que se sentant brisés, que, se sentant damnés,
Ils sont là, maintenant, hurlant sous votre nez !
Crapule. — Là-dedans sont des filles, infâmes
Parce que, — vous saviez que c'est faible, les femmes —,
Messeigneurs de la cour, — que ça veut toujours bien —.
Vous avez craché sur l'âme, comme rien[1] !
Vos belles, aujourd'hui, sont là. C'est la crapule.

.................................................................

« Oh ! tous les Malheureux, tous ceux dont le dos brûle
Sous le soleil féroce, et qui vont, et qui vont,
Qui dans ce travail-là sentent crever leur front
Chapeau bas, mes bourgeois ! Oh ! ceux-là, sont les Hommes.
Nous sommes Ouvriers, Sire ! Ouvriers ! Nous sommes
Pour les grands temps nouveaux où l'on voudra savoir,
Où l'Homme forgera du matin jusqu'au soir,
Chasseur des grands effets, chasseur des grandes causes,
Où, lentement vainqueur, il domptera les choses
Et montera sur Tout, comme sur un cheval !
Oh ! splendides lueurs des forges ! Plus de mal,
Plus ! — Ce qu'on ne sait pas, c'est peut-être terrible :
Nous saurons ! — Nos marteaux en main, passons au crible
Tout ce que nous savons : puis, Frères, en avant !

---

1. Il faut faire la diérèse ri-en, ou restituer « Vous [leur] avez craché sur l'âme ».

Nous faisons quelquefois ce grand rêve émouvant
De vivre simplement, ardemment, sans rien dire
De mauvais, travaillant sous l'auguste sourire
D'une femme qu'on aime avec un noble amour :
Et l'on travaillerait fièrement tout le jour,
Écoutant le devoir comme un clairon qui sonne !
Et l'on se sentirait très heureux ; et personne
Oh ! personne, surtout, ne vous ferait ployer !
On aurait un fusil au-dessus du foyer....

..................................................

« Oh ! mais l'air est tout plein d'une odeur de bataille
Que te disais-je donc ? Je suis de la canaille !
Il reste des mouchards et des accapareurs[1].
Nous sommes libres, nous ! nous avons des terreurs
Où nous nous sentons grands, oh ! si grands ! Tout à l'heure
Je parlais de devoir calme, d'une demeure....
Regarde donc le ciel ! — C'est trop petit pour nous,
Nous crèverions de chaud, nous serions à genoux !
Regarde donc le ciel ! — Je rentre dans la foule,
Dans la grande canaille effroyable, qui roule,
Sire, tes vieux canons sur les sales pavés :
— Oh ! quand nous serons morts, nous les[2] aurons lavés
— Et si, devant nos cris, devant notre vengeance,
Les pattes des vieux rois mordorés[3], sur la France
Poussent leurs régiments en habits de gala,
Eh bien, n'est-ce pas, Vous tous ? — Merde à ces chiens-là ! »
..........................................................................
— Il reprit son marteau sur l'épaule.

                                        La foule
Près de cet homme-là se sentait l'âme soûle,
Et, dans la grande cour, dans les appartements,
Où Paris haletait avec des hurlements,

----

1. Les accapareurs de subsistances.     2. C'est-à-dire les pavés du palais royal ; sur les vertus purificatrices du sang du peuple, voir « *Morts de Quatre-vingt-douze* », p. 105.     3. Les rois de Prusse et d'Autriche, que le peuple allait bientôt écraser à Valmy.

Un frisson secoua l'immense populace.
Alors, de sa main large et superbe de crasse
Bien que le roi ventru suât, le Forgeron,
Terrible, lui jeta le bonnet rouge au front !

Arthur Rimbaud

## Soleil et Chair

Le Soleil, le foyer de tendresse et de vie,
Verse l'amour brûlant à la terre ravie,
Et, quand on est couché sur la vallée, on sent
Que la terre est nubile[1] et déborde de sang[2] ;
Que son immense sein, soulevé par une âme[3],
Est d'amour comme dieu, de chair comme la femme,
Et qu'il renferme, gros de sève et de rayons,
Le grand fourmillement de tous les embryons !

Et tout croît, et tout monte !
                                         — Ô Vénus, ô Déesse !
Je regrette les temps de l'antique jeunesse,
Des satyres lascifs, des faunes animaux,
Dieux qui mordaient d'amour l'écorce des rameaux
Et dans les nénufars baisaient la Nymphe blonde !
Je regrette les temps où la sève du monde,
L'eau du fleuve, le sang rose des arbres verts
Dans les veines de Pan[4] mettaient un univers !
Où le sol palpitait, vert, sous ses pieds de chèvre ;

---

**1.** On retrouve cet hémistiche dans l'*Hermès* de Chénier.
**2.** De sang (menstruel).   **3.** *Anima* = le souffle, la respiration.   **4.** Le
dieu des bergers et des troupeaux a subi ici la métamorphose du Satyre de
Victor Hugo (*La Légende des siècles*) : « Place à Tout ! Je suis Pan ; Jupi-
ter ! à genoux ! » L'adjectif *pan*, en grec, signifie en effet « tout ».

Où, baisant mollement le clair[1] syrinx, sa lèvre
Modulait sous le ciel le grand hymne d'amour ;
Où, debout sur la plaine, il entendait autour
Répondre à son appel la Nature vivante ;
Où les arbres muets, berçant l'oiseau qui chante,
La terre berçant l'homme, et tout l'Océan bleu
Et tous les animaux aimaient, aimaient en Dieu !

Je regrette les temps de la grande Cybèle[2]
Qu'on disait parcourir, gigantesquement belle,
Sur un grand char d'airain, les splendides cités ;
Son double sein versait dans les immensités
Le pur ruissellement de la vie infinie
L'Homme suçait, heureux, sa mamelle bénie,
Comme un petit enfant, jouant sur ses genoux.
— Parce qu'il était fort, l'Homme était chaste et doux.

Misère ! Maintenant il dit : Je sais les choses,
Et va, les yeux fermés et les oreilles closes :
— Et pourtant, plus de dieux ! plus de dieux ! l'Homme
                                                    [est Roi,
L'Homme est Dieu ! Mais l'Amour, voilà la grande Foi !
Oh ! si l'homme puisait encore à ta mamelle[3],
Grande mère des dieux et des hommes, Cybèle ;
S'il n'avait pas laissé l'immortelle Astarté[4]
Qui jadis, émergeant dans l'immense clarté
Des flots bleus, fleur de chair que la vague parfume,
Montra son nombril rose où vint neiger l'écume[5],
Et fit chanter, Déesse aux grands yeux noirs vainqueurs,
Le rossignol aux bois et l'amour dans les cœurs !

---

**1.** C'est la flûte de Pan ; « syrinx » est normalement au féminin.
**2.** Déesse de Phrygie identifiée par les Grecs avec la mère des dieux. Elle personnifiait les forces de la nature. Rimbaud l'évoque ici d'après Lucrèce (*De natura rerum*, II, 624), Virgile (*Énéide*, VI, 785), mais peut-être aussi en pensant à la Bérécynthienne de Joachim du Bellay dans *Les Antiquités de Rome* et à la « Cybèle » de Leconte de Lisle dans les *Poèmes antiques*.     **3.** Le lait de Cybèle = la vie. *Cf.* Leconte de Lisle : « Le monde est suspendu, Déesse, à tes mamelles ».     **4.** Déesse phénicienne qui fut confondue avec Vénus.     **5.** Évocation de Vénus née de l'écume, Vénus anadyomène ; voir p. 104.

## II

Je crois en toi ! je crois en toi ! Divine mère,
Aphrodité[1] marine ! — Oh ! la route est amère
Depuis que l'autre Dieu[2] nous attelle à sa croix ;
Chair, Marbre, Fleur, Vénus, c'est en toi que je crois[3] !
— Oui, l'Homme est triste et laid, triste sous le ciel vaste.
Il a des vêtements, parce qu'il n'est plus chaste,
Parce qu'il a sali son fier buste de dieu,
Et qu'il a rabougri, comme une idole au feu,
Son corps Olympien aux servitudes sales[4] !
Oui, même après la mort, dans les squelettes pâles
Il veut vivre, insultant la première beauté !
— Et l'Idole où tu mis tant de virginité,
Où tu divinisas notre argile, la Femme,
Afin que l'Homme pût éclairer sa pauvre âme
Et monter lentement, dans un immense amour,
De la prison terrestre à la beauté du jour,
La Femme ne sait plus même être Courtisane[5] !
— C'est une bonne farce ! et le monde ricane
Au nom doux et sacré de la grande Vénus !

---

**1.** Ce calque du grec est bien dans la manière de Leconte de Lisle. Aphrodite est le nom grec de Vénus.    **2.** Le Christ. Cette attaque n'a rien d'exceptionnel à l'époque : on en trouverait de semblables chez Leconte de Lisle (voir « Hypatie et Cyrille » dans les *Poèmes antiques*) ou chez Swinburne.    **3.** D'où le premier titre du poème, « *Credo in unam* ». On rapprochera ce « credo » de celui de Séverin dans *La Vénus à la fourrure* (*Venus im Pelz*), le célèbre roman de Sacher Masoch, qui date lui aussi de 1870 : « je me faufilais en secret, comme s'il s'agissait d'un plaisir défendu, dans la petite bibliothèque de mon père pour y contempler une Vénus de plâtre ; je m'agenouillais devant elle et prononçais les prières qu'on m'avait apprises, le "Notre Père", le "Je vous salue Marie", et le "Credo" ». **4.** Thème d'un poème des *Fleurs du Mal*, « J'aime le souvenir de ces époques nues » (pièce V dans les trois éditions).    **5.** Conformément à l'idéal de la Grecque, « l'hétaïre ou l'Aphrodite », tel qu'on le trouve représenté par exemple dans l'œuvre de Sacher Masoch (voir Gilles Deleuze, *Présentation de Sacher Masoch*, éd. de Minuit, 1967).

### III

Si les temps revenaient, les temps qui sont venus[1] !
— Car l'Homme a fini ! l'Homme a joué tous les rôles !
Au grand jour, fatigué de briser des idoles,
Il ressuscitera, libre de tous ses Dieux,
Et, comme il est du ciel, il scrutera les cieux !
L'Idéal, la pensée invincible, éternelle,
Tout le dieu qui vit, sous son[2] argile charnelle,
Montera, montera, brûlera sous son front !
Et quand tu le verras sonder tout l'horizon,
Contempteur des vieux jougs, libre de toute crainte,
Tu viendras lui donner la Rédemption sainte !
— Splendide, radieuse, au sein des grandes mers
Tu surgiras, jetant sur le vaste Univers
L'Amour infini dans un infini sourire !
Le Monde vibrera comme une immense lyre
Dans le frémissement d'un immense baiser

— Le Monde a soif d'amour : tu viendras l'apaiser.
.................................................................................


### IV

Ô splendeur de la chair ! ô splendeur idéale !
Ô renouveau d'amour, aurore triomphale
Où, courbant à leurs pieds les Dieux et les Héros,
Kallipige[3] la blanche et le petit Éros
Effleureront, couverts de la neige des roses[4],
Les femmes et les fleurs sous leurs beaux pieds écloses !

---

**1.** Le vers a peut-être le même sens que celui de « *Credo in unam* » qu'il remplace. Mais on est en droit d'y voir une conception cyclique des âges analogue à celle qui s'exprime dans la quatrième *Bucolique* de Virgile.     **2.** En surcharge sur « notre ».     **3.** « Aux belles fesses », épithète traditionnelle d'Aphrodite. L'orthographe conforme à l'étymologie serait Kallipyge.     **4.** Les roses qu'on jette sur eux à leur passage. Ces fleurs sont aussi des attributs de Vénus.

Ô grande Ariadné[1] qui jettes tes sanglots
Sur la rive, en voyant fuir là-bas sur les flots,
Blanche sous le soleil, la voile de Thésée,
Ô douce vierge enfant qu'une nuit a brisée,
Tais-toi ! Sur son char d'or brodé de noirs raisins,
Lysios[2], promené dans les champs Phrygiens[3]
Par les tigres lascifs et les panthères rousses,
Le long des fleuves bleus rougit les sombres mousses.
— Zeus, Taureau, sur son cou berce comme une enfant
Le corps nu d'Europé[4], qui jette son bras blanc
Au cou nerveux du Dieu frissonnant dans la vague
Il tourne lentement vers elle son œil vague ;
Elle, laisse traîner sa pâle joue en fleur
Au front de Zeus ; ses yeux sont fermés ; elle meurt
Dans un divin baiser, et le flot qui murmure
De son écume d'or fleurit sa chevelure.
— Entre le laurier rose et le lotus jaseur
Glisse amoureusement le grand Cygne rêveur
Embrassant la Léda des blancheurs de son aile[5] ;
— Et tandis que Cypris[6] passe, étrangement belle,
Et, cambrant les rondeurs splendides de ses reins,
Étale fièrement l'or de ses larges seins
Et son ventre neigeux brodé de mousse noire,
— Héraclès, le Dompteur, qui, comme d'une gloire[7]
Fort, ceint son vaste corps de la peau du lion[8],
S'avance, front terrible et doux[9], à l'horizon !

---

**1.** Calque grec du nom d'Ariane, la fille du roi de Crète, Minos, que Thésée abandonna sur le rivage de l'île de Naxos ou de Dia. **2.** Lysios = Dionysos, qui va rencontrer Ariane abandonnée. Rimbaud se souvient probablement ici du poème de Banville « Le Triomphe de Bacchos », dans *Les Stalactites*. **3.** En Asie Mineure. **4.** Zeus, s'étant épris d'Europe, une jeune fille d'Asie Mineure, lui apparut sous la forme d'un taureau blanc. Elle grimpa sur ses épaules et il l'enleva, regagnant la Crète à la nage. Hugo avait évoqué Europe dans « Le Rouet d'Omphale » (*Les Contemplations*, III, 3). **5.** Zeus s'était changé en cygne pour séduire Léda, la reine de Sparte. **6.** Cypris : surnom d'Aphrodite, honorée à Chypre. **7.** « Gloire » : cercle de lumière autour de la tête des saints. **8.** Le lion de Némée. **9.** Le dompteur est dompté par l'amour (allusion possible à Omphale).

Par la lune d'été vaguement éclairée
Debout, nue, et rêvant dans sa pâleur dorée
Que tache le flot lourd de ses longs cheveux bleus,
Dans la clairière sombre où la mousse s'étoile,
La Dryade [1] regarde au ciel silencieux....
— La blanche Séléné [2] laisse flotter son voile,
Craintive, sur les pieds du bel Endymion [3],
Et lui jette un baiser dans un pâle rayon...
— La Source [4] pleure au loin dans une longue extase...
C'est la Nymphe qui rêve, un coude sur son vase,
Au beau jeune homme blanc [5] que son onde a pressé.
— Une brise d'amour dans la nuit a passé,
Et, dans les bois sacrés, dans l'horreur des grands arbres,
Majestueusement debout, les sombres Marbres,
Les Dieux, au front desquels le Bouvreuil fait son nid,
— Les Dieux écoutent l'Homme et le Monde infini !

                                    Arthur Rimbaud

mai 70

---

**1.** Nymphe des bois.     **2.** La lune (Diane).     **3.** Éprise du jeune chasseur Endymion, Diane vint le contempler endormi.     **4.** Nymphe des eaux (naïade). Les Anciens représentaient les sources comme des jeunes filles appuyées sur une urne penchante (voir le tableau d'Ingres, *La Source*, 1856).     **5.** Allusion probable à Hylas, compagnon d'Héraclès, que les nymphes éprises entraînèrent dans l'eau de la source où il puisait pour qu'il pût les rejoindre.

# [Second cahier]

## Le Dormeur du Val

C'est un trou de verdure où chante une rivière
Accrochant follement aux herbes des haillons
D'argent ; où le soleil, de la montagne fière,
Luit : c'est un petit val qui mousse de rayons.

Un soldat jeune, bouche[1] ouverte, tête nue,
Et la nuque baignant dans le frais cresson bleu,
Dort ; il est étendu dans l'herbe, sous la nue,
Pâle dans son lit vert où la lumière pleut.

Les pieds dans les glaïeuls[2], il dort. Souriant comme
Sourirait un enfant malade, il fait un somme :
Nature, berce-le chaudement : il a froid.

Les parfums ne font pas frissonner sa narine ;
Il dort dans le soleil, la main sur sa poitrine
Tranquille[3]. Il a deux trous[4] rouges au côté droit.

Arthur Rimbaud

Octobre 1870

---

**1.** Rimbaud avait d'abord écrit « lèvre ».   **2.** Les glaïeuls d'eau.
**3.** Sa poitrine où le cœur ne bat plus.   **4.** Comme l'a justement fait observer Louis Forestier, on part du « trou de verdure » pour aboutir à ces « deux trous rouges au côté droit ».

## Au Cabaret-Vert, cinq heures du soir

Depuis huit jours, j'avais déchiré mes bottines
Aux cailloux des chemins. J'entrais à Charleroi.
— Au Cabaret-Vert : je demandai des tartines
De beurre et du jambon qui fût à moitié froid.

Bienheureux, j'allongeai les jambes sous la table
Verte : je contemplai les sujets très naïfs
De la tapisserie. — Et ce fut adorable,
Quand la fille aux tétons énormes, aux yeux vifs,

— Celle-là, ce n'est pas un baiser qui l'épeure[1] ! —
Rieuse, m'apporta des tartines de beurre,
Du jambon tiède, dans un plat colorié,

Du jambon rose et blanc parfumé d'une gousse
D'ail, — et m'emplit la chope immense, avec sa mousse
Que dorait un rayon de soleil arriéré[2].

Arthur Rimbaud

octobre 70

## La Maline

Dans la salle à manger brune, que parfumait
Une odeur de vernis et de fruits, à mon aise
Je ramassais un plat de je ne sais quel met[3]
Belge, et je m'épatais[4] dans mon immense chaise.

---

1. Provincialisme, verlainisme aussi, pour « qui l'apeure ».    2. Attardé.
3. Sans *s*, pour la rime.    4. Même attitude que le bourgeois dans « À la Musique ».

En mangeant, j'écoutais l'horloge, — heureux et coi.
La cuisine s'ouvrit avec une bouffée [1]
— Et la servante vint, je ne sais pas pourquoi,
Fichu moitié défait, malinement [2] coiffée

Et [3], tout en promenant son petit doigt tremblant
Sur sa joue, un velours de pêche rose et blanc,
En faisant, de sa lèvre enfantine, une moue,

Elle arrangeait les plats, près de moi, pour m'aiser [4] ;
— Puis, comme ça, — bien sûr, pour avoir un baiser, —
Tout bas : « Sens donc : j'ai pris *une* froid [5] sur la joue... »

    Charleroi, octobre 70


### L'éclatante victoire de Sarrebrück,
### — remportée aux cris de vive l'Empereur !

           (Gravure belge brillamment coloriée,
             se vend à Charleroi, 35 centimes).

Au milieu, l'Empereur, dans une apothéose
Bleue et jaune, s'en va, raide, sur son dada
Flamboyant ; très heureux, — car il voit tout en rose,
Féroce comme Zeus et doux comme un papa [6] ;

En bas, les bons Pioupious qui faisaient la sieste
Près des tambours dorés et des rouges canons,

---

    **1.** Rimbaud avait d'abord écrit « avec une bouffée / Chaude ». Puis il a rayé ce dernier mot sur son manuscrit.   **2.** Malignement.   **3.** Rayé : Puis.   **4.** Pour que je sois à l'aise (*cf.* vers 2) ; Rimbaud a peut-être emprunté ce mot à la ballade *Les contrediz de Franc Gontier*, de François Villon.   **5.** Tour belge. Rimbaud cherche moins à l'épingler qu'à jouer subtilement du masculin et du féminin.   **6.** Parce qu'il suit les prétendus exploits de son fils, le Prince impérial qui reçoit le baptême du feu.

Se lèvent gentiment. Pitou[1] remet sa veste,
Et, tourné vers le Chef, s'étourdit de grands noms !

À droite, Dumanet[2], appuyé sur la crosse
De son chassepot[3], sent frémir sa nuque en brosse,
Et : « Vive l'Empereur ! ! » — Son voisin reste coi...

Un schako[4] surgit, comme un soleil noir[5]... Au centre,
Boquillon[6] rouge et bleu, très naïf, sur son ventre[7]
Se dresse, et, — présentant ses derrières[8] — : « De quoi[9] ?.. »

                        Arthur Rimbaud

octobre 70

---

1. L'adorateur des rois, comme le chansonnier Ange Pitou ?
2. « Type du troupier ridicule popularisé par les caricatures [...]. C'est un bleu à qui l'on fait croire les bourdes les plus invraisemblables » *(Dictionnaire du XIXᵉ siècle)*.   3. Fusil en service dans l'armée française de 1866 à 1874.   4. La coiffure militaire.   5. Expression devenue cliché et que Rimbaud reprend par dérision.   6. Selon Delahaye, Rimbaud avait une prédilection pour « les extravagants bonshommes dont Albert Humbert illustrait sa *Lanterne de Boquillon* », un journal satirique. Dans le numéro du 24 août 1868 on voyait Boquillon promettre aux habitants de Purgerot, dont il voulait devenir le représentant, de « tirer leur portrait en couleur » : « vu que j'ai du rouge et du bleu dans mon sac » (voir J. Gengoux, *op. cit.*, p. 61 et l'article de François Caradec, « Rimbaud lecteur de *Boquillon*, dans *Parade sauvage*, nº 1, 1984). Ici le rouge et le bleu sont les couleurs de l'uniforme.   7. Il est ventru comme Louis XVI « debout sur son ventre » (« Le Forgeron », v. 8).   8. Pluriel épique !   9. « De quoi ? » Pour railler l'attitude offensive de Boquillon, Rimbaud termine sur cette expression populaire, légèrement argotique, placée dans la bouche d'un esprit qui se croit fort, qui veut montrer qu'on ne peut lui en conter ou qu'il ne se laissera pas faire. Mais à la date d'octobre 1870, au moment où l'Empereur est déchu, on peut aussi rétablir la séquence « Vive l'Empereur... de quoi ? »

À xxx Elle[1].
## Rêvé Pour l'hiver.


L'hiver, nous irons dans un petit wagon rose
    Avec des coussins bleus.
Nous serons bien. Un nid de baisers fous repose
    Dans chaque coin moelleux.

Tu fermeras l'œil, pour ne point voir, par la glace,
    Grimacer les ombres des soirs,
Ces monstruosités hargneuses, populace
    De démons noirs et de loups noirs.

Puis tu te sentiras la joue égratignée...
Un petit baiser, comme une folle araignée,
    Te courra par le cou...

Et tu me diras : « Cherche ! », en inclinant la tête,
— Et nous prendrons du temps, à trouver cette bête
    — Qui voyage beaucoup...

Arthur Rimbaud

En wagon, le 7 octobre 70


## Le Buffet.


C'est un large buffet sculpté ; le chêne sombre,
Très vieux, a pris cet air si bon des vieilles gens ;
Le buffet est ouvert, et verse dans son ombre
Comme un flot de vin vieux, des parfums engageants ;

---

1. Ni pour cette dédicace, ni pour ce titre, il n'est nécessaire de supposer la surimpression que suggère A. Adam (éd. de la Pléiade, p. 868).

Tout plein[1], c'est un fouillis de vieilles vieilleries,
De linges odorants et jaunes, de chiffons
De femmes ou d'enfants, de dentelles flétries,
De fichus de grand'mère où sont peints des griffons ;

— C'est là qu'on trouverait les médaillons, les mèches
De cheveux blancs ou blonds, les portraits, les fleurs sèches
Dont le parfum se mêle à des parfums de fruits.

— Ô buffet du vieux temps, tu sais bien des histoires,
Et tu voudrais conter tes contes, et tu bruis
Quand s'ouvrent lentement tes grandes portes noires.

                                        Arthur Rimbaud

octobre 70

## Ma Bohème. (Fantaisie)

Je m'en allais, les poings dans mes poches crevées[2] ;
Mon paletot aussi devenait idéal[3] ;
J'allais sous le ciel, Muse ! et j'étais ton féal[4] ;
Oh ! là là ! que d'amours splendides j'ai rêvées !

Mon unique culotte avait un large trou[5].
— Petit-Poucet rêveur, j'égrenais dans ma course
Des rimes. Mon auberge était à la Grande-Ourse[6].
— Mes étoiles au ciel avaient un doux frou-frou

---

**1.** « Cette phrase elliptique sonne comme une exclamation d'enfant étonné », note avec bonheur Bouillane de Lacoste.   **2.** *Cf.* la lettre à Izambard du 2 novembre 1870 : « Je voudrais repartir encore bien des fois. — Allons, chapeau, capote, les deux poings dans les poches, et sortons ». Un dessin de Verlaine a croqué cette attitude de Rimbaud.   **3.** Tellement il était élimé ; mais aussi parce que tout devient plus beau grâce au charme de l'errance.   **4.** Ton fidèle serviteur. Cette invocation à la Muse — à une muse qui n'est ni malade ni vénale — est peut-être une manière de se distinguer de Baudelaire.   **5.** *Cf.* « Les Effarés ».   **6.** Autre façon de dire : « à la belle étoile ».

Et je les écoutais, assis au bord des routes,
Ces bons soirs de septembre où je sentais des gouttes
De rosée à mon front, comme un vin de vigueur[1] ;

Où, rimant au milieu des ombres fantastiques,
Comme des lyres, je tirais les élastiques
De mes souliers blessés, un pied près de mon cœur[2] !

Arthur Rimbaud

---

**1.** Un vin qui rend vigoureux. Rimbaud invoquera, dans « Le Bateau ivre », la « future Vigueur ». **2.** Première rédaction, corrigée sur le manuscrit : « Un pied tout près du cœur ».

# II.

## 1871, L'ANNÉE DE LA COMMUNE :

## AUTOUR DU « VOYANT »

[LETTRES ET POÈMES INCLUS]

## [Lettre à Paul Demeny du 17 avril 1871]

Charleville, 17 avril 1871.

Votre lettre est arrivée hier 16. Je vous remercie.

— Quant à ce que je vous demandais, étais-je sot ! Ne sachant rien de ce qu'il faut savoir, résolu à ne faire rien de ce qu'il faut faire, je suis condamné, dès toujours, pour jamais. Vive aujourd'hui, vive demain !

Depuis le 12, je dépouille la correspondance au *Progrès des Ardennes*[1] : aujourd'hui, il est vrai, le journal est suspendu. Mais j'ai apaisé la bouche d'ombre[2] pour un temps.

Oui, vous êtes heureux, vous. Je vous dis cela. — et qu'il est des misérables qui, femme ou idée, ne trouveront pas la Sœur de charité[3].

Pour le reste, pour aujourd'hui, je vous conseillerais bien de vous pénétrer de ces versets d'Ecclésiaste, cap. 11-12[4], aussi sapients que romantiques : « Celui-là aurait sept replis

---

**1.** Journal républicain. Il avait été fondé par Jacoby, un photographe de Mézières, en novembre 1870. Par un curieux concours de circonstances, il est suspendu, ce même 17 avril 1871, par l'occupant qui le juge subversif.   **2.** L'expression, empruntée au célèbre poème de Victor Hugo, « Ce qui dit la bouche d'ombre », dans *Les Contemplations*, désigne Mme Rimbaud.   **3.** Voir p. 191, « Les Sœurs de charité », poème qui semble pourtant postérieur à cette lettre. Rimbaud fait ici allusion au mariage de Demeny, qui avait eu lieu à Douai le 23 mars précédent. **4.** Où on les chercherait en vain...

de folie en l'âme, qui, ayant pendu ses habits au soleil, geindrait à l'heure de la pluie » ; mais foin de la sapience et de 1830 [1] : causons Paris.

J'ai vu quelques nouveautés chez Lemerre : deux poèmes de Leconte de Lisle, *Le Sacre de Paris, Le Soir d'une bataille.* — De F. Coppée : *Lettre d'un Mobile breton.* — Mendès : *Colère d'un franc-tireur.* — A. Theuriet : *L'Invasion.*

A. Lacaussade : *Væ victoribus.* — Des poèmes de Félix Franck, d'Émile Bergerat. — Un *Siège de Paris* [2], fort volume, de Claretie.

J'ai lu là-bas *Le Fer rouge, Nouveaux châtiments*, de Glatigny, dédié à Vacquerie ; — en vente chez Lacroix, Paris et Bruxelles, probablement.

À la Librairie Artistique [3], — je cherchais l'adresse de Vermersch [4] — on m'a demandé de vos nouvelles. Je vous savais alors à Abbeville.

Que chaque libraire ait son *Siège*, son *Journal de Siège*, — Le *Siège* de Sarcey [5] en est à sa quatorzième édition ; — que j'aie vu des ruissellements fastidieux de photographies et de dessins relatifs au Siège, — vous ne douterez jamais. On s'arrêtait aux gravures de A. Marie, *les Vengeurs, les Faucheurs de la Mort* ; surtout aux dessins comiques de Draner et de Faustin. — Pour les théâtres, abomination de la désolation. — Les choses du jour étaient *le Mot d'ordre* [6] et les fantaisies, admirables, de Vallès et de Vermersch au *Cri du Peuple.*

Telle était la littérature — du 25 Février au 10 Mars. — Du reste, je ne vous apprends peut-être rien de nouveau.

En ce cas, tendons le front aux lances des averses [7], l'âme à la sapience antique.

---

**1.** L'année romantique par excellence.     **2.** En réalité, *Paris assiégé*, 1870-1871, éd. Goupil, Paris.     **3.** Rue Bonaparte ; elle avait publié *Les Glaneuses*, de Demeny.     **4.** Eugène Vermersch, journaliste républicain. **5.** Francisque Sarcey, *Siège de Paris, impressions et souvenirs*, Paris, E. Lachaud, 1871.     **6.** Le journal de Rochefort, qui avait commencé à paraître le 1er février.     **7.** Allusion à un vers de Verlaine (« Effet de nuit », dans les *Poèmes saturniens*) : « Luisant à contresens des lances des averses ».

Et que la littérature belge nous emporte sous son aisselle.
Au revoir,

A. Rimbaud.

## [Lettre à Georges Izambard du 13 mai 1871]

Charleville, mai 1871.

Cher Monsieur !

Vous revoilà professeur. On se doit à la Société, m'avez-vous dit ; vous faites partie des corps enseignants : vous roulez dans la bonne ornière. — Moi aussi, je suis le principe : je me fais cyniquement *entretenir* ; je déterre d'anciens imbéciles de collège[1] : tout ce que je puis inventer de bête, de sale, de mauvais, en action et en parole, je le leur livre : on me paie en bocks et en filles[2]. — Stat mater dolorosa, dum pendet filius[3]. — Je me dois à la Société, c'est juste, — et j'ai raison. — Vous aussi, vous avez raison, pour aujourd'hui[4]. Au fond, vous ne voyez en votre principe que poésie subjective[5] : votre obstination à regagner le ratelier universitaire[6], — pardon ! — le prouve ! Mais vous finirez toujours comme un satisfait qui n'a rien fait, n'ayant rien voulu faire. Sans compter que votre poésie subjective sera toujours horriblement fadasse. Un jour, j'espère, — bien d'autres espèrent la même chose, — je verrai dans votre

---

**1.** Probablement d'anciens camarades de collège, peut-être aussi des professeurs. **2.** Une explication a longtemps eu cours : filles (ou fillettes) désigne en patois (pas seulement ardennais) des chopines de vin ; mais G. Schaeffer n'a pas tort de rappeler la réplique de Béranger, citée par Littré : « Taisez-vous. Vous sentez le vin et la fille ». **3.** Liturgie du 15 septembre, d'après Jean, XIX,25 : « *Stabat mater dolorosa, / Juxta crucem lacrimosa / Dum pendebat Filius* ». Cette utilisation sarcastique du texte liturgique vise Mme Rimbaud, la mère douloureuse qui souffre de voir son fils engagé dans la mauvaise ornière. **4.** C'est-à-dire pour le moment où vous jouissez égoïstement de l'utilisation que vous faites du principe. **5.** Qui flatte le moi. **6.** Izambard venait d'accepter un nouveau poste à Cherbourg.

principe la poésie objective [1], je la verrai plus sincèrement que vous ne le feriez ! — Je serai un travailleur [2] : c'est l'idée qui me retient, quand les colères folles me poussent vers la bataille de Paris — où tant de travailleurs meurent pourtant encore tandis que je vous écris ! Travailler maintenant, jamais, jamais ; je suis en grève.

Maintenant je m'encrapule [3] le plus possible. Pourquoi ? je veux être poète, et je travaille à me rendre *voyant* : vous ne comprendrez pas du tout, et je ne saurais presque vous expliquer. Il s'agit d'arriver à l'inconnu par le dérèglement de *tous les sens*. Les souffrances sont énormes, mais il faut être fort, être né poète, et je me suis reconnu poète. Ce n'est pas du tout ma faute. C'est faux de dire : Je pense : on devrait dire : On me pense. — Pardon du jeu de mots. —

Je est un autre. Tant pis pour le bois qui se trouve violon, et Nargue [4] aux inconscients, qui ergotent sur ce qu'ils ignorent tout à fait !

Vous n'êtes pas Enseignant pour moi. Je vous donne ceci : est-ce de la satire, comme vous diriez ? Est-ce de la poésie ? C'est de la fantaisie, toujours. — Mais, je vous en supplie, ne soulignez ni du crayon ni — trop — de la pensée :

---

**1.** Véritablement tournée vers l'objet, vers l'autre.   **2.** Le mot se trouvera défini dans la lettre suivante : il implique une sorte de dévouement prométhéen à l'humanité. Mais Rimbaud joue dans ce passage sur le double sens du terme : le travail selon Izambard, et le travail tel qu'il l'entend lui-même.   **3.** Néologisme formé, comme le note G. Schaeffer, par contamination de « crapuler » (« vivre dans la crapule ») et « s'encanailler ». C'est la forme rimbaldienne du travail nouveau.   **4.** Substantif.

## Le cœur supplicié [1].

Mon triste cœur bave à la poupe [2]...
Mon cœur est plein de caporal [3] !
Ils y lancent des jets de soupe,
Mon triste cœur bave à la poupe...
Sous les quolibets de la troupe
Qui lance un rire général,
Mon triste cœur bave à la poupe,
Mon cœur est plein de caporal !

Ithyphalliques [4] et pioupiesques
Leurs insultes l'ont dépravé ;
À la vesprée, ils font des fresques
Ithyphalliques et pioupiesques ;
Ô flots abracadabrantesques [5],
Prenez mon cœur, qu'il soit sauvé !
Ithyphalliques et pioupiesques
Leurs insultes l'ont dépravé !

Quand ils auront tari leurs chiques,
Comment agir, ô cœur volé ?
Ce seront des refrains bachiques
Quand ils auront tari leurs chiques !
J'aurai des sursauts stomachiques
Si mon cœur triste est ravalé [6] !
Quand ils auront tari leurs chiques
Comment agir, ô cœur volé ?

---

**1.** Première version d'un texte qui en connut au moins trois (« Le Cœur du pitre », dans la lettre à Demeny du 10 juin 1871 ; « Le Cœur volé » dans une copie de Verlaine ; voir pp. 164 et 184). **2.** Ce mot a fait écrire à Izambard qu'il s'agissait ici d'un pré-« Bateau ivre », et que l'expérience est celle d'un mousse sur un bateau beaucoup plus que celle d'un soldat dans une caserne. Il faut surtout insister, à notre avis, sur le fait que Rimbaud se situe à l'arrière, c'est-à-dire probablement : loin du combat. **3.** De tabac, « de caporal chiqué et craché » (A. Adam). **4.** Ithyphalle : phallus en érection. **5.** Comme le rappelle Suzanne Briet, Rimbaud enfant avait écrit sur un triangle magique ABRACADABRA en ajoutant « pour préserver de la fièvre ». **6.** Avili, mais aussi ré-avalé (d'où le sursaut stomachique).

Ça ne veut pas rien dire. — RÉPONDEZ-MOI : chez
Mr Deverrière [1], pour A.R..
Bonjour de cœur,

Art. Rimbaud

## [Lettre à Paul Demeny du 15 mai 1871]

Charleville, 15 mai 1871

J'ai résolu de vous donner une heure de littérature nou-
velle ;
Je commence de suite par un psaume d'actualité [2] :

### Chant de guerre Parisien [3]

Le Printemps est évident, car
Du cœur des Propriétés vertes [4],
Le vol de Thiers [5] et de Picard [6]
Tient ses splendeurs grandes ouvertes !

Ô Mai ! quels délirants cul-nus [7] !
Sèvres, Meudon, Bagneux, Asnières,
Écoutez donc les bienvenus
Semer les choses printanières [8] !

---

**1.** Professeur de philosophie au collège de Charleville.     **2.** C'est bien de
cela qu'il s'agit : d'un psaume d'espérance en l'action des Communards ;
d'un poème d'actualité qui évoque les événements récents : l'armée régulière
a, sur l'ordre de Thiers, mis le siège devant Paris, pénétrant par la porte de
Saint-Cloud.     **3.** Le titre indique que le poème doit être une reprise paro-
dique du « Chant de guerre circassien » de François Coppée (voir J. Gengoux,
*op. cit.*, p. 273).     **4.** Les propriétés vertes de Passy, peut-être le parc de Ver-
sailles.     **5.** Nommé chef du pouvoir exécutif le 17 février. Double sens de
*vol.*     **6.** Ernest Picard (1821-1877) avait été choisi par Thiers comme
ministre de l'Intérieur.     **7.** Orthographe du manuscrit.     **8.** Les obus.

Ils ont schako, sabre et tam-tam [1]
Non la vieille boîte à bougies [2]
Et des yoles qui n'ont jam, jam [3]...
Fendent le lac [4] aux eaux rougies !

Plus que jamais nous bambochons
Quand arrivent sur nos tanières [5]
Crouler les jaunes cabochons [6]
Dans des aubes particulières !

Thiers et Picard sont des Éros [7],
Des enleveurs d'héliotropes [8],
Au pétrole ils font des Corots [9] :
Voici hannetonner leurs tropes [10]...

Ils sont familiers du Grand Truc [11] !...
Et couché dans les glaïeuls, Favre [12]
Fait son cillement aqueduc [13],
Et ses reniflements à poivre [14] !

---

**1.** Une armée de sauvages donc, de nègres blancs.   **2.** Désigne, selon
J. Mouquet, le « trombone à pistons ».   **3.** D'après la chanson « Il était un
petit navire ».   **4.** Le lac du Bois de Boulogne.   **5.** Variante dans la
marge : « Quand viennent sur nos fourmilières ».   **6.** Pierres précieuses tail-
lées ; il s'agit toujours des obus.   **7.** Jeu de mots : Éros/ héros/ zéros.
**8.** Éros avait enlevé Psyché ; Thiers et Picard se contentent d'enlever des
fleurs, qu'ils rasent à coups d'obus.   **9.** Avec les bombes au pétrole, ils
confèrent au paysage les rougeurs d'un tableau de Corot.   **10.** Jeu de mots :
tropes (figures de rhétorique)/ troupes (*tropes* dans l'ancienne langue, par
exemple chez Du Bellay). Thiers et Picard n'attaqueraient-ils qu'avec des
mots ? Sur le sens de « hannetonner », voir l'article d'Enid Rhodes Peschel,
dans *Studi francesi*, janvier-avril 1976, pp. 87-88. Le mot ne veut pas dire
« s'avancer comme des hannetons », mais « chasser les hannetons pour les
tuer ».   **11.** Il était question de Turcs dans le « Chant de guerre circassien »
de Coppée. Pour A. Adam, le « Grand Truc » c'est Dieu. Explication ingé-
nieuse de Louis Forestier : « Les trois hommes politiques (Thiers, Picard,
Favre) ne seraient pas « trois Grâces », mais trois putains familières du grand
bordel politique, du Grand Truc (analogique du Grand Seize, le plus grand des
salons du Café Anglais, qui voyait passer nombre de soupeuses vénales) ».
**12.** Jules Favre, ministre des Affaires étrangères, qui a négocié la capitulation
(Traité de Francfort, 10 mai) avec des pleurs hypocrites qui avaient fait l'objet
de maintes caricatures.   **13.** Qui amène l'eau (des larmes).   **14.** Il s'est
mis du poivre dans les narines pour pleurer.

La Grand ville a le pavé chaud,
Malgré vos douches de pétrole[1],
Et décidément, il nous faut
Vous secouer dans votre rôle...

Et les Ruraux[2] qui se prélassent
Dans de longs accroupissements,
Entendront des rameaux qui cassent
Parmi les rouges froissements[3] !

A. Rimbaud

— Voici de la prose sur l'avenir de la poésie —

Toute poésie antique aboutit à la poésie grecque ; Vie harmonieuse[4], — De la Grèce au mouvement romantique, — moyen-âge[5] —, il y a des lettres, des versificateurs. D'Ennius[6] à Théroldus[7], de Théroldus à Casimir Delavigne[8], tout est prose rimée, un jeu, avachissement et gloire d'innombrables générations idiotes : Racine est le pur, le fort, le grand[9]. — On eût soufflé sur ses rimes, brouillé ses hémistiches, que le Divin Sot serait aujourd'hui aussi ignoré que

---

**1.** Les bombes.    **2.** Parti des gros propriétaires terriens à l'Assemblée nationale, adversaires des Communards (voir dans *Le Cri du peuple* du 27 mars l'article de J.-B. Clément intitulé « Les Ruraux »). Rimbaud les menace comme le Forgeron menaçait Louis XVI.    **3.** Dans la marge Rimbaud a écrit en face des strophes 3 à 6 « Quelles rimes ! ô ! quelles rimes ! »    **4.** Pour le rapport poésie/ vie voir la précédente lettre à Izambard, où les deux termes étaient presque équivalents. Par « poésie grecque » Rimbaud entend sans doute celle du Ve siècle.    **5.** Qui se trouve ainsi démesurément étendu.    **6.** Le premier poète latin qui ait utilisé l'hexamètre dans ses *Annales*, poème épique en dix-huit livres, dont il ne reste plus que des bribes.    **7.** Graphie courante au XIXe siècle pour Turoldus (c'est celle qu'adoptait Verlaine dans le « Prologue » des *Poèmes Saturniens*). Le nom apparaît à la fin de la *Chanson de Roland* comme s'il était celui de l'auteur du poème.    **8.** Casimir Delavigne (1793-1843) est très vite devenu le représentant de l'art académique avec ses tragédies et ses poèmes patriotiques, *Les Messéniennes*.    **9.** Tel est le lieu commun que Rimbaud dénonce.

le premier venu auteur d'Origines[1]. — Après Racine, le jeu moisit. Il a duré deux mille ans.

Ni plaisanterie, ni paradoxe. La raison[2] m'inspire plus de certitudes sur le sujet que n'aurait jamais eu de colères un jeune-France[3]. Du reste, libre aux *nouveaux* ! d'exécrer les ancêtres : on est chez soi et l'on a le temps[4].

On n'a jamais bien jugé le romantisme ; qui l'aurait jugé ? Les critiques ! ! Les romantiques, qui prouvent si bien que la chanson est si peu souvent l'œuvre, c'est à dire la pensée chantée *et comprise*[5] du chanteur ?

Car Je est un autre[6]. Si le cuivre s'éveille clairon, il n'y a rien de sa faute. Cela m'est évident : j'assiste à l'éclosion de ma pensée : je la regarde, je l'écoute : je lance un coup d'archet : la symphonie fait son remuement dans les profondeurs, ou vient d'un bond sur la scène.

Si les vieux imbéciles n'avaient pas trouvé du Moi que la signification fausse[7], nous n'aurions pas à balayer ces millions de squelettes qui, depuis un temps infini, ont accumulé les produits de leur intelligence borgnesse, en s'en clamant les auteurs !

---

**1.** Titre banal par excellence au XIXᵉ siècle ; mais Rimbaud songe sans doute surtout aux premiers versificateurs grecs ou latins, dont la tâche première était de dire les origines du monde ou les origines de l'*Urbs* et qui ont sombré dans l'oubli.     **2.** Le mot est important : il ne s'agit pas d'un « délire », pas même d'un mouvement d'humeur, d'un emportement romantique.     **3.** Les « Jeune-France » avaient été les soutiens du romantisme, et Théophile Gautier leur avait consacré un livre en 1833.     **4.** Installation du vivant, du *nouveau*, dans l'espace et dans le temps dont il dispose, contrairement aux *ancêtres*, aux défunts. Cette liberté procède d'un droit tout à fait empirique et ne va pas sans quelque cynisme.     **5.** Baudelaire voulait que le poète se doublât d'un critique. Selon Rimbaud, cette conscience critique a manqué aux romantiques.     **6.** La formule a souvent été commentée ; on la retrouve dans la lettre précédente. Elle implique, nous semble-t-il, un double dédoublement : celui de l'inspiré (comme l'écrivait Jacques Rivière, « il est impossible à Rimbaud de préparer pour nous ce qu'il va dire parce qu'il ne le tient pas à l'avance, parce qu'il ne l'apprend qu'au moment où il le profère... il assiste à ce qu'il exprime »), celui du critique. Gérald Schaeffer l'a bien vu, qui écrit : « Rimbaud propose [...] une étrange théorie, selon laquelle le langage poétique véritable est comme dicté à l'auteur qui ne fera une *œuvre* que si, conscient d'être le réceptacle de voix venues d'*ailleurs*, il s'attache à la fois à mettre en forme et à pénétrer le discours qu'il perçoit en lui » (éd. cit., p. 158).     **7.** Celle qui repose sur le principe d'identité.

En Grèce, ai-je-dit, vers et lyres *rhythment l'Action*[1]. Après, musique et rimes sont jeux, délassements. L'étude de ce passé charme les curieux : plusieurs s'éjouissent à renouveler ces antiquités : — c'est pour eux. L'intelligence universelle a toujours jeté ses idées, naturellement ; les hommes ramassaient une partie de ces fruits du cerveau : on agissait par, on en écrivait des livres : telle allait la marche, l'homme ne se travaillant pas, n'étant pas encore éveillé, ou pas encore dans la plénitude du grand songe. Des fonctionnaires, des écrivains : auteur, créateur, poète, cet homme n'a jamais existé[2] !

La première étude de l'homme qui veut être poète est sa propre connaissance, entière ; il cherche son âme, il l'inspecte, il la tente, l'apprend. Dès qu'il la sait, il doit la cultiver ; Cela semble simple : en tout cerveau s'accomplit un développement naturel ; tant *d'égoïstes* se proclament auteurs ; il en est bien d'autres qui s'attribuent leur progrès intellectuel ! — Mais il s'agit de faire l'âme monstrueuse : à l'instar des comprachicos[3], quoi ! Imaginez un homme s'implantant et se cultivant des verrues sur le visage.

Je dis qu'il faut être *voyant*[4], se faire *voyant*.

Le Poète se fait *voyant* par un long, immense et raisonné *dérèglement* de *tous les sens*. Toutes les formes d'amour, de souffrance, de folie ; il cherche lui-même, il épuise en lui tous les poisons, pour n'en garder que les quintessences.

---

**1.** C'est ce qu'entendait Rimbaud quand il parlait plus haut de « Vie harmonieuse »    **2.** Dans ce paragraphe, d'une écriture parfois rugueuse, Rimbaud renvoie dos à dos ceux à qui manque l'inspiration (les Parnassiens en particulier) et ceux à qui manque la conscience critique. Le poète nouveau unira ces deux données.    **3.** Le mot est emprunté à *L'Homme qui rit* (1869) de Victor Hugo : « Les comprachicos faisaient le commerce des enfants. Ils en achetaient et ils en vendaient. Il n'en dérobaient point. Le vol des enfants est une autre industrie. Et que faisaient-ils de ces enfants ? Des monstres. Pourquoi des monstres ? Pour rire. »    **4.** Rimbaud n'est pas le premier à employer le mot ; on serait même tenté de dire qu'il est banal à l'époque (*cf.* « Le vrai poète est un voyant », article d'Henri du Cleuziou paru dans *Le Mouvement* le 1er janvier 1862). Bonne définition de G. Schaeffer, éd. cit., p. 164 : « emprunté au vocabulaire biblique, le terme *voyant* désigne clairement celui qui, après avoir exploré son âme jusque dans les recoins les plus mystérieux et lui avoir fait subir toutes les expériences possibles, parvient à voir les secrets cachés à l'homme ou à l'artiste paresseux, et, poète, revient de l'inconnu pour décrire, pour témoigner ».

Ineffable torture où il a besoin de toute la foi, de toute la force surhumaine, où il devient entre tous le grand malade, le grand criminel, le grand maudit[1], — et le suprême Savant ! — Car il arrive à l'*inconnu* ! Puisqu'il a cultivé son âme, déjà riche, plus qu'aucun ! Il arrive à l'inconnu, et quand, affolé, il finirait par perdre l'intelligence de ses visions, il les a vues ! Qu'il crève dans son bondissement par les choses inouïes et innommables : viendront d'autres horribles travailleurs[2] ; ils commenceront par les horizons où l'autre s'est affaissé !

— la suite à six minutes —

Ici j'intercale un second psaume, *hors du texte* : veuillez tendre une oreille complaisante, — et tout le monde sera charmé. — J'ai l'archet en main, je commence :

## Mes Petites amoureuses[3]

Un hydrolat[4] lacrymal lave
  Les cieux vert-chou :
Sous l'arbre tendronnier[5] qui bave[6],
  Vos caoutchoucs[7]

---

1. L'entreprise des *comprachicos*, telle que la décrivait Hugo, apparaissait bien comme maudite : « Dégrader l'homme mène à le réformer. On complétait la suppression d'état par la défiguration. Certains vivisecteurs de ces temps-là réussissaient très bien à effacer de la face humaine l'effigie divine ».    2. Au sens nouveau où l'entend Rimbaud ; *cf.* la lettre précédente.    3. On a tenté d'expliquer la violence de ce poème par une déception sentimentale que, selon Léon Pierquin, Rimbaud aurait éprouvée en mai 1871. C'est sûrement un « roman ». Les mots qui, dans la lettre, introduisent la pièce constituent un commentaire suffisant : sans guère se soucier du sens, Rimbaud fait vibrer dans le premier vers la corde de *la* (« Un hydro*lat la*crymal *la*ve ») pour donner le branle à une danse macabre où, ménétrier sarcastique, il entraîne ses petites amoureuses réelles ou rêvées. J. Gengoux a bien vu qu'il s'agissait encore ici d'une parodie, parodie cette fois d'un poème de Glatigny, « Les petites amoureuses », dans *Les Flèches d'or*.    4. Eau distillée sur des fleurs ou des plantes aromatiques ; on le trouvait en pharmacie. Ici = la pluie.    5. Jeu sur les deux sens du mot « tendron » : bourgeon/ jeune fille.    6. La pluie qui dégouline ; inutile de supposer ici un sens érotique.    7. Imperméables. Syntaxe : « Vos caoutchoucs [étant] blancs... »

Blancs de lunes particulières
    Aux pialats[1] ronds,
Entrechoquez vos genouillères
    Mes laiderons !

Nous nous aimions à cette époque,
    Bleu laideron !
On mangeait des œufs à la coque
    Et du mouron[2] !

Un soir, tu me sacras poète
    Blond laideron :
Descends ici, que je te fouette
    En mon giron ;

J'ai dégueulé ta bandoline[3],
    Noir laideron ;
Tu couperais ma mandoline
    Au fil du front[4].

Pouah ! mes salives desséchées,
    Roux laideron
Infectent encor les tranchées
    De ton sein rond !

Ô mes petites amoureuses,
    Que je vous hais !
Plaquez de fouffes[5] douloureuses
    Vos tétons laids !

Piétinez mes vieilles terrines
    De sentiment ;
— Hop donc ! Soyez-moi ballerines
    Pour un moment !..

---

1. Aucune explication satisfaisante pour ce mot, où l'on retrouve le *la* du ménétrier.    2. Le *mouron* des oiseaux, qui sert à la nourriture des oiseaux de volière.    3. Sorte de brillantine.    4. Tant il est anguleux ; expression formée d'après « fil de l'épée ».    5. Deux explications proposées pour ce mot : gifles ; chiffons.

Vos omoplates se déboîtent,
  Ô mes amours !
Un étoile à vos reins qui boitent,
  Tournez vos tours !

Et c'est pourtant pour ces éclanches[1]
  Que j'ai rimé !
Je voudrais vous casser les hanches
  D'avoir aimé !

Fade amas d'étoiles[2] ratées,
  Comblez les coins !
— Vous crèverez en Dieu, bâtées
  D'ignobles soins !

Sous les lunes particulières
  Aux pialats ronds,
Entrechoquez vos genouillères,
  Mes laiderons[3] !

                                        A.R.


Voilà. Et remarquez bien que, si je ne craignais de vous
faire débourser plus de 60ᶜ de port, — moi pauvre effaré
qui, depuis sept mois, n'ai pas tenu un seul rond de bronze !
— je vous livrerais encore mes Amants de Paris, cent hexa-
mètres, Monsieur, et ma Mort de Paris, deux cents hexamè-
tres[4] ! — Je reprends :
    Donc le poète est vraiment voleur de feu[5]. Il est chargé de
l'humanité, des *animaux* même ; il devra faire sentir, palper,
écouter ses inventions ; si ce qu'il rapporte *de là-bas* a
forme, il donne forme : si c'est informe, il donne de l'in-
forme. Trouver une langue ;

---

**1.** Épaules de mouton (terme de boucherie).     **2.** Et même de dan-
seuses-étoiles...     **3.** Dans la marge de gauche, en face des strophes 2 à
4 : « Quelles rimes ! ô ! quelles rimes ! ».     **4.** Ces poèmes n'ont peut-être
jamais existé ; leurs titres, leur longueur, leur forme vieillie, tout indique la
dérision.     **5.** Comme Prométhée.

— Du reste, toute parole étant idée, le temps d'un lan-
gage universel viendra ! Il faut être académicien, — plus
mort qu'un fossile, — pour parfaire un dictionnaire, de
quelque langue que ce soit. Des faibles se mettraient *à pen-
ser* sur la première lettre de l'alphabet, qui pourraient vite
ruer dans la folie ! —

Cette langue sera de l'âme pour l'âme, résumant tout, par-
fums, sons, couleurs[1], de la pensée accrochant la pensée et
tirant. Le poète définirait la quantité d'inconnu s'éveillant[2]
en son temps dans l'âme universelle : il donnerait plus
— que la formule de sa pensée, que la notation *de sa marche
au* Progrès ! Énormité devenant norme, absorbée par tous, il
serait vraiment *un multiplicateur de progrès* !

Cet avenir sera matérialiste[3], vous le voyez ; — Toujours
pleins du *Nombre* et de l'*Harmonie* ces poèmes seront faits
pour rester. — Au fond, ce serait encore un peu la Poésie
grecque. L'art éternel aurait ses fonctions ; comme les
poètes sont citoyens. La Poésie ne rythmera plus l'action ;
elle *sera en avant.*

Ces poètes seront ! Quand sera brisé l'infini servage de la
femme[4], quand elle vivra pour elle et par elle, l'homme,
— jusqu'ici abominable, — lui ayant donné son renvoi, elle
sera poète, elle aussi ! La femme trouvera de l'inconnu[5] !
Ses mondes d'idées différeront-ils des nôtres ? — Elle trou-
vera des choses étranges, insondables, repoussantes, déli-
cieuses ; nous les prendrons, nous les comprendrons.

En attendant, demandons aux *poètes* du *nouveau,* — idées
et formes. Tous les habiles croiraient bientôt avoir satisfait
à cette demande. — Ce n'est pas cela !

Les premiers romantiques ont été *voyants* sans trop bien

---

**1.** Suppression de la dualité intellect/ sensible (G. Schaeffer).   **2.** Rayé :
« dormant ».   **3.** Dans la mesure où il y aura fusion de la pensée et de la
matière, de la pensée et du langage.   **4.** La libération de la femme était
d'actualité au moment de la Commune ; mais elle était annoncée depuis long-
temps par la littérature illuministe. Rimbaud, nouveau prophète, en fait natu-
rellement l'un de ses thèmes.   **5.** *Cf.* ce que Michelet écrivait dans *La
Sorcière* : « La femme s'ingénie, imagine : elle enfante des songes et des
dieux. Elle est *voyante* à certains jours ; elle a l'aide infinie du désir et du
rêve » (cité par G. Schaeffer, p. 180).

s'en rendre compte : la culture de leurs âmes s'est commencée aux accidents : locomotives abandonnées, mais brûlantes, que prennent quelque temps les rails[1]. — Lamartine est quelquefois voyant, mais étranglé par la forme vieille. — Hugo, *trop cabochard*, a bien du *vu* dans les derniers volumes : les Misérables sont un vrai *poème*. J'ai les Châtiments sous main ; *Stella*[2] donne à peu près la mesure de la *vue* de Hugo. Trop de Belmontet[3] et de Lamennais, de Jéhovahs et de colonnes, vieilles énormités crevées.

Musset est quatorze fois exécrable pour nous, générations douloureuses et prises de visions, — que sa paresse d'ange a insultées ! Ô ! les contes et les proverbes fadasses ! Ô les nuits ! Ô Rolla, ô Namouna, ô la Coupe[4] ! Tout est français, c'est-à-dire haïssable au suprême degré ; français, pas parisien ! Encore une œuvre de cet odieux génie qui a inspiré Rabelais, Voltaire, Jean lafontaine, ! commenté par M. Taine ! Printanier, l'esprit de Musset ! Charmant, son amour ! En voilà, de la peinture à l'émail, de la poésie solide ! On savourera longtemps la poésie *française*, mais en France. Tout garçon épicier est en mesure de débobiner une apostrophe Rollaque[5], tout séminariste en porte les cinq cent rimes dans le secret d'un carnet. À quinze ans, ces élans de passion mettent les jeunes en rut ; à seize ans, ils se contentent déjà de les réciter avec *cœur* ; à dix-huit ans, à dix-sept même, tout collégien qui a le moyen, fait le Rolla, écrit un Rolla ! Quelques-uns en meurent peut-être encore. Musset n'a rien su faire : il y avait des visions derrière la gaze des rideaux : il a fermé les yeux. Français, panadif[6], traîné de l'estaminet au pupitre de collège, le beau mort est mort, et, désormais, ne nous donnons même plus la peine de le réveiller par nos abominations !

---

1. Les rails (du progrès). Contrairement à G. Schaeffer nous pensons que l'expression est ici métaphorique. **2.** Dans le livre VI des *Châtiments*. **3.** Louis Belmontet (1799-1879) collabora d'abord avec les frères Hugo à *La Muse Française*, en 1824, avant de revenir à un néo-classicisme plus académique. Voir l'*Album zutique*, p. 221. **4.** *La Coupe et les lèvres*. **5.** À la manière de *Rolla*. **6.** Mot forgé par Rimbaud d'après *panade* qui, selon Littré, a pour sens figuré « qui est sans énergie, sans consistance ». Autre explication : qui se pavane comme un paon.

Les seconds romantiques [1] sont très *voyants* ; Th. Gautier, Lec. de Lisle, Th. de Banville. Mais inspecter l'invisible et entendre l'inouï étant autre chose que reprendre l'esprit des choses mortes, Baudelaire est le premier voyant, roi des poètes, *un vrai Dieu*. Encore a-t-il vécu dans un milieu trop artiste ; et la forme si vantée en lui est mesquine : les inventions d'inconnu réclament des formes nouvelles.

Rompue aux formes vieilles, parmi les innocents, A. Renaud [2], — a fait son rolla, — L. Grandet [3], — a fait son Rolla ; — les gaulois et les Musset, G. Lafenestre [4], Coran [5], Cl. Popelin [6], Soulary [7], L. Salles [8] ; Les écoliers, Marc [9], Aicard [10], Theuriet [11] ; les morts et les imbéciles, Autran [12], Barbier [13], L. Pichat [14], Lemoyne [15], les Deschamps [16], les Desessarts [17] ; Les journalistes, L. Cladel [18], Robert Luzarches [19], X. de Ricard [20] ; les fantaisistes, C. Mendes [21] ; les bohêmes ; les femmes ; les talents, Leon Dierx, Sully Prudhomme, Coppée, — la nouvelle école, dite parnassienne, a deux voyants, Albert Mérat [22] et Paul Verlaine, un vrai poète. — Voilà. — Ainsi je travaille à me rendre *voyant*. — Et finissons par un chant pieux.

**1.** Après les premiers romantiques (les « Jeune-France »), voici les seconds romantiques (mouvement de l'Art pour l'Art, Parnasse), ceux qu'en 1884 Catulle Mendès appellera les « néo-romantiques ».   **2.** Armand Renaud (1836-1895) venait de faire paraître *Les Nuits persanes*.   **3.** Léon Barracand (1844-1919) avait déjà publié, sous le pseudonyme de Léon Grandet, *Donaniel* (1866) et *Yolande* (1867).   **4.** Georges Lafenestre (1837-1919)   **5.** Charles Coran (1814-1901)   **6.** Claudius Popelin (1825-1892)   **7.** Joséphin Soulary (1815-1895), auteur de *Sonnets humoristiques*.   **8.** Louis Salles, *Les Amours de Pierre et de Léa*, Lemerre, 1869.   **9.** Gabriel Marc, auteur de *Soleils d'octobre*, Lemerre, 1869.   **10.** Jean Aicard (1848-1921)   **11.** André Theuriet (1833-1907)   **12.** Joseph Autran (1813-1877)   **13.** Jules Barbier (1825-1907)   **14.** Léon Laurent-Pichat (1823-1886), *Avant le jour*, Lemerre, 1868   **15.** Camille-André Lemoyne (1822-1907)   **16.** Émile (1791-1871) et Antony (1800-1869) Deschamps.   **17.** Alfred Des Essarts (1813-1893) et son fils Emmanuel (1839-1909).   **18.** Léon Cladel (1835-1892)   **19.** Robert Luzarches, auteur des *Excommuniés* (Lemerre, 1862) et du *Nouveau spectre rouge* (Le Chevalier, 1870).   **20.** Xavier de Ricard (1843-1911).   **21.** Catulle Mendès dirigeait depuis 1861 *La Revue fantaisiste*.   **22.** Albert Mérat (1840-1909), aujourd'hui bien oublié, avait collaboré au *Parnasse contemporain* et publié *Les Chimères*, *L'Idole*, *Les Villes de marbre*.

## Accroupissements [1]

Bien tard, quand il se sent l'estomac écœuré,
Le frère Milotus [2], un œil à la lucarne
D'où le soleil, clair comme un chaudron récuré,
Lui darde une migraine et fait son regard darne [3],
Déplace dans les draps son ventre de curé.

Il se démène sous sa couverture grise
Et descend, ses genoux à son ventre tremblant,
Effaré comme un vieux qui mangerait sa prise [4],
Car il lui faut, le poing à l'anse d'un pot blanc,
À ses reins largement retrousser sa chemise !

Or, il s'est accroupi, frileux, les doigts de pied
Repliés, grelottant au clair soleil qui plaque
Des jaunes de brioche aux vitres de papier [5] ;
Et le nez du bonhomme où s'allume la laque [6]
Renifle aux rayons, tel qu'un charnel polypier [7].

.............................................................................

Le bonhomme mijote au feu, bras tordus, lippe
Au ventre : il sent glisser ses cuisses dans le feu,
Et ses chausses roussir, et s'éteindre sa pipe ;
Quelque chose comme un oiseau remue un peu
À son ventre serein comme un monceau de tripe !

---

1. Le premier « psaume d'actualité » s'achevait sur la vision des « longs accroupissements » des Ruraux. Le mot sert ici de titre : la journée de Milotus se résume en trois accroupissements, dont le dernier ressemble fort au premier, refermant le cycle absurde de ce qu'Antonin Artaud appellera la « fécalité ». C'est une vision saisissante de l'existence que le voyant veut transformer, mais qu'il doit décrire avant de la transformer.    2. Peut-être Ernest Millot, ami de Rimbaud et de Delahaye ; les premières éditions ont à la place « Calotus » (calotin ?) dont on ignore l'origine (autre manuscrit ?).    3. Ardennisme qui signifie « ébloui, avec une sensation de vertige ». Le jeu de mots darde /darne est probablement volontaire.    4. Sa prise (de tabac).    5. Papier collé sur la vitre ; usage fréquent dans la campagne d'autrefois.    6. Résine rouge brun.    7. Parce que son nez bourgeonne.

Autour, dort un fouillis de meubles abrutis
Dans des haillons de crasse et sur de sales ventres ;
Des escabeaux, crapauds étranges, sont blottis
Aux coins noirs : des buffets ont des gueules de chantres
Qu'entrouvre un sommeil plein d'horribles appétits [.]

L'écœurante chaleur gorge la chambre étroite ;
Le cerveau du bonhomme est bourré de chiffons.
Il écoute les poils pousser dans sa peau moite,
Et parfois, en hoquets fort gravement bouffons
S'échappe, secouant son escabeau qui boite [1]...

............................................................

Et le soir, aux rayons de lune, qui lui font
Aux contours du cul des bavures de lumière,
Une ombre avec détails s'accroupit, sur un fond
De neige rose ainsi qu'une rose trémière...
Fantasque, un nez poursuit Vénus au ciel profond.


   Vous seriez exécrable de ne pas répondre : vite, car dans huit jours je serai à Paris, peut-être.

                                        Au revoir. A Rimbaud.

---

1. En face de ces quatre strophes, dans la marge de gauche : « Quelles rimes ! ô ! quelles rimes ! »

[Lettre à Paul Demeny du 10 juin 1871]

Charleville, 10 juin 1871

À M.P. Demeny

## Les Poètes de sept ans [1]

Et la Mère, fermant le livre du devoir[2],
S'en allait satisfaite et très fière, sans voir,
Dans les yeux bleus[3] et sous le front plein d'éminences[4]
L'âme de son enfant livrée aux répugnances.

Tout le jour il suait d'obéissance ; très
Intelligent ; pourtant des tics noirs, quelques traits,
Semblaient prouver en lui d'âcres hypocrisies.
Dans l'ombre des couloirs aux tentures moisies,
En passant il tirait la langue, les deux poings
À l'aine, et dans ses yeux fermés voyait des points.

---

   1. Izambard a affirmé que Rimbaud avait déjà composé ces vers à Douai en octobre 1870, après avoir lu la lettre où sa mère le traitait de « petit drôle ». Mais nul n'a retrouvé la trace de ce premier manuscrit. Dans le doute, nous accepterons donc la date inscrite ici par le poète lui-même : 26 mai 1871. Et ceci, d'autant plus que Rimbaud a adressé « Les Poètes de sept ans » à Paul Demeny, en juin 1871, pour continuer la leçon de poésie, de poésie nouvelle, commencée le 15 mai. « Voilà ce que je fais » — et qui est bien différent des poésies de l'octobre précédent, à brûler. Émilie Noulet peut donc considérer cette pièce comme « une première vision de la Voyance » (*Le Premier Visage de Rimbaud*, Bruxelles, édition du Palais des Académies, 1953, rééd. 1973, p. 93) : Rimbaud recherche dans son enfance les signes annonciateurs de la poétique qu'il affiche maintenant bruyamment. « Là, dans l'alliance des vertus d'un âge créateur et celle d'un âge de l'expression qui, en fait, ne coïncident jamais, réside la recherche et la tâche de Rimbaud, son échec, son bonheur ».   2. Sans doute la Bible, dont il sera question plus bas.   3. Les « yeux de myosotis et de pervenche » dont a parlé Delahaye à propos d'Arthur.   4. Indiquant une intelligence exceptionnelle, celle qu'Arthur s'attribue (même si ce détail physique appartenait à son frère Frédéric, comme le rapporte Delahaye).

Une porte s'ouvrait sur le soir : à la lampe
On le voyait, là-haut, qui râlait sur la rampe,
Sous un golfe de jour[1] pendant du toit. L'été
Surtout, vaincu, stupide, il était entêté
À se renfermer dans la fraîcheur des latrines :
Il pensait là, tranquille et livrant ses narines[2].

Quand, lavé des odeurs du jour, le jardinet
Derrière la maison, en hiver, s'illunait[3],
Gisant au pied d'un mur, enterré dans la marne
Et pour des visions écrasant son œil darne[4],
Il écoutait grouiller les galeux espaliers.
Pitié ! Ces enfants seuls étaient ses familiers
Qui, chétifs, fronts nus[5], œil déteignant sur la joue[6],
Cachant de maigres doigts jaunes et noirs de boue
Sous des habits puant la foire[7] et tout vieillots,
Conversaient avec la douceur des idiots !
Et si, l'ayant surpris à des pitiés immondes,
Sa mère s'effrayait ; les tendresses, profondes,
De l'enfant se jetaient sur cet étonnement.
C'était bon. Elle avait le bleu regard[8], — qui ment !

À sept ans, il faisait des romans, sur la vie
Du grand désert, où luit la Liberté ravie,
Forêts, soleils, rives, savanes[9] ! — Il s'aidait
De journaux illustrés où, rouge, il regardait
Des Espagnoles rire et des Italiennes.
Quand venait, l'œil brun, folle, en robes d'indiennes,

---

**1.** *Cf.* « Voyelles », v. 5 : « Golfes d'ombre »    **2.** *Cf.* « Alchimie du verbe », dans *Une saison en enfer* : « Oh ! le moucheron enivré à la pissotière de l'auberge [...] ».    **3.** Se remplissait de la lumière de la lune ; mot forgé par Rimbaud (*in+luna*) et repris par les poètes de la fin du siècle. Le mot latin correspondant a le sens inverse.    **4.** Voir « Accroupissements », p. 157.    **5.** Rimbaud avait d'abord écrit : « fronts hauts ».    **6.** Yeux larmoyants ou chassieux.    **7.** Foireux.    **8.** Traits communs à la mère et à l'enfant : le regard bleu et hypocrite. D'où l'ambiguïté du vers précédent, qui a pu être compris de manières très différentes : besoin de tendresse maternelle ; surcroît d'agressivité réciproque.    **9.** Souvenir possible de la lecture de *Costal l'Indien* de Gabriel Ferry ; mais Rimbaud ne l'a lu qu'en 1870 (voir sa lettre à Izambard du 25 août).

— Huit ans, — la fille des ouvriers d'à côté,
La petite brutale, et qu'elle avait sauté,
Dans un coin, sur son dos, en secouant ses tresses,
Et qu'il était sous elle, il lui mordait les fesses,
Car elle ne portait jamais de pantalons ;
— Et, par elle meurtri des poings et des talons,
Remportait les saveurs de sa peau dans sa chambre.

Il craignait les blafards dimanches de décembre,
Où, pommadé, sur un guéridon d'acajou,
Il lisait une Bible à la tranche vert-chou ;
Des rêves l'oppressaient chaque nuit dans l'alcôve.
Il n'aimait pas Dieu ; mais les hommes, qu'au soir fauve,
Noirs, en blouse, il voyait rentrer dans le faubourg
Où les crieurs, en trois roulements de tambour,
Font autour des édits rire et gronder les foules.
— Il rêvait la prairie amoureuse[1], où des houles
Lumineuses, parfums sains, pubescences d'or,
Font leur remuement calme et prennent leur essor !

Et comme il savourait surtout les sombres choses,
Quand, dans la chambre nue aux persiennes closes,
Haute et bleue, âcrement prise d'humidité,
Il lisait son roman sans cesse médité,
Plein de lourds ciels ocreux et de forêts noyées,
De fleurs de chair aux bois sidérals[2] déployées,
Vertige, écroulements, déroutes et pitié !
— Tandis que se faisait la rumeur du quartier,
En bas, — seul, et couché sur des pièces de toile
Écrue, et pressentant violemment la voile !

A.R.
26 mai 1871

---

1. *Cf.* l'évocation de la nature dans « Sensation » et dans « Soleil et Chair ».   2. Le pluriel correct serait « sidéraux », qu'on trouvera dans « Le Bateau ivre ».

## Les Pauvres à l'église [1]

Parqués entre des bancs de chêne, aux coins d'église
Qu'attiédit puamment [2] leur souffle, tous leurs yeux
Vers le chœur ruisselant d'orrie [3] et la maîtrise
Aux vingt gueules gueulant les cantiques pieux ;

Comme un parfum de pain humant l'odeur de cire [4],
Heureux, humiliés comme des chiens battus,
Les Pauvres au bon Dieu, le patron et le sire,
Tendent leurs oremus [5] risibles et têtus.

Aux femmes, c'est bien bon de faire des bancs lisses,
Après les six jours noirs où Dieu les fait souffrir !
Elles bercent, tordus dans d'étranges pelisses,
Des espèces d'enfants qui pleurent à mourir.

Leurs seins crasseux dehors, ces mangeuses de soupe,
Une prière aux yeux et ne priant jamais,
Regardent parader mauvaisement un groupe
De gamines avec leurs chapeaux déformés.

Dehors, le froid, la faim, l'homme en ribote [6] :
C'est bon. Encore une heure ; après, les maux sans nom !
— Cependant, alentour, geint, nasille [7], chuchote
Une collection de vieilles à fanons [8] :

---

1. Ce poème est de la même veine que le précédent. Il est encore plein de la colère suscitée par les contraintes subies à Charleville, colère qui fait craquer le mètre (le v. 17 n'a que dix syllabes) et le langage (nombreux néologismes, en particulier les adverbes). Trakl se souviendra de cette pièce dans l'un de ses premiers poèmes, « *Die tote Kirche* », « L'église morte ». 2. Dérivé de « puer », inusité selon Littré. 3. De dorures. 4. Inversion assez gauche : « humant l'odeur de cire comme un parfum de pain ». 5. *Oremus* = « Prions ». *Cf.* « Le châtiment de Tartufe ». 6. Orthographe du manuscrit : « ribotte ». 7. Orthographe du manuscrit : « nazille ». 8. Replis du cou des vaches.

Ces effarés [1] y sont et ces épileptiques
Dont on se détournait hier aux carrefours ;
Et, fringalant [2] du nez dans des missels antiques,
Ces aveugles qu'un chien introduit dans les cours.

Et tous, bavant la foi mendiante et stupide,
Récitent la complainte infinie à Jésus
Qui rêve en haut, jauni par le vitrail livide,
Loin des maigres mauvais et des méchants pansus,

Loin des senteurs de viande et d'étoffes moisies [3],
Farce prostrée et sombre aux gestes repoussants ;
— Et l'oraison fleurit d'expressions choisies,
Et les mysticités prennent des tons pressants,

Quand, des nefs où périt le soleil, plis de soie
Banals, sourires verts [4], les Dames de quartiers
Distingués, — ô Jésus ! — les malades du foie
Font baiser leurs longs doigts jaunes aux bénitiers.

A. Rimbaud.
1871.

Voici, — ne vous fâchez pas, — un motif à dessins
drôles : c'est une antithèse aux douces vignettes pérennelles
où batifolent les cupidons, où s'essorent [5] les cœurs panachés
de flammes, fleurs vertes, oiseaux mouillés, promontoires de
Leucade [6], etc... — Ces triolets, eux aussi, au reste, iront

---

**1.** Idiots. **2.** Néologisme : les aveugles fouillent dans les missels qu'ils
ne peuvent lire, comme leurs chiens dans des tas d'ordures. Le mot « fringa-
ler » se trouve déjà chez Balzac. **3.** *Cf.* les « tentures moisies » dans « Les
Poètes de sept ans ». **4.** Qui semblent rappeler leur teint bilieux de femmes
trop bien nourries par opposition aux pauvres affamés. **5.** Prennent leur
essor ; on retrouvera le mot dans « Bottom », des *Illuminations*. **6.** D'où
Sappho se jeta dans les flots.

Où les vignettes pérennelles,
Où les doux vers[1].

Voici : — ne vous fâchez pas —


## Le Cœur du pitre[2]


Mon triste cœur bave à la poupe,
Mon cœur est plein de caporal :
Ils y lancent des jets de soupe,
Mon triste cœur bave à la poupe :
Sous les quolibets de la troupe
Qui pousse un rire général,
Mon triste cœur bave à la poupe,
Mon cœur est plein de caporal !

Ithyphalliques et pioupiesques
Leurs insultes l'ont dépravé !
À la vesprée ils font des fresques
Ithyphalliques et pioupiesques.
Ô flots abracadabrantesques,
Prenez mon cœur, qu'il soit sauvé :
Ithyphalliques et pioupiesques
Leurs insultes l'ont dépravé !

---

1. Ces expressions, selon Paul Labarrière, figuraient dans une poésie « où il était question d'oies et de canards barbotant dans une mare ». Mais la description est une annonce du poème qui va suivre, « Le Cœur du pitre », poème en triolets (forme fixe comportant un couplet de huit vers, dont le premier se répète après le troisième, et les deux premiers après le sixième). **2.** Nouvelle version du poème inséré dans la lettre du 13 mai 1871 à Izambard, « Le cœur supplicié ». Le titre nouveau accentue le côté histrionesque, hamlétique, du morceau. D'ailleurs l'issue de la Semaine sanglante a désormais rendu toute action inutile.

Quand ils auront tari leurs chiques,
Comment agir, ô cœur volé ?
Ce seront des refrains bachiques
Quand ils auront tari leurs chiques :
J'aurai des sursauts stomachiques
Si mon cœur triste est ravalé :
Quand ils auront tari leurs chiques,
Comment agir, ô cœur volé ?

A.R.
Juin 1871 [1]

Voilà ce que je fais.

J'ai trois prières à vous adresser

brûlez, *je le veux*, et je crois que vous respecterez ma volonté comme celle d'un mort, brûlez *tous les vers que je fus assez sot* pour vous donner lors de mon séjour à Douai [2] : ayez la bonté de m'envoyer, s'il vous est possible et s'il vous plaît, un exemplaire de vos *Glaneuses*, que je voudrais relire et qu'il m'est impossible d'acheter, ma mère ne m'ayant gratifié d'aucun rond de bronze depuis six mois, — pitié ! enfin, veuillez bien me répondre, quoi que ce soit, pour cet envoi et pour le précédent.

Je vous souhaite un bon jour, ce qui est bien bon.

Écrivez à : M. Deverrière, 95, sous les Allées, pour

A. Rimbaud.

---

1. La date nouvelle est celle de la nouvelle version.   2. C'est-à-dire les deux cahiers du recueil Demeny.

# [Lettre à Georges Izambard du 12 juillet 1871]

Charleville, 12 juillet 1871.

[Cher M]onsieur,

[Vous prenez des bains de mer], vous avez été [en bateau... Les boyards, c'est loin, vous n'en] voulez plus[1] [je vous jalouse, moi qui étouffe ici !].

Puis, je m'embête ineffablement et je ne puis vraiment rien porter sur le papier.

Je veux pourtant vous demander quelque chose : une dette énorme, — chez un libraire, — est venue fondre sur moi, qui n'ai pas le moindre rond de colonne en poche. Il faut revendre des livres. Or vous devez vous rappeler qu'en septembre 1870, étant venu, — pour moi, — tenter d'avachir un cœur de mère endurci, vous emportâtes, sur mon con[seil, plusieurs volumes, cinq ou six, qu'en août, à votre intention, j'avais apportés chez vous.]

Eh bien ! tenez-vous à *F[lorisse*, de Banville], aux *Exilés*, du même[2] ? Moi qui ai besoin de [rétrocéder d]es bouquins à mon libraire, je serais bien content d[e ravoir] ces deux volumes : j'ai d'autres Banville chez moi ; joints aux vôtres, ils composeraient une collection, et les collections s'acceptent bien mieux que des volumes isolés.

N'avez-vous pas *Les Couleuvres*[3] ? Je placerais cela comme du neuf ! — Tenez-vous aux *Nuits persanes*[4] ? un titre qui peut affrioler, même parmi des bouquins d'occasion. Tenez-vous, à [ce] volume de Pontmartin[5] ? Il existe des littérateurs [par ici qu]i rachèteraient cette prose.

---

1. Izambard venait de renoncer à partir pour la Russie, où on lui offrait un préceptorat. Il était alors professeur de rhétorique au collège de Cherbourg. C'est là que Rimbaud lui adresse cette lettre. Le document a été détérioré par un flacon de colle. C'est Izambard lui-même qui a rétabli de mémoire les mots et lettres que nous plaçons entre crochets. **2.** *Florisse* (1870), *Les Exilés* (1867). **3.** Ouvrage de Louis Veuillot, paru en 1869. **4.** Recueil d'Armand Renaud (Lemerre, 1870), auteur déjà nommé dans la lettre du 15 mai 1871. **5.** Armand de Pontmartin, auteur de romans comme *Madame Charbonneau* (1862) ou *Les Corbeaux du Gévaudan* (1868).

— Tenez-vous a[ux *Glan*]euses[1] ? Les collégiens d'Ar-
dennes pou[rraient débo]urser [trois francs] pour bricol[er]
dans ces azurs-là. J[e saurais démontr]er à mon crocodile
que l'achat d'une [telle collection donnerait de portenteux[2]
bénéfices]. Je ferais rutiler les titres ina[perçus. Je réponds]
de me découvrir une audace avachissante dans ce bro-
cantage.

Si vous saviez quelle position ma mère peut et veut me
faire avec ma dette de 35 fr. 25 c., vous n'hésiteriez pas à
m'abandonner ces bouquins ! Vous m'enverriez ce ballot
chez M. Deverrière[3], 95, sous les Allées, lequel est prévenu
de la chose et l'attend ! Je vous rembourserais le prix du
transport, et je vous serais superbondé de gratitude !

Si vous avez des imprimés inconvenants dans une [biblio-
thèque de professeur et que vous vous en] apercevi[ez, ne
vous gênez pas]. Mais vite, je vous en prie, on me presse !

C[ordialement] et bien merci d'avance.


A. Rimbaud.


*P.S.* — J'ai vu, en une lettre de vous à M. Deverrière, que
vous étiez inquiet au sujet de vos caisses de livres. Il vous les
fera parvenir dès qu'il aura reçu vos instructions.

[Je] vous serre la main.

A. R.

---

**1.** Le recueil de Demeny ; curieusement, Rimbaud venait de redemander
ce volume à son auteur (voir la fin de la lettre du 15 mai). Il semble pourtant
l'avoir tenu en piètre estime.   **2.** Plutôt « portentueux » = prodigieux.
**3.** Voir p. 146, n. 1.

# [Lettre à Théodore de Banville du 15 août 1871]

Charleville, Ardennes, 15 août 1871.

À Monsieur Théodore de Banville

## Ce qu'on dit au poète à propos de fleurs

I

Ainsi, toujours, vers l'azur noir
Où tremble la mer des topazes,
Fonctionneront dans ton soir
Les Lys[1], ces clystères d'extases[2] !

À notre époque de sagous[3],
Quand les Plantes sont travailleuses,
Le Lys boira les bleus dégoûts
Dans tes Proses religieuses !

— Le lys de monsieur de Kerdrel[4],
Le Sonnet de mil huit cent trente,
Le Lys qu'on donne au Ménestrel[5]
Avec l'œillet et l'amarante !

Des lys ! Des lys ! On n'en voit pas !
Et dans ton Vers, tel que les manches
Des Pécheresses aux doux pas,
Toujours frissonnent ces fleurs blanches !

---

1. Fleur chère à la poésie conventionnelle et en particulier aux Parnassiens. Voir la parodie d'Armand Silvestre par Rimbaud dans l'*Album zutique*, « Lys »   2. C'est-à-dire clystères prodiguant des extases.   3. Palmiers qui produisent une substance amylacée (d'où l'appellation de « plantes travailleuses »). On peut comprendre : « à notre époque où l'on ne s'intéresse qu'à la productivité » (au travail dans le sens que Rimbaud refuse pour ce mot) — avec un jeu possible sagou / sagouin.   4. Défenseur de la cause royaliste, symbolisée par la fleur de lys.   5. Allusion aux Jeux Floraux de Toulouse ; les principales récompenses qu'on y décernait étaient le lys, l'œillet et l'amarante.

Toujours, Cher, quand tu prends un bain,
Ta Chemise aux aisselles blondes
Se gonfle aux brises du matin
Sur les myosotis immondes !

L'amour ne passe à tes octrois
Que les Lilas, — ô balançoires !
Et les Violettes du Bois,
Crachats sucrés des Nymphes noires[1] !...

II

Ô Poëtes, quand vous auriez
Les Roses, les Roses soufflées,
Rouges sur tiges de lauriers,
Et de mille octaves[2] enflées !

Quand BANVILLE en ferait neiger[3],
Sanguinolentes, tournoyantes,
Pochant l'œil fou de l'étranger
Aux lectures mal bienveillantes !

De vos forêts et de vos prés,
Ô très paisibles photographes !
La Flore est diverse à peu près
Comme des bouchons de carafes[4] !

Toujours les végétaux Français,
Hargneux, phtisiques, ridicules,
Où le ventre des chiens bassets
Navigue en paix, aux crépuscules ;

---

1. Larves d'insectes, selon J. Gengoux.  2. Octosyllabes, selon S. Bernard ; plutôt strophes de huit vers.  3. Allusion à la « Symphonie de neige » dans les *Stalactites*, où Banville faisait neiger les roses blanches.  4. La rime se trouve dans les *Odes funambulesques*.

Toujours, après d'affreux dessins
De Lotos bleus[1] ou d'Hélianthes,
Estampes roses, sujets saints
Pour de jeunes communiantes !

L'Ode Açoka[2] cadre avec la
Strophe en fenêtre de lorette[3] ;
Et de lourds papillons d'éclat
Fientent sur la Pâquerette.

Vieilles verdures, vieux galons[4] !
Ô croquignoles[5] végétales !
Fleurs fantasques des vieux Salons !
— Aux hannetons, pas aux crotales[6],

Ces poupards[7] végétaux en pleurs
Que Grandville[8] eût mis aux lisières,
Et qu'allaitèrent de couleurs
De méchants astres à visières !

Oui, vos bavures de pipeaux
Font de précieuses glucoses[9] !
— Tas d'œufs frits dans de vieux chapeaux,
Lys, Açokas, Lilas et Roses !...

---

**1.** Allusion possible au « Mystère de Lotus » de Catulle Mendès, paru dans le premier *Parnasse contemporain*. Il était également question du « Lotus parfumé » dans « Le Voyage » de Baudelaire. Mais le lotus et l'hélianthe abondent dans les *Odes funambulesques*.    **2.** Rimbaud s'amuse à un jeu de sons cacophoniques. L'Açoka est un arbre de l'Inde. On trouverait le nom chez Leconte de Lisle ou Catulle Mendès, donc dans une poésie mythologique et prétentieuse correspondant à ce qui est ici appelé « l'ode Açoka ».    **3.** La strophe aguicheuse, comme la lorette qui appelle les passants de sa fenêtre.    **4.** *Cf.* le cri des fripiers : « Vieux habits ! vieux galons ! »    **5.** Pâtisseries faites avec des fleurs.    **6.** Serpents à sonnettes.    **7.** Poupons.    **8.** Grandville (1803-1847), dessinateur et caricaturiste, a donné aux plantes la physionomie, les vices et les passions de l'homme (*Les Fleurs animées*).    **9.** Le mot est féminin dans le *Dictionnaire de l'Académie* ; *cf.* le « sucre sur la denture gâtée » dans « L'Homme juste » p. 182.

### III

Ô blanc Chasseur, qui cours sans bas
À travers le Pâtis panique [1],
Ne peux-tu pas, ne dois-tu pas
Connaître un peu ta botanique ?

Tu ferais succéder, je crains,
Aux Grillons roux les Cantharides [2],
L'or des Rios au bleu des Rhins,
Bref, aux Norwèges les Florides :

Mais, Cher, l'Art n'est plus, maintenant,
— C'est la vérité, — de permettre
À l'Eucalyptus étonnant
Des constrictors d'un hexamètre [3] ;

Là... ! Comme si les Acajous
Ne servaient, même en nos Guyanes,
Qu'aux cascades des sapajous [4],
Au lourd délire des lianes !

— En somme, une Fleur, Romarin
Ou Lys, vive ou morte, vaut-elle
Un excrément d'oiseau marin [5] ?
Vaut-elle un seul pleur de chandelle ?

— Et j'ai dit ce que je voulais !
Toi, même assis là-bas, dans une
Cabane de bambous, — volets
Clos, tentures de perse brune, —

---

**1.** Les prairies de l'Univers. *Cf.* les « veines de Pan » dans « Soleil et Chair ». **2.** Insectes tropicaux. Leconte de Lisle, qui est probablement visé ici, avait introduit la cantharide dans son poème « Les Jungles ». **3.** Des alexandrins longs comme des boas constrictors. **4.** Qu'aux acrobaties des singes. **5.** Le guano. *Cf.* dans « Le Bateau ivre » : les « fientes d'oiseaux clabaudeurs aux yeux blonds ».

Tu torcherais des floraisons
Dignes d'Oises extravagantes !...
— Poète ! ce sont des raisons
Non moins risibles qu'arrogantes !...


IV


Dis, non les pampas printaniers[1]
Noirs d'épouvantables révoltes,
Mais les tabacs, les cotonniers !
Dis les exotiques récoltes !

Dis, front blanc que Phébus tanna,
De combien de dollars se rente
Pedro Velasquez, Habana[2] ;
Incague[3] la mer de Sorrente[4]

Où vont les Cygnes par milliers ;
Que tes Strophes soient des réclames
Pour l'abatis des mangliers[5]
Fouillés des hydres[6] et des lames[7] !

Ton quatrain plonge aux bois sanglants
Et revient proposer aux Hommes
Divers sujets de sucres blancs,
De pectoraires[8] et de gommes !

Sachons par Toi si les blondeurs
Des Pics neigeux, vers les Tropiques,

---

1. Le mot est normalement féminin.   2. À la Havane.   3. Formé sur *incacare* : couvrir d'excréments. « Dis merde à la mer de Sorrente ». 4. Chantée par Lamartine, mais aussi par Banville dans les *Odes funambulesques*.   5. Palétuviers qu'on trouve sur les plages tropicales.   6. Des animaux aquatiques.   7. Des lames (de la mer).   8. Pâtes pectorales.

Sont ou des insectes pondeurs
Ou des lichens microscopiques[1] !

Trouve, ô Chasseur, nous le voulons,
Quelques garances[2] parfumées
Que la Nature en pantalons
Fasse éclore ! — pour nos Armées !

Trouve, aux abords du Bois qui dort[3],
Les fleurs, pareilles à des mufles,
D'où bavent des pommades d'or
Sur les cheveux sombres des Buffles[4] !

Trouve, aux prés fous, où sur le Bleu
Tremble l'argent des pubescences[5],
Des Calices pleins d'Œufs de feu
Qui cuisent parmi les essences[6] !

Trouve des Chardons cotonneux
Dont dix ânes aux yeux de braises
Travaillent à filer les nœuds !
Trouve des Fleurs qui soient des chaises !

— Oui, trouve au cœur des noirs filons
Des fleurs presque pierres, — fameuses ! —

---

1. J. Gengoux a prouvé que Rimbaud se souvenait ici d'un article de *La Revue pour tous* qui expliquait : « Dans les Alpes comme dans les Pyrénées, un grand nombre de cimes sont constamment couvertes de neige. Sur la limite où la neige se fond, fleurissent les mousses et les lichens [...] [la neige est rose] [...] Saumur attribua cette coloration au pollen de quelque plante fleurissant sur ces hauteurs ; et Ramon [...] pensait qu'elle était due à la poussière du mica détachée des granits voisins. Aujourd'hui, grâce au microscope, cela s'explique par la présence d'un petit végétal élémentaire, de la famille des algues, nommé le *Protocacius nivalis* (numéro du 31 janvier 1869, « Science familière », p. 87).    **2.** Plante d'où l'on extrait la teinture rouge qui coloriait alors les pantalons de l'armée française.
**3.** *Cf.* « Tête de faune », p. 183.    **4.** Toujours l'image des cheveux pommadés, obsédante chez Rimbaud.    **5.** *Cf.* « Les Poètes de sept ans ».
**6.** Jeu de mots : les essences végétales s'enflamment elles aussi.

Qui vers leurs durs ovaires blonds
Aient des amygdales gemmeuses [1] !

Sers-nous, ô Farceur, tu le peux,
Sur un plat de vermeil splendide
Des ragoûts de Lys sirupeux
Mordant nos cuillers Alfénide [2] !

V

Quelqu'un dira le grand Amour,
Voleur des sombres Indulgences :
Mais ni Renan, ni le chat Murr [3]
N'ont vu les Bleus Thyrses immenses [4] !

Toi, fais jouer dans nos torpeurs,
Par les parfums les hystéries ;
Exalte-nous vers des candeurs
Plus candides que les Maries [5]...

Commerçant ! colon ! médium !
Ta Rime sourdra, rose ou blanche,
Comme un rayon de sodium,
Comme un caoutchouc [6] qui s'épanche !

De tes noirs Poèmes, — Jongleur !
Blancs, verts, et rouges dioptriques [7],
Que s'évadent d'étranges fleurs
Et des papillons électriques !

---

**1.** On retrouvera dans les *Illuminations* cette végétation de pierreries.　**2.** L'Alfénide est une composition chimique inventée par Halphen vers 1850. On en faisait des couverts de table imitant l'argent.　**3.** On le trouve dans les *Contes* d'E.T.A. Hoffmann. Mais Rimbaud emprunte la rime aux *Odes funambulesques*.　**4.** Le thyrse est un attribut dionysiaque (bâton couronné de lierre et porteur d'une puissance magique). *Cf.* « Le Thyrse » dans les *Petits poèmes en prose* de Baudelaire. **5.** *Cf.* « Les Premières Communions » et « Le Bateau ivre ».　**6.** L'une de ces « plantes travailleuses » dont il était question au début du poème. **7.** Couleurs obtenues par réfraction.

Voilà ! c'est le Siècle d'enfer !
Et les poteaux télégraphiques
Vont orner, — lyre aux chants de fer,
Tes omoplates magnifiques !

— Surtout, rime une version
Sur le mal des pommes de terre !
— Et, pour la composition
De Poèmes pleins de mystère

Qu'on doive lire de Tréguier
À Paramaribo[1], rachète
Des Tomes de Monsieur Figuier[2],
— Illustrés ! — chez Monsieur Hachette !

Alcide Bava.
A. R.
14 juillet 1871.

Monsieur et cher Maître,
Vous rappelez-vous avoir reçu de province, en juin 1870,
cent ou cent cinquante hexamètres mythologiques intitulés
*Credo in unam*[3] ? Vous fûtes assez bon pour répondre !
C'est le même imbécile qui vous envoie les vers ci-des-
sus, signés Alcide Bava. — Pardon.
J'ai dix-huit ans[4]. — J'aimerai toujours les vers de Ban-
ville.
L'an passé je n'avais que dix-sept ans !
Ai-je progressé ?

Alcide Bava.
A. R.

---

1. De Tréguier en Bretagne (ville natale de Renan) à Paramaribo en
Guyane.    2. Le nom de cet auteur, Léon Figuier (1819-1894), est choisi
pour sa consonance végétale, mais aussi parce qu'il avait écrit une *Histoire
des plantes* (1865), publiée chez Hachette.    3. Voir p. 57.    4. Comme
dans la précédente lettre à Banville, Rimbaud se vieillit.

Mon adresse

M. Charles Bretagne [1],
Avenue de Mézières, à Charleville,
*pour*
A. RIMBAUD.

## [Lettre à Paul Demeny du 28 août 1871]

Charleville (Ardennes), août 1871.

Monsieur,

Vous me faites recommencer ma prière : soit. Voici la complainte complète. Je cherche des paroles calmes : mais ma science de l'art n'est pas bien profonde. Enfin, voici.

Situation du prévenu : J'ai quitté depuis plus d'un an la vie ordinaire pour ce que vous savez. Enfermé sans cesse dans cette inqualifiable contrée ardennaise, ne fréquentant pas un homme, recueilli dans un travail infâme, inepte, obstiné, mystérieux, ne répondant que par le silence aux questions, aux apostrophes grossières et méchantes, me montrant digne dans ma position extra-légale, j'ai fini par provoquer d'atroces résolutions d'une mère aussi inflexible que soixante-treize administrations à casquettes de plomb.

Elle a voulu m'imposer le travail, — perpétuel, à Charleville (Ardennes) ! Une place pour tel jour, disait-elle, ou la

---

**1.** Delahaye présente en ces termes cet ami de Rimbaud (*Rimbaud. — l'artiste et l'être moral*, Messein, 1923, pp. 39-40) : « Violoniste de talent, caricaturiste et chansonnier parfois, Charles Bretagne était attaché, en qualité d'agent contrôleur des Contributions indirectes, à l'une des sucreries de Charleville. Son premier poste avait été Fampoux (Pas-de-Calais), où il exerçait les mêmes fonctions à la sucrerie de Julien Dehée, cousin de Verlaine, qui fit chez son parent de fréquentes villégiatures et avec qui le musicien eut ainsi l'occasion de se lier. Esprit délicat, original et profondément observateur, il connaissait l'auteur des *Effarés* par des amis communs, Georges Izambard et Léon Deverrière ». Voir la notice très précise que lui ont consacrée Pierre Petitfils et Joseph Deschuytter dans le *Bateau ivre* n° 14, novembre 1955. Né en 1837, il est mort en 1881.

porte. — Je refusai cette vie ; sans donner mes raisons : c'eût été pitoyable. Jusqu'aujourd'hui, j'ai pu tourner ces échéances. Elle, en est venue à ceci : souhaiter sans cesse mon départ inconsidéré, ma fuite ! Indigent, inexpérimenté, je finirais par entrer aux établissements de correction. Et, dès ce moment, silence sur moi !

Voilà le mouchoir de dégoût qu'on m'a enfoncé dans la bouche. C'est bien simple.

Je ne demande rien, je demande un renseignement. Je veux travailler libre : mais à Paris que j'aime. Tenez : je suis un piéton, rien de plus ; j'arrive dans la ville immense sans aucune ressource matérielle : mais vous m'avez dit : Celui qui désire être ouvrier à quinze sous par jour s'adresse là, fait cela, vit comme cela. Je m'adresse là, je fais cela, je vis comme cela. Je vous ai prié d'indiquer des occupations peu absorbantes, parce que la pensée réclame de larges tranches de temps. Absolvant le poète, ces balançoires matérielles se font aimer. Je suis à Paris : il me faut une *économie* positive ! Vous ne trouvez pas cela sincère ? Moi, ça me semble si étrange, qu'il me faille vous protester de mon sérieux !

J'avais eu l'idée ci-dessus : la seule qui me parût raisonnable : je vous la rends sous d'autres termes. J'ai bonne volonté, je fais ce que je puis, je parle aussi compréhensiblement qu'un malheureux ! Pourquoi tancer l'enfant qui, non doué de principes zoologiques, désirerait un oiseau à cinq ailes ? On le ferait croire aux oiseaux à six queues, ou à trois becs ! On lui prêterait un Buffon des familles[1] : ça le déleurre[rait].

Donc, ignorant de quoi vous pourriez m'écrire, je coupe les explications et continue à me fier à vos expériences, à votre obligeance que j'ai bien bénie, en recevant votre lettre, et je vous engage un peu à partir de mes idées, — s'il vous plaît...

Recevriez-vous sans trop d'ennui des échantillons de mon travail ?

A. Rimbaud.

---

1. Petit ouvrage de vulgarisation à l'usage des familles, reprenant sous forme simplifiée des éléments de la grande *Histoire naturelle* de Buffon.

## [LE DOSSIER VERLAINE]

## Les Assis

Noirs de loupes, grêlés [1], les yeux cerclés de bagues
Vertes, leurs doigts boulus [2] crispés à leurs fémurs [3]
Le sinciput [4] plaqué de hargnosités [5] vagues
Comme les floraisons lépreuses des vieux murs ;

Ils ont greffé dans des amours épileptiques
Leur fantasque ossature aux grands squelettes noirs
De leurs chaises ; leurs pieds aux barreaux rachitiques
S'entrelacent pour les matins et pour les soirs !

Ces vieillards ont toujours fait tresse avec leurs sièges,
Sentant les soleils vifs percaliser [6] leur peau,

---

1. Grêlés de petite vérole.  2. « Boudinés » (A. Adam).
3. Dans un poème de 1871 dont nous n'avons conservé que des bribes,
satire des monarchistes que Rimbaud avait envoyée à Henri Perrin, rédac-
teur en chef du journal républicain de Charleville *Nord-Est*, le vieillard
monarchiste s'écrie : « J'ai mon fémur ! j'ai mon fémur ! j'ai mon fémur !/
C'est cela que depuis quarante ans je bistourne/ Sur le bord de ma chaise
aimée en noyer dur ; / L'impression du bois pour toujours y séjour-
ne ».  4. L'os du sommet de la tête.  5. Substantif abstrait formé sur
« hargneux » et employé au pluriel : tour insolite dont Hugo avait déjà
donné des exemples et qui deviendra une manie chez les décadents.
6. Rendre fin et transparent comme la percale.

Ou, les yeux à la vitre où se fanent les neiges,
Tremblant du tremblement douloureux du crapaud[1]

Et les Sièges leur ont des bontés : culottée
De brun, la paille cède aux angles de leurs reins ;
L'âme des vieux soleils s'allume emmaillotée[2]
Dans ces tresses d'épis où fermentaient les grains.

Et les Assis, genoux aux dents, verts pianistes
Les dix doigts sous leur siège aux rumeurs de tambour
S'écoutent clapoter[3] des barcarolles tristes,
Et leurs caboches vont dans des roulis d'amour.

— Oh ! ne les faites pas lever ! C'est le naufrage...
Ils surgissent, grondant comme des chats giflés[4],
Ouvrant lentement leurs omoplates, ô rage !
Tout leur pantalon bouffe à leurs reins boursouflés

Et vous les écoutez, cognant leurs têtes chauves
Aux murs sombres, plaquant et plaquant leurs pieds tors
Et leurs boutons d'habit sont des prunelles fauves
Qui vous accrochent l'œil du fond des corridors !

Puis ils ont une main invisible qui tue :
Au retour, leur regard filtre ce venin noir
Qui charge l'œil souffrant de la chienne battue
Et vous suez pris dans un atroce entonnoir.

Rassis, les poings noyés[5] dans des manchettes sales,
Ils songent à ceux-là qui les ont fait lever
Et, de l'aurore au soir, des grappes d'amygdales
Sous leurs mentons chétifs s'agitent à crever

---

1. Précise « épileptiques » du v. 5.   2. Verlaine a écrit « emmaillot-tée », reproduisant peut-être une faute d'orthographe de Rimbaud. 3. Emploi transitif tout à fait insolite.   4. « gifflés » sur le manus-crit.   5. « crispés » dans la version donnée par l'article des *Poètes maudits* (erreur probable de transcription ou de mémoire).

Quand l'austère sommeil a baissé leurs visières[1]
Ils rêvent sur leur bras de sièges fécondés,
De vrais petits amours de chaises en lisière[2]
Par lesquelles de fiers bureaux seront bordés ;

Des fleurs d'encre crachant des pollens en virgule
Les bercent, le long des calices accroupis
Tels qu'au fil des glaïeuls le vol des libellules
— Et leur membre s'agace à des barbes d'épis.

## L'Homme juste

.............................................................................
Le Juste[3] restait droit sur ses hanches solides :
Un rayon lui dorait l'épaule[4] ; des sueurs
Me prirent : « Tu veux voir rutiler les bolides ?
Et, debout, écouter bourdonner les flueurs[5]
D'astres lactés, et les essaims d'astéroïdes[6] ?

1. Qui leur tiennent lieu de paupières ; *cf.* le père, dans *La Métamorphose* de Kafka, qui dort avec son uniforme.    2. Glose de Suzanne Bernard : « le fruit de ces unions tératologiques, ce seront des *petits amours de chaises en lisière* : les enfants qui ne savent pas encore marcher sont tenus en lisière — mais aussi les chaises bordent les *fiers bureaux*, comme la lisière borde un tissu ; et il est évident en outre que les bureaucrates, eux aussi, n'ayant aucune initiative passent leur vie en lisière ». Nous ajouterons que Rimbaud a déjà employé « bureau » au sens de « bureaucrate » et « bordés » fait également penser au geste attentif de l'épouse maternelle qui borde le lit.    3. C'est le nom donné au Christ, à plusieurs reprises, dans les Évangiles ; mais c'est aussi celui des hommes qui seront déclarés dignes du salut au Jugement dernier, comme il l'annonce lui-même (Matthieu, XXV, 37).    4. Alors qu'au moment de la mort de Jésus « il y eut », dès la sixième heure, « des ténèbres sur toute la terre » (Matthieu, XXVII, 45).    5. Les menstrues ; l'image est obsédante chez Rimbaud (*cf.* le début de « Soleil et Chair »). Le verbe « bourdonner » annonce plutôt les *Illuminations* (« Des fleurs magiques bourdonnaient », dans « Enfance »).    6. Aérolithes. Reprise parodique de l'annonce que fait Jésus des catastrophes cosmiques au moment de la Venue en gloire du Fils de l'homme : « le soleil s'obscurcira, et la lune ne donnera pas sa clarté, et les astres tomberont du ciel, et les puissances des cieux seront ébranlées » (Matthieu, XXIV, 29).

« Par des farces de nuit ton front est épié[1],
Ô Juste ! Il faut gagner un toit. Dis ta prière,
La bouche dans ton drap doucement expié[2] ;
Et si quelque égaré choque ton ostiaire[3],
Dis : Frère, va plus loin, je suis estropié ! »

Et le Juste restait debout, dans l'épouvante
Bleuâtre des gazons après le soleil mort[4] :
« Alors, mettrais-tu tes genouillères en vente,
Ô vieillard ? Pèlerin sacré ! barde d'Armor[5] !
Pleureur des Oliviers[6] ! Main que la pitié gante !

« Barbe de la famille et poing de la cité,
Croyant très doux : ô cœur tombé dans les calices,
Majestés et vertus, amour et cécité,
Juste ! plus bête et plus dégoûtant que les lices[7] !
Je suis celui qui souffre et qui s'est révolté !

« Et ça me fait pleurer sur mon ventre, ô stupide,
Et bien rire, l'espoir fameux de ton pardon !
Je suis maudit, tu sais ! je suis soûl, fou, livide,
Ce que tu veux ! Mais va te coucher, voyons donc,
Juste ! Je ne veux rien à ton cerveau torpide[8].

« C'est toi le Juste, enfin, le Juste ! C'est assez !
C'est vrai que ta tendresse et ta raison sereines
Reniflent dans la nuit comme des cétacés,

---

1. « Épié » : non pas espionné, mais couronné d'épis, ou d'épines (*cf.* la couronne dérisoire que les soldats placent sur la tête de Jésus « roi des Juifs », Matthieu, XXVII, 29). **2.** La chlamyde écarlate dont ces mêmes soldats ont revêtu le roi des Juifs ? **3.** Le mot, volontairement archaïque, a une pompe toute royale. C'est plus important que son sens précis (portier), qui convient moins que le sens de « porte ». **4.** Construction latine : après la mort du soleil. Dans l'Évangile selon saint Luc, il est dit que le soleil s'obscurcit à la mort du Christ (XXIII, 44). **5.** Le tour est elliptique ; il convient de sous-entendre une comparaison : tel le « barde d'Armor », c'est-à-dire Ossian. **6.** Allusion à la tristesse de Jésus à Gethsémani : « Mon âme est triste à mourir » (Matthieu, XXVI, 38). **7.** Femelles des chiens de chasse ; le mot renouvelle « chiennes », traditionnellement péjoratif. **8.** Rempli de torpeurs.

Que tu te fais proscrire et dégoises des thrènes
Sur d'effroyables becs-de-cane[1] fracassés !

« Et c'est toi l'œil de Dieu ! le lâche ! Quand les plantes
Froides des pieds divins passeraient sur mon cou,
Tu es lâche ! Ô ton front qui fourmille de lentes[2] !
Socrates et Jésus, Saints et Justes, dégoût !
Respectez le Maudit suprême aux nuits sanglantes. »

J'avais crié cela sur la terre[3], et la nuit
Calme et blanche occupait les cieux pendant ma fièvre.
Je relevai mon front : le fantôme avait fui,
Emportant l'ironie atroce de ma lèvre...
— Vents nocturnes, venez au Maudit ! Parlez-lui,

Cependant que silencieux sous les pilastres[4]
D'azur, allongeant les comètes et les nœuds
D'univers, remuement énorme sans désastres,
L'ordre, éternel veilleur, rame aux cieux lumineux
Et de sa drague en feu laisse filer les astres !

Ah ! qu'il s'en aille, lui, la gorge cravatée
De honte, ruminant toujours mon ennui, doux
Comme le sucre sur la denture gâtée.
— Tel que la chienne après l'assaut des fiers toutous,
Léchant son flanc d'où pend une entraille emportée[5]

Qu'il dise charités crasseuses et progrès...
— J'exècre tous ces yeux de Chinois [à be]daines[6],

---

**1.** Orthographe du manuscrit : « becs de canne ». Nous corrigeons, en adoptant celle de Littré. Allusion possible aux prédictions apocalyptiques de Jésus : les sceaux sont rompus, comme dans l'Apocalypse de saint Jean. **2.** Œufs déposés par les poux dans les cheveux. **3.** La voix forte du Maudit se substitue aux « voix fortes » qu'on entend dans l'Apocalypse. **4.** Le mot et la rime sont hugoliens (en particulier dans le sixième livre des *Contemplations*, et dans « Pleine mer. — Plein ciel » de *La Légende des siècles*) ; l'image de l'Ordre, « l'ordre invisible au fond du gouffre éblouissant », aussi. **5.** Complète la comparaison avec les lices. **6.** Lecture conjecturale de Paul Hartmann.

Mais qui chante : nana comme un tas d'enfants près
De mourir, idiots doux aux chansons soudaines :
Ô Justes, nous chierons dans vos ventres de grès [1] [!]


## Tête de faune


Dans la feuillée écrin vert taché d'or
Dans la feuillée incertaine [2] et fleurie
De fleurs splendides où le baiser dort [3],
Vif et crevant [4] l'exquise broderie,

Un faune effaré montre ses deux yeux
Et mord les fleurs rouges de ses dents blanches [5]
Brunie et sanglante ainsi qu'un vin vieux [6]
Sa lèvre éclate en rires sous les branches [7].

Et quand il a fui — tel qu'un écureuil [8] —
Son rire tremble [9] encore à chaque feuille
Et l'on voit [10] épeuré [11] par un bouvreuil
Le Baiser d'or [12] du Bois, qui se recueille [.]

---

1. *Cf.* les Lamentations de Jérémie (IV, 2) : « Comment les nobles fils de Sion, couverts de l'or le plus pur, sont-ils traités comme des vases de terre, ouvrage des mains du potier ? ».   2. Adjectif verlainien.   3. *Cf.* « Rêvé Pour l'hiver », v. 3. Texte de *La Vogue*, en juin 1886 : « D'énormes fleurs où l'âcre baiser dort ».   4. Le texte de *La Vogue* « devant l'exquise » pourrait venir d'une mauvaise lecture.   5. Texte de *La Vogue* : « Le Faune affolé montre ses grands yeux/ Et mord la fleur rouge avec ses dents blanches ».   6. *Cf.* « Le Buffet », v. 4 (Rimbaud semble aimer l'allitération) ; pour l'alliance sang, lèvres, rire, *cf.* « Voyelles », vv. 7-8. 7. Texte de *La Vogue* : « par les branches ».   8. *Ibid.* : « tel un écureuil ».   9. *Ibid.* : « Son rire perle ».   10. *Ibid.* : « Et l'on croit ». 11. = Apeuré ; *cf.* « Au Cabaret-Vert », v. 9.   12. Souvenir possible d'un poème des *Glaneuses*, de Demeny, où il était question du « baiser d'or de l'absent ». Il faut surtout noter la reprise équivoquée baiser dort / baiser d'or.

## Le Cœur volé

Mon triste cœur bave à la poupe,
Mon cœur couvert de caporal :
Ils y lancent des jets de soupe,
Mon triste cœur bave à la poupe :
Sous les quolibets de la troupe
Qui pousse un rire général,
Mon triste cœur bave à la poupe
Mon cœur couvert de caporal !

Ithyphalliques et pioupiesques
Leurs quolibets l'ont dépravé !
Au gouvernail on voit des fresques
Ithyphalliques et pioupiesque
Ô flots abracadabrantesques
Prenez mon cœur, qu'il soit lavé
Ithyphalliques et pioupiesques
Leurs quolibets l'ont dépravé !

Quand ils auront tari leurs chiques
Comment agir, ô cœur volé ?
Ce seront des hoquets bachiques
Quand ils auront tari leurs chiques
J'aurai des sursauts stomachiques
Moi, si mon cœur est ravalé :
Quand ils auront tari leurs chiques
Comment agir, ô cœur volé ?

Mai 1871

## Les Mains de Jeanne-Marie

Jeanne-Marie a des mains fortes,
Mains sombres que l'été tanna,

Mains pâles comme des mains mortes.
— Sont-ce des mains de Juana[1] ?

Ont-elles pris les crèmes brunes
Sur les mares des voluptés ?
Ont-elles trempé dans des lunes
Aux étangs de sérénités[2] ?

Ont-elles bu des cieux barbares,
Calmes sur les genoux charmants ?
Ont-elles roulé des cigares
Ou trafiqué des diamants ?

Sur les pieds ardents des Madones
Ont-elles fané des fleurs d'or ?
C'est le sang noir des belladones[3]
Qui dans leur paume éclate et dort.

Mains chasseresses des diptères[4]
Dont bombinent[5] les bleuisons[6]
Aurorales, vers les nectaires[7] ?
Mains décanteuses de poisons ?

Oh ! quel Rêve les a saisies
Dans les pandiculations[8] ?
Un rêve inouï des Asies,
Des Khenghavars[9] ou des Sions ?

---

1. Comme féminin de don Juan, Juana se trouve déjà dans le *Don Juan* de Byron. 2. Les deux premiers vers de cette strophe développent « sombres » du v. 2, les deux suivants « pâles » du v. 3. 3. Un sang mortel comme le suc de la belladone ; mais Rimbaud peut jouer sur le sens étymologique *bella donna* : la belle femme. 4. Insectes à deux ailes. 5. *Bombus* en latin désigne le bourdonnement des abeilles ; « bombinent » signifie donc bourdonnent en volant. 6. Les tons bleus de l'aurore ; *bleuison* est un néologisme. 7. Le nectaire est l'organe de la fleur qui sécrète le nectar. 8. Terme de médecine qui, selon Littré, désigne « un mouvement automatique des bras en haut, avec renversement de la tête et du tronc en arrière, et extension des membres abdominaux ». 9. Ville de Perse ; on dit plutôt Kengawer.

— Ces mains n'ont pas vendu d'oranges,
Ni bruni sur les pieds des dieux :
Ces mains n'ont pas lavé les langes
Des lourds petits enfants sans yeux.

Ce ne sont pas mains de cousine
Ni d'ouvrières aux gros fronts
Que brûle, aux bois puant l'usine,
Un soleil ivre de goudrons.

Ce sont des ployeuses[1] d'échines,
Des mains qui ne font jamais mal,
Plus fatales que des machines,
Plus fortes que tout un cheval !

Remuant comme des fournaises,
Et secouant tous ses frissons
Leur chair chante des Marseillaises
Et jamais les Eleisons[2] !

Ça serrerait vos cous, ô femmes
Mauvaises, ça broierait vos mains,
Femmes nobles, vos mains infâmes
Pleines de blancs et de carmins.

L'éclat de ces mains amoureuses
Tourne le crâne des brebis[3] !
Dans leurs phalanges savoureuses
Le grand soleil met un rubis !

Une tache de populace
Les brunit comme un sein d'hier ;
Le dos de ces Mains est la place
Qu'en baisa tout Révolté fier !

---

1. Sur le manuscrit, de la main de Verlaine : « variante : casseu-
ses ».    2. Opposition entre les chants républicains et les chants d'Église,
entre l'exaltation de l'énergie et l'appel à la pitié.    3. Il faut sans doute
comprendre : de la foule moutonnière.

Elles ont pâli, merveilleuses,
Au grand soleil d'amour chargé,
Sur le bronze des mitrailleuses
À travers Paris insurgé !

Ah ! quelquefois, ô Mains sacrées,
À vos poings, Mains où tremblent nos
Lèvres jamais désenivrées,
Crie une chaîne [1] aux clairs anneaux !

Et c'est un soubresaut étrange
Dans nos êtres, quand, quelquefois,
On veut vous déhâler, Mains d'ange,
En vous faisant saigner les doigts !


## Voyelles


A noir, E [2] blanc, I rouge, U vert, O bleu : voyelles,
Je dirai quelque jour vos naissances latentes [3] :
A, noir corset velu des mouches éclatantes
Qui bombinent [4] autour des puanteurs cruelles,

Golfes d'ombre ; E, candeurs [5] des vapeurs et des tentes,
Lances des glaciers [6] fiers, rois blancs [7], frissons d'ombelles ;
I, pourpres [8], sang craché, rire des lèvres belles
Dans la colère ou les ivresses pénitentes ;

---

**1.** Allusion aux arrestations qui ont suivi la Semaine sanglante ; prisonniers et prisonnières étaient liés main à main par rangs de quatre.    **2.** Rimbaud et Verlaine écrivent cet E comme un epsilon grec. On observera que, dans le manuscrit Verlaine, la ponctuation amène à créer trois séries de voyelles : A et E, I et U ; O.    **3.** Les « réalités en puissance que portent pour ainsi dire les voyelles » (Jean-Bertrand Barrère, « En rêvant aux "Voyelles" », *R.H.L.F.*, avril-juin 1956).    **4.** Voir « Les Mains de Jeanne-Marie », v.18.    **5.** Copie Verlaine : « E, frissons des vapeurs ». Pour éviter la répétition, Rimbaud a corrigé « frissons » (rayé) en « candeurs » sur le manuscrit Blémont. Candeur a ici son sens étymologique de blancheur.    **6.** Copie Verlaine : « Lances des glaçons fiers » ; l'image était plus aisément perceptible.    **7.** Copie Verlaine : « rais blancs » ; la leçon de l'autographe « rois blancs », pourrait évoquer des souverains orientaux.    **8.** Étoffes pourpres (substantif). En revanche, « pourpre » est singulier donc adjectif dans le texte de la copie Verlaine.

U, cycles, vibrements divins des mers virides[1],
Paix des pâtis semés d'animaux, paix des rides
Que l'alchimie imprime aux grands fronts studieux[2] ;

O, suprême Clairon[3] plein des strideurs étranges,
Silences traversés des Mondes et des Anges :
— O l'Oméga[4], rayon violet de Ses Yeux[5] !


## [« *L'étoile a pleuré rose* »...]


L'étoile a pleuré rose au cœur de tes oreilles,
L'infini roulé blanc de ta nuque à tes reins
La mer a perlé rousse à tes mammes vermeilles
Et l'Homme saigné noir à ton flanc souverain.

---

1. Étiemble a fait observer l'étrange fréquence des *i* dans ce vers consacré à U. Mais Y (l'upsilon grec tel qu'on le trouve dans *kuklos*), V en latin (vibrements, divins, virides) sont l'un et l'autre des variantes de U. L'image de l'ondulation évoquée par la forme même de la lettre semble de toute façon l'essentiel.     2. Variante de la copie Verlaine : « Qu'inspira l'alchimie aux doux fronts studieux ».     3. L'O de l'ouverture du clairon, mais aussi l'appel strident. Ce dernier tercet a une résonance nettement apocalyptique.     4. L'O long en grec, et la dernière lettre de l'alphabet (comme le violet est la dernière couleur du prisme). *Cf.* au moment du Jugement dernier dans l'Apocalypse (XXI, 6) : « C'en est fait ! Je suis l'Alpha et l'Omega, le Principe et la Fin ».     5. La majuscule (« Ses Yeux ») n'existe que sur le manuscrit autographe : Verlaine, comme les autres amis de Rimbaud (Pierquin, Delahaye), ne pensait peut-être lui aussi qu'à l'évocation tout humaine d'une « jeune fille aux yeux de violette ».

## Les Douaniers

Ceux qui disent : Cré Nom, ceux qui disent macache [1],
Soldats, marins, débris d'Empire [2], retraités,
Sont nuls, très nuls, devant les Soldats des Traités [3]
Qui tailladent l'azur frontière [4] à grands coups d'hache [5].

Pipe aux dents, lame en main, profonds [6], pas embêtés [7]
Quand l'ombre bave aux bois comme un mufle de vache
Ils s'en vont, amenant leurs dogues à l'attache,
Exercer nuitamment leurs terribles gaîtés !

Ils signalent aux lois modernes les faunesses [8]
Ils empoignent les Fausts et les Diavolos [9]
« Pas de ça, les anciens ! Déposez les ballots ! » [10]

Quand sa sérénité s'approche des jeunesses,
Le Douanier se tient aux appas contrôlés !
Enfer aux Délinquants que sa paume a frôlés !

---

**1.** *Macache* : locution arabe, indiquant le refus. Elle avait été importée par les soldats de la campagne d'Égypte.　　**2.** Débris des armées de l'Empire.　　**3.** Les soldats placés par les Traités à la frontière. De quels traités s'agit-il ? Des deux traités de Paris — 30 mai 1814, 20 novembre 1815 — (hypothèse de J. Mouquet) ? Des traités qui, quelque temps avant la guerre de 1870, ont associé la Bavière, le Wurtemberg et Bade à la Confédération du Nord animée par Bismarck, et que la presse française avait dénoncés comme une cause de guerre (hypothèse de J. Gengoux, plus satisfaisante pour expliquer le v.15 de « À la Musique ») ? Des traités qui ont mis fin à la récente guerre franco-allemande — Versailles, 26 février 1871 ; Francfort, 10 mai 1871 — (hypothèse de S. Bernard) ? La dernière solution paraît la plus naturelle.　　**4.** Glose de J. Gengoux, *op. cit.*, p. 190 : « l'azur qui est du noir, du faux ». Rimbaud souligne plutôt, à notre avis, qu'il est absurde de prévoir d'autre frontière que l'horizon.　　**5.** Incorrection volontaire, peut-être pour imiter le langage des douaniers.　　**6.** Latinisme : dans la profondeur de la nuit, ou de la forêt.　　**7.** Ponctuation du manuscrit. **8.** Celles qui ont choisi la nature comme cadre de leurs ébats amoureux. **9.** Thaumaturges et brigands, jadis promus à la dignité de héros.　　**10.** Le second guillemet manque sur le manuscrit. Nous l'avons restitué.

# Oraison du soir

Je vis assis, tel qu'un ange[1] aux mains d'un barbier,
Empoignant une chope à fortes cannelures,
L'hypogastre[2] et le col cambrés, une Gambier[3]
Aux dents, sous l'air gonflé d'impalpables voilures[4].

Tels que les excréments chauds d'un vieux colombier[5],
Mille Rêves en moi font de douces brûlures :
Puis par instants mon cœur triste est comme un aubier[6]
Qu'ensanglante l'or jeune et sombre des coulures[7].

Puis[8], quand j'ai ravalé mes rêves avec soin,
Je me tourne, ayant bu trente ou quarante chopes,
Et me recueille, pour lâcher l'âcre besoin :

Doux comme le Seigneur du cèdre et des hysopes[9],
Je pisse vers les cieux bruns, très haut et très loin,
Avec l'assentiment des grands héliotropes[10].

---

**1.** Copie Verlaine : « un Ange ». Allusion possible aux longs cheveux de Rimbaud à cette époque. **2.** Usage comique d'un terme pédant pour désigner une partie du corps, ici la partie inférieure du ventre. *Cf.* « Les Assis ». **3.** Une pipe à bon marché. **4.** Les nuages de fumée échappés de la pipe. Copie Verlaine : « sous les cieux gros d'impalpables voilures ». **5.** La colombe est un élément traditionnel de l'imagerie parnassienne. La reprise est volontairement dérisoire. **6.** Le bois blanc qui se trouve entre l'écorce et le cœur de l'arbre. Copie Verlaine : « mon cœur tendre est comme un aubier ». **7.** Écoulement de l'arbre. **8.** Copie Verlaine : « Et » **9.** Dieu, le Seigneur du plus grand et du plus petit. L'hysope figure dans la formule rituelle de l'aspersion : *Lavabis me hysope et mundabor*. En fait, comme l'indiquait Louis Figuier dans cette *Histoire des plantes* que connaissait Rimbaud, l'hysope n'est pas du tout douce, mais amère. « Le *lierre terrestre* et l'*hyssope* [*sic*], qui sont aussi consacrés à l'usage médical, agissent à la fois comme amers et aromatiques ». **10.** *Cf.* « Chant de guerre parisien ».

## Les Sœurs de charité

Le jeune homme dont l'œil est brillant, la peau brune,
Le beau corps de vingt ans[1] qui devrait aller nu,
Et qu'eût, le front cerclé de cuivre, sous la lune
Adoré, dans la Perse un Génie inconnu[2],

Impétueux avec des douceurs virginales
Et noires, fier de ses premiers entêtements,
Pareil aux jeunes mers, pleurs de nuits estivales
Qui se retournent sur des lits de diamants[3] ;

Le jeune homme, devant les laideurs de ce monde
Tressaille dans son cœur largement irrité
Et plein de la blessure éternelle et profonde,
Se prend à désirer sa sœur de charité.

Mais, ô Femme, monceau d'entrailles, pitié douce
Tu n'es jamais la sœur de charité, jamais,
Ni[4] regard noir, ni ventre où dort une ombre rousse,
Ni doigts légers, ni seins splendidement formés

Aveugle irréveillée aux immenses prunelles
Tout notre embrassement n'est qu'une question :
C'est toi qui pends à nous, porteuse de mamelles ;
Nous te berçons, charmante et grave Passion[5].

---

**1.** Si ce jeune homme est Rimbaud lui-même, il se vieillit encore plus que d'habitude.  **2.** Réminiscence possible des *Mille et Une Nuits*.  **3.** L'image, par sa richesse extrême, reste dans la manière parnassienne (S. Bernard a fait le rapprochement avec un poème de Banville, le « Chant d'Orphée », publié dans *Le Parnasse* en 1870). Il convient de rappeler l'importance de la « nuit d'été » dans l'imagination rimbaldienne (jusque dans le « Bottom » des *Illuminations*).  **4.** Construction libre : série de caractéristiques qui semblent continuer « monceau d'entrailles ». On peut comprendre : « pas même avec ton regard noir, etc. »  **5.** Double paradoxe : la porteuse de mamelles est elle-même portée ; la Mère douloureuse qui berce le Christ (*cf.* la Pieta) est elle-même bercée et devient Passion.

Tes haines, tes torpeurs fixes, tes défaillances
Et les brutalités souffertes autrefois
Tu nous rends tout, ô Nuit pourtant sans malveillances
Comme un excès de sang épanché tous les mois [1]

— Quand la femme, portée un instant, l'épouvante [2],
Amour, appel de vie et chanson d'action [3]
Viennent la Muse verte [4] et la Justice ardente [5]
Le déchirer de leur auguste obsession.

Ah ! sans cesse altéré des splendeurs et des calmes,
Délaissé des deux Sœurs implacables [6], geignant
Avec tendresse après la science aux bras almes [7],
Il porte à la nature en fleur son front saignant [8].

Mais la noire alchimie [9] et les saintes études
Répugnent au blessé, sombre savant d'orgueil ;
Il sent marcher sur lui d'atroces solitudes
Alors, et toujours beau, sans dégoût du cercueil,

---

1. On trouvait déjà une allusion au sang menstruel (image obsédante chez Rimbaud) au début de « *Credo in unam* » — dans un tout autre registre.   2. Épouvante le jeune homme ; Rimbaud reprend le fil de son discours, qui a été interrompu par l'invocation des strophes 4, 5 et 6, sorte de parenthèse.   3. Appositions à « Muse verte » et à « Justice ardente », plutôt qu'à « la femme ».   4. L'Espérance. La traduction d'Antoine Adam (l'absinthe) ne nous paraît pas nécessaire.   5. Ardente = rouge. Souvenir possible de Proudhon.   6. Probablement la « Muse verte » et la « Justice ardente ».   7. *Almes* = nourriciers, bienfaisants (*cf. alma mater*). Le mot est cher à Verlaine.   8. Comme le front du Christ.   9. Yves Bonnefoy (*Rimbaud par lui-même*, éd. du Seuil, 1961, pp. 47-48) souligne le mot tout en évitant de lui donner trop d'importance : « faute de pouvoir suivre Baudelaire dans les libres chemins de la subjectivité créatrice, [Rimbaud] s'intéresse aux spéculations qui proposent des moyens plus impersonnels, plus matériels, pour changer le plomb en or. Nul doute qu'il n'ait parcouru dans ces mois quelques livres d'alchimie. Mais s'il est sensible à la métaphore alchimique, il n'a eu ni le temps, ni le goût de s'y engager très avant. Cela est dit sans détour dans « Les Sœurs de charité ».

Qu'il croie aux vastes fins, Rêves ou Promenades
Immenses, à travers les nuits de Vérité
Et t'appelle en son âme et ses membres malades
Ô Mort mystérieuse, ô sœur de charité !

Juin 1871.

## Les Premières Communions

### I

Vraiment, c'est bête, ces églises des villages
Où quinze laids marmots encrassant les piliers
Écoutent, grasseyant les divins babillages,
Un noir[1] grotesque dont fermentent les souliers[2] :
Mais le soleil éveille, à travers des feuillages
Les vieilles couleurs des vitraux irréguliers.

La pierre sent toujours la terre maternelle
Vous verrez des monceaux de ces cailloux terreux
Dans la campagne en rut[3] qui frémit solennelle
Portant près des blés lourds, dans les sentiers ocreux,
Ces arbrisseaux brûlés où bleuit la prunelle[4],
Des nœuds de mûriers noirs et de rosiers fuireux[5].

Tous les cent ans, on rend ces granges respectables
Par un badigeon d'eau bleue et de lait caillé :
Si des mysticités grotesques sont notables
Près de la Notre-Dame ou du Saint empaillé,

---

**1.** Un curé.     **2.** *Cf. Un cœur sous une soutane* : « J'avais chaud, mes pieds brûlaient sous son regard, et nageaient dans la sueur ».     **3.** *Cf.* le début de « Soleil et Chair » : évocation de la seule divinité, la Nature.     **4.** La virgule après « prunelle » ne constitue pas un non-sens, comme le dit A. Adam. « Ces arbrisseaux brûlés où bleuit la prunelle » sont les pruneliers.     **5.** Foireux (c'est-à-dire couverts de bouse de vache ?) : l'explication traditionnelle n'est guère satisfaisante...

Des mouches sentant bon l'auberge et les étables
Se gorgent de cire au plancher ensoleillé.

L'enfant se doit surtout à la maison, famille
Des soins naïfs, des bons travaux abrutissants ;
Ils[1] sortent, oubliant que la peau leur fourmille
Où le Prêtre du Christ plaqua ses doigts puissants.
On paie au Prêtre un toit ombré d'une charmille
Pour qu'il laisse au soleil tous ces fronts brunissants

Le premier habit noir, le plus beau jour de tartes,
Sous le Napoléon ou le petit Tambour[2]
Quelque enluminure où les Josephs et les Marthes
Tirent la langue avec un excessif amour
Et que joindront, au jour de science, deux cartes,
Ces seuls doux souvenirs[3] lui restent du grand Jour.

Les filles vont toujours à l'église, contentes
De s'entendre appeler garces par les garçons
Qui font du genre après messe ou vêpres chantantes.
Eux qui sont destinés au chic des garnisons
Ils narguent au café les maisons importantes
Blousés neuf[4], et gueulant d'effroyables chansons.

Cependant le Curé choisit pour les enfances
Des dessins ; dans son clos, les vêpres dites, quand
L'air s'emplit du lointain nasillement des danses
Il se sent, en dépit des célestes défenses,
Les doigts de pied ravis et le mollet marquant[5] ;

— La Nuit vient, noir pirate aux cieux d'or débarquant[6].

---

1. Ceux qui travaillent, les « fronts brunissants ».     2. Une reproduction du célèbre tableau.     3. Verlaine avait d'abord écrit : « ces deux seuls souvenirs ».     4. Avec des blouses neuves ; emploi adverbial de l'adjectif, très caractéristique du Rimbaud de 1871.     5. Marquant (le rythme).     6. Le vers est nettement détaché sur le manuscrit.

## II

Le Prêtre a distingué parmi les catéchistes[1],
Congrégés[2] des Faubourgs ou des Riches Quartiers[3],
Cette petite fille inconnue, aux yeux tristes,
Front jaune. Les parents semblent de doux portiers.
« Au grand Jour, le marquant parmi les Catéchistes,
Dieu fera sur ce front neiger ses bénitiers[. »]

## III

La veille du grand Jour, l'enfant se fait malade.
Mieux qu'à l'Église haute aux funèbres rumeurs,
D'abord le frisson vient, — le lit n'étant pas fade —
Un frisson surhumain qui retourne : « Je meurs... »

Et, comme un vol d'amour fait à ses sœurs stupides[4],
Elle compte, abattue et les mains sur son cœur,
Les Anges, les Jésus et ses Vierges nitides[5]
Et, calmement, son âme a bu tout son vainqueur.

Adonaï[6] !... — Dans les terminaisons latines,
Des cieux moirés de vert baignent les Fronts[7] vermeils
Et, tachés du sang pur des célestes poitrines
De grands linges neigeux tombent sur les soleils !

— Pour ses virginités présentes et futures
Elle mord aux fraîcheurs de ta Rémission,
Mais plus que les lys d'eau, plus que les confitures
Tes pardons sont glacés, ô reine de Sion[8] !

---

**1.** Ses catéchumènes plutôt ; on notera la répétition du même mot à la rime.   **2.** Rassemblés comme des troupeaux venus de...   **3.** Même opposition entre les pauvres et les dévots des Riches quartiers dans « Les Pauvres à l'église ».   **4.** « Vol » = larcin ; « ses sœurs stupides » : les autres catéchumènes.   **5.** Adjectif formé sur le latin *nitidus* = brillant.   **6.** Nom donné à Dieu dans l'Ancien Testament.   **7.** Du Christ, de la Vierge et des saints.   **8.** L'un des noms sous lesquels la Vierge est invoquée dans les litanies.

IV

Puis la Vierge n'est plus que la vierge du livre
Les mystiques élans se cassent quelquefois...
Et vient la pauvreté des images, que cuivre
L'ennui, l'enluminure atroce et les vieux bois ;

Des curiosités vaguement impudiques
Épouvantent le rêve aux chastes bleuités
Qui s'est surpris autour des célestes tuniques,
Du linge dont Jésus voile ses nudités.

Elle veut, elle veut, pourtant, l'âme en détresse,
Le front dans l'oreiller creusé par les cris sourds
Prolonger les éclairs suprêmes de tendresse,
Et bave... — L'ombre emplit les maisons et les cours.

Et l'enfant ne peut plus. Elle s'agite, cambre
Les reins et d'une main ouvre le rideau bleu
Pour amener un peu la fraîcheur de la chambre.
Sous le drap, vers son ventre et sa poitrine en feu...

V

À son réveil, — minuit, — la fenêtre était blanche.
Devant le sommeil bleu des rideaux illunés[1],
La vision la prit des candeurs du dimanche ;
Elle avait rêvé rouge. Elle saigna du nez,

Et, se sentant bien chaste et pleine de faiblesse
Pour savourer en Dieu son amour revenant
Elle eut soif de la nuit où s'exalte et s'abaisse
Le cœur, sous l'œil des cieux doux, en les devinant ;

---

1. Éclairés par la lune ; le mot se trouve déjà dans « Les Poètes de sept ans ».

De la nuit, Vierge-Mère impalpable, qui baigne
Tous les jeunes émois de ses silences gris,
Elle eut soif de la nuit forte où le cœur qui saigne
Écoule sans témoin sa révolte sans cris.

Et faisant la victime et la petite épouse [1]
Son étoile la vit, une chandelle aux doigts
Descendre dans la cour où séchait une blouse,
Spectre blanc, et lever les spectres noirs des toits.

### VI

Elle passa sa nuit sainte dans des latrines [2].
Vers la chandelle, aux trous du toit coulait l'air blanc,
Et quelque vigne folle aux noirceurs purpurines,
En deçà d'une cour voisine s'écroulant.

La lucarne faisait un cœur de lueur vive.
Dans la cour où les cieux bas plaquaient d'ors vermeils
Les vitres ; les pavés puant l'eau de lessive
Souffraient [3] l'ombre des murs bondés de noirs sommeils

...............................................................................

### VII

Qui dira ces langueurs et ces pitiés immondes,
Et ce qu'il lui viendra de haine, ô sales fous [4]
Dont le travail divin déforme encor les mondes,
Quand la lèpre à la fin mangera ce corps doux ?

...............................................................................

---

**1.** La petite épouse (du Seigneur).     **2.** *Cf.* « Les Poètes de sept ans ».     **3.** Orthographe du manuscrit ; la correction « soufraient » faite par la majorité des éditeurs ne donne pas un sens plus satisfaisant ; au contraire ! Il faut comprendre, à notre avis : « supportaient » l'ombre, toujours pesante chez Rimbaud.     **4.** Les prêtres.

## VIII

Et quand, ayant rentré tous ses nœuds d'hystéries
Elle verra, sous les tristesses du bonheur,
L'amant rêver au blanc million des Maries [1],
Au matin de la nuit d'amour, avec douleur :

« Sais-tu que je t'ai fait mourir ? J'ai pris ta bouche,
Ton cœur, tout ce qu'on a, tout ce que vous avez ;
Et moi, je suis malade : / ah ! je veux qu'on me couche
Parmi les Morts des eaux nocturnes abreuvés !

« J'étais bien jeune ; et Christ a souillé mes haleines
Il me bonda jusqu'à la gorge de dégoûts !
Tu baisais mes cheveux profonds comme les laines
Et je me laissais faire.... ah ! va, c'est bon pour vous,

[« ] Hommes ! qui songez peu que la plus amoureuse
Est, sous sa conscience aux ignobles terreurs
La plus prostituée et la plus douloureuse
Et que tous nos élans vers vous sont des erreurs !

[« ] Car ma Communion première est bien passée
Tes baisers, je ne puis jamais les avoir sus [2] :
Et mon cœur et ma chair par ta chair embrassée
Fourmillent du baiser putride de Jésus ! [ »]

## IX

Alors l'âme pourrie et l'âme désolée
Sentiront ruisseler tes malédictions
— Ils auront couché sur ta Haine inviolée,
Échappés, pour la mort, des justes passions.

---

1. De celles qui sont encore vierges.
les a à l'avance effacés.

2. Parce que le baiser du Christ

Christ ! ô Christ, éternel voleur des énergies
Dieu qui pour deux mille ans vouas à ta pâleur
Cloués au sol, de honte et de céphalalgies [1]
Ou renversés les fronts des femmes de douleur.

Juillet 1871


## Les Chercheuses de poux


Quand le front de l'enfant, plein de rouges tourmentes [2],
Implore l'essaim blanc des rêves indistincts,
Il vient près de son lit deux grandes sœurs charmantes
Avec de frêles doigts aux ongles argentins.

Elles assoient l'enfant devant une croisée [3]
Grande ouverte où l'air bleu baigne un fouillis de fleurs,
Et dans ses lourds cheveux où tombe la rosée
Promènent leurs doigts fins, terribles et charmeurs.

Il écoute chanter leurs haleines craintives
Qui fleurent de longs miels végétaux et rosés,
Et qu'interrompt parfois un sifflement, salives
Reprises sur la lèvre ou désirs de baisers.

Il entend leurs cils noirs battant sous les silences
Parfumés ; et leurs doigts électriques et doux
Font crépiter parmi ses grises indolences
Sous leurs ongles royaux la mort des petits poux.

Voilà que monte en lui le vin de la Paresse,
Soupir d'harmonica qui pourrait délirer ;
L'enfant se sent [4], selon la lenteur des caresses,
Sourdre et mourir sans cesse un désir de pleurer.

---

**1.** Douleurs de tête.     **2.** *Cf.* Dans « Les Sœurs de charité » v. 32 « son front saignant » (ce qui ne signifie pas nécessairement que l'enfant s'est gratté, comme le suggère Suzanne Bernard).     **3.** Correction de Paterne Berrichon, reprise par Bouillane de Lacoste, et d'origine inconnue : « auprès d'une croisée ».     **4.** Sent en lui.

## Paris se repeuple

Ô lâches, la voilà[1] ! Dégorgez dans les gares !
Le soleil essuya de ses poumons ardents
Les boulevards qu'un soir comblèrent les Barbares[2].
Voilà la Cité belle, assise à l'occident !

Allez ! on préviendra les reflux d'incendie,
Voilà les quais ! voilà les boulevards ! voilà
Sur les maisons, l'azur léger qui s'irradie
Et qu'un soir la rougeur des bombes étoila[3] !

Cachez les palais morts[4] dans des niches de planches[5] !
L'ancien jour effaré rafraîchit vos regards.
Voici le troupeau roux des tordeuses de hanches[6] :
Soyez fous, vous serez drôles, étant hagards !

Tas de chiennes en rut mangeant des cataplasmes,
Le cri des maisons d'or vous réclame. Volez !
Mangez ! Voici la nuit de joie aux profonds spasmes
Qui descend dans la rue. Ô buveurs désolés,

Buvez ! Quand la lumière arrive intense et folle,
Fouillant à vos côtés les luxes ruisselants,
Vous n'allez pas baver, sans geste, sans parole,
Dans vos verres, les yeux perdus aux lointains blancs,

Avalez, pour la Reine aux fesses cascadantes !
Écoutez l'action des stupides hoquets
Déchirants ! Écoutez sauter aux nuits ardentes
Les idiots râleux, vieillards[7], pantins, laquais !

---

1. La ville.    2. Les Allemands ; souvenir de la journée du 1ᵉʳ mars 1871 où ils défilèrent dans Paris. Leconte de Lisle leur donne aussi ce nom.    3. Pendant l'attaque de Paris par les Versaillais ; voir le « Chant de guerre Parisien », p. 146.    4. Allusion à la destruction des Tuileries et d'une partie du Louvre au cours de l'incendie qui retomba le 26 mai au soir.    5. Pour les royalistes ils prendront valeur de martyrs, de saints à placer dans une niche.    6. Les prostituées.    7. Allusion possible à l'âge de Thiers : 74 ans.

Ô cœurs de saleté, bouches épouvantables,
Fonctionnez plus fort, bouches de puanteurs !
Un vin pour ces torpeurs ignobles, sur ces tables...
Vos ventres sont fondus de hontes, ô Vainqueurs !

Ouvrez votre narine aux superbes nausées !
Trempez de poisons forts les cordes de vos cous !
Sur vos nuques d'enfants baissant ses mains croisées
Le Poète vous dit : « Ô lâches [1], soyez fous !

Parce que vous fouillez le ventre de la Femme,
Vous craignez d'elle encore une convulsion
Qui crie, asphyxiant votre nichée infâme
Sur sa poitrine, en une horrible pression.

Syphilitiques, fous, rois, pantins, ventriloques,
Qu'est-ce que ça peut faire à la putain Paris,
Vos âmes et vos corps, vos poisons et vos loques ?
Elle se secouera de vous, hargneux pourris !

Et quand vous serez bas, geignant sur vos entrailles,
Les flancs morts, réclamant votre argent, éperdus,
La rouge courtisane aux seins gros de batailles
Loin de votre stupeur tordra ses poings ardus !

Quand tes pieds ont dansé si fort dans les colères,
Paris ! quand tu reçus tant de coups de couteau,
Quand tu gis, retenant dans tes prunelles claires
Un peu de la bonté du fauve renouveau,

Ô cité douloureuse, ô cité quasi morte,
La tête et les deux seins jetés vers l'Avenir
Ouvrant sur ta pâleur ses milliards de portes,
Cité que le Passé sombre pourrait bénir :

Corps remagnétisé pour les énormes peines,
Tu rebois donc la vie effroyable ! tu sens

1. Reprise de l'apostrophe initiale.

Sourdre le flux des vers livides en tes veines,
Et sur ton clair amour rôder les doigts glaçants !

Et ce n'est pas mauvais. Les vers, les vers livides
Ne gêneront pas plus ton souffle de Progrès
Que les Stryx[1] n'éteignaient l'œil des Cariatides[2]
Où des pleurs d'or astral tombaient des bleus degrés.

Quoique ce soit affreux de te revoir couverte
Ainsi ; quoiqu'on n'ait fait jamais d'une cité
Ulcère plus puant à la Nature verte,
Le Poète te dit : « Splendide est ta Beauté ! »

L'orage t'a sacrée suprême poésie ;
L'immense remuement des forces te secourt ;
Ton œuvre bout, la mort gronde, Cité choisie !
Amasse les strideurs au cœur du clairon sourd[3].

Le Poëte prendra le sanglot des Infâmes,
La haine des Forçats, la clameur des Maudits ;
Et ses rayons d'amour flagelleront les Femmes.
Ses strophes bondiront : Voilà ! voilà ! bandits !

— Société, tout est rétabli[4] : — les orgies
Pleurent leur ancien râle aux anciens lupanars :
Et les gaz en délire, aux murailles rougies,
Flambent sinistrement vers les azurs blafards !

---

1. Ou Stryges, sortes de vampires.     2. Souvenir probable du recueil de Banville.     3. Texte de *La Plume*, 15 septembre 1890, meilleur que « clairon lourd » dans l'éd. Vanier de 1895.     4. *Cf.* « L'ordre est rétabli », titre d'une section dans *Les Châtiments* de Victor Hugo, d'après un mot d'ordre de Napoléon III.

## Le Bateau ivre

Comme je descendais des Fleuves impassibles,
Je ne me sentis plus guidé par les haleurs :
Des Peaux-Rouges criards les avaient pris pour cibles
Les ayant cloués nus aux poteaux de couleurs[1].

J'étais insoucieux de tous les équipages,
Porteur de blés flamands ou de cotons anglais.
Quand avec mes haleurs ont fini ces tapages[2]
Les Fleuves m'ont laissé descendre où je voulais[3].

Dans les clapotements furieux des marées
Moi l'autre hiver plus sourd que les cerveaux d'enfants[4],
Je courus ! Et les Péninsules démarrées[5]
N'ont pas subi tohu-bohus plus triomphants.

La tempête a béni mes éveils maritimes.
Plus léger qu'un bouchon j'ai dansé sur les flots
Qu'on appelle rouleurs éternels de victimes,
Dix nuits, sans regretter l'œil niais des falots !

Plus douce qu'aux enfants la chair des pommes sures,
L'eau verte pénétra ma coque de sapin[6]
Et des taches de vins bleus et des vomissures[7]
Me lava, dispersant gouvernail et grappin.

---

1. Chateaubriand avait placé chez les Peaux-Rouges « un poteau de diverses couleurs ».   2. « Avec mes haleurs » = en même temps que mes haleurs. Les tapages sont les cris des Peaux-Rouges (*cf.* le v. 3) plutôt que le chant des haleurs.   3. C'est-à-dire à la mer.   4. *Cf.* l'entêtement de l'enfant dans « Les Poètes de sept ans ».   5. Reprise du mythe ancien de l'île flottante — Délos par exemple. Bouillane de Lacoste a trouvé une source possible de cette expression dans un article du *Magasin pittoresque* intitulé « Promontoire flottant », où il est raconté qu'en 1718 des marins avaient rencontré au large de la côte d'Afrique « une île flottante longue de plusieurs lieues [...]. Il s'élevait de cette île une rumeur formidable (hurlements des fauves) [...]. Le plus intelligent de ces hommes exprima l'opinion que ce pouvait être quelque promontoire séparé tout à coup du continent africain par un tremblement de terre ».   6. Un bois qui pourrit facilement, comme le rappelle Étiemble.   7. *Cf.* « Le Cœur volé ».

Et dès lors, je me suis baigné dans le Poème
De la Mer[1], infusé d'astres, et lactescent[2],
Dévorant les azurs verts[3] ; où[4], flottaison blême
Et ravie[5], un noyé pensif parfois descend ;

Où, teignant tout à coup les bleuités, délires
Et rhythmes lents[6] sous les rutilements du jour,
Plus fortes que l'alcool, plus vastes que nos lyres,
Fermentent les rousseurs amères de l'amour !

Je sais les cieux crevant en éclairs, et les trombes
Et les ressacs et les courants : je sais le soir,
L'Aube exaltée[7] ainsi qu'un peuple de colombes,
Et j'ai vu quelquefois ce que l'homme a cru voir[8] !

J'ai vu le soleil bas, taché d'horreurs[9] mystiques,
Illuminant de longs figements[10] violets,
Pareils à des acteurs de drames très-antiques[11]
Les flots roulant au loin leurs frissons de volets !

J'ai rêvé la nuit verte aux neiges éblouies,
Baiser montant aux yeux des mers avec lenteurs,
La circulation des sèves inouïes,
Et l'éveil jaune et bleu des phosphores chanteurs[12] !

---

**1.** Non plus de lointaines paroles sur la mer, mais la Mer elle-même, la poésie se confondant avec l'épaisseur du monde.     **2.** Prenant une blancheur laiteuse.     **3.** Prenant la teinte des azurs verts comme si la mer les avait absorbés.     **4.** « Où » a pour antécédent « poème ».     **5.** Avec un jeu sur le double sens du mot (enlevé / extasié)     **6.** Tantôt délires tantôt rythmes lents : les deux mots sont en apposition à « rousseurs ».     **7.** Non pas spectacle exaltant (glose de R. Faurisson), mais l'aube prenant son vol vers les hauteurs du ciel.     **8.** L'expression rappelle les Épîtres de saint Paul.     **9.** Au sens latin : frisson sacré.     **10.** *Cf.* Baudelaire : « Le soleil s'est noyé dans son sang qui se fige » (« Harmonie du soir »).     **11.** Izambard faisait ici intervenir le souvenir du *Prométhée* d'Eschyle étudié en classe. Les acteurs antiques sont figés dans une conduite statique.     **12.** « Les *phosphores chanteurs* sont des animalcules nommés *noctiluques*, qui rendent la mer phosphorescente » (S. Bernard).

J'ai suivi, des mois pleins, pareille aux vacheries [1]
Hystériques, la houle à l'assaut des récifs,
Sans songer que les pieds lumineux des Maries [2]
Pussent forcer le mufle aux Océans poussifs !

J'ai heurté, savez-vous, d'incroyables Florides [3]
Mêlant aux fleurs des yeux de panthères à peaux
D'hommes ! Des arcs-en-ciel tendus comme des brides
Sous l'horizon des mers, à de glauques troupeaux [4] !

J'ai vu fermenter les marais énormes, nasses
Où pourrit dans les joncs tout un Léviathan [5] !
Des écroulements d'eaux au milieu des bonaces [6],
Et les lointains vers les gouffres cataractant [7] !

Glaciers, soleils d'argent, flots nacreux [8], cieux de braises !
Échouages hideux au fond des golfes bruns
Où les serpents géants dévorés des punaises
Choient [9], des arbres tordus, avec de noirs parfums !

---

1. « Mufle », à la fin de la strophe, viendra expliquer cette expression surprenante. Enid Starkie y a vu une réminiscence d'un conte d'Edgar Poe, *Une descente dans le Maelstrom*, où le bruit de la tempête est comparé à celui d'un troupeau de buffles sauvages.        2. Plusieurs explications ingénieuses, aucune pleinement convaincante pour ce mot. Négation en tout cas d'un prétendu pouvoir surnaturel supérieur à la puissance des flots. « Sans songer que » = sans se soucier un seul instant du fait que.        3. L'une des « péninsules démarrées » dont il était question au v. 10.        4. Syntaxe assez incertaine ; E. Noulet incline à souligner le parallélisme des constructions, renforcé par la ponctuation.        5. Monstre biblique, dans le Livre de Job et le Psaume 104. C'est aussi le nom que donnait Hugo, dans « Pleine mer », à un sept mâts énorme construit à Londres.        6. Au moment même où la mer paraissait parfaitement calme.        7. S'écroulant comme des cataractes.        8. Couleur de nacre (néologisme).        9. Un savant voyageur, Louis Merlet, expliquait à Izambard, à propos de ces vers : « Les infiniment petits, en Guyane et sous les tropiques en général, s'attaquent non seulement aux charognes, mais aux animaux vivants (serpents inclus). Les boas, trigonocéphales, etc., en sont couverts — du moins, c'est ce que j'ai appris en forêt vierge. Les reptiles n'en ont cure. Ils plongent dans la vase ou les rivières, et c'est tout » (G. Izambard, *Rimbaud tel que je l'ai connu*, p. 199).

J'aurais voulu montrer aux enfants ces dorades
Du flot bleu, ces poissons d'or, ces poissons chantants.
— Des écumes de fleurs ont bercé mes dérades [1]
Et d'ineffables vents m'ont ailé [2] par instants.

Parfois, martyr [3] lassé des pôles et des zones,
La mer dont le sanglot faisait mon roulis doux
Montait vers moi ses fleurs d'ombre aux ventouses jaunes
Et je restais, ainsi qu'une femme à genoux...

Presque île [4], ballottant sur mes bords les querelles
Et les fientes d'oiseaux clabaudeurs aux yeux blonds
Et je voguais, lorsqu'à travers mes liens frêles [5]
Des noyés descendaient dormir, à reculons !...

Or moi, bateau perdu sous les cheveux des anses [6],
Jeté par l'ouragan dans l'éther sans oiseau,
Moi dont les Monitors [7] et les voiliers des Hanses [8]
N'auraient pas repêché la carcasse ivre d'eau ;

Libre, fumant, monté de brumes violettes [9],
Moi qui trouais le ciel rougeoyant comme un mur
Qui porte, confiture exquise aux bons poëtes [10],
Des lichens de soleil et des morves d'azur,

---

1. Mot formé sur « dérader » = quitter la rade.   2. M'ont soulevé comme si j'avais des ailes.   3. On peut mettre *martyr* en apposition à *moi* (A. Adam) ; on peut aussi, et c'est plus naturel, mettre le mot en apposition à *mer* ; d'où son *sanglot*, et le geste de prosternation du bateau (« Et je restais, ainsi qu'une femme à genoux »).   4. L'orthographe « presqu'île » est fautive. Le bateau est presque une île, et les oiseaux vont venir s'y poser.   5. Il s'agit moins des cordages (Bouillane de Lacoste) que des « fleurs d'ombre aux ventouses jaunes », des algues qui ont essayé de le retenir.   6. La végétation luxuriante des petites baies.   7. Navires cuirassés servant de garde-côtes.   8. Ligues de marchands, en particulier ligue des ports de la Baltique (villes hanséatiques).   9. Seul équipage désormais admis...   10. Le terme est ironique ; Rimbaud se moque de clichés (le soleil, l'azur) auquel il donne une forme inattendue.

Qui courais, taché de lunules électriques[1],
Planche folle, escorté des hippocampes noirs,
Quand les juillets faisaient crouler à coups de triques
Les cieux ultramarins aux ardents entonnoirs[2] ;

Moi qui tremblais, sentant geindre à cinquante lieues
Le rut des Béhémots[3] et les Maelstroms épais,
Fileur éternel des immobilités bleues,
Je regrette l'Europe aux anciens parapets !

J'ai vu des archipels sidéraux ! et des îles
Dont les cieux délirants sont ouverts au vogueur :
— Est-ce en ces nuits sans fonds que tu dors et t'exiles,
Million d'oiseaux d'or, ô future Vigueur[4] ? —

Mais, vrai, j'ai trop pleuré ! Les aubes sont navrantes.
Toute lune est atroce et tout soleil amer :
L'âcre amour m'a gonflé de torpeurs enivrantes.
Ô que ma quille éclate ! Ô que j'aille à la mer[5] !

Si je désire une eau d'Europe, c'est la flache[6]
Noire et froide où vers le crépuscule embaumé
Un enfant accroupi plein de tristesses, lâche
Un bateau frêle comme un papillon de mai.

Je ne puis plus, baigné de vos langueurs, ô lames,
Enlever leur sillage aux porteurs de cotons,
Ni traverser l'orgueil des drapeaux et des flammes[7],
Ni nager sous les yeux horribles des pontons[8].

---

1. Comme le Nautilus de Jules Verne.    2. *Cf.* le conte de Poe *Une descente dans le Maelstrom*, où le Maelstrom est décrit comme « un terrible entonnoir » (traduction de Baudelaire).    3. Monstre biblique du Livre de Job.    4. Objet de la quête du bateau, de tous ceux qui croient dans le Progrès.    5. Que je coule.    6. « Mare d'eau dans un bois dont le sol est argileux » (Littré). Les flaches sont particulièrement nombreuses en Belgique et dans le nord de la France.    7. Prendre leur place sur mer aux navires porteurs de cotons (*cf.* v. 6).    8. Pour Delahaye, il s'agit des navires où l'on gardait les déportés.

# LES DÉSERTS DE L'AMOUR

## Avertissement

Ces écritures-ci sont d'un jeune, tout jeune *homme*[1], dont la vie s'est développée n'importe où ; sans mère[2], sans pays, insoucieux de tout ce qu'on connaît[3], fuyant toute force morale, comme furent déjà plusieurs pitoyables jeunes hommes[4]. Mais, lui, si ennuyé et si troublé, qu'il ne fit que s'amener à la mort[5] comme à une pudeur terrible et fatale. N'ayant pas aimé de femmes[6], — quoique plein de sang ! — il eut son âme et son cœur, toute sa force, élevés en des erreurs étranges et tristes[7]. Des rêves suivants, — ses amours ! — qui lui vinrent dans ses lits ou dans les rues, et de leur suite et de leur fin, de douces considérations religieuses se dégagent — peut-être se rappellera-t-on le som-

---

1. Deux sujets d'étonnement : Rimbaud d'ordinaire préfère se vieillir ; il souligne le mot *homme*.    2. Négation qui semble bien l'expression suprême de la rancune contre la « mother ».    3. M.-A. Ruff fait observer que le tour rappelle « Le Bateau ivre » : « insoucieux de tous les équipages ».    4. Allusion à Jean-Jacques Rousseau, selon Delahaye ; on pense plutôt aux « enfant[s] du siècle », à commencer par ce Musset qu'abomine Rimbaud.    5. *Cf.* « Alchimie du verbe » : « J'étais mûr pour le trépas ».    6. *Cf.* « Délires I » : « Il dit : *Je n'aime pas les femmes* ».    7. Aveu et regret de son homosexualité ? Cette interprétation courante est refusée par M.-A. Ruff (*op. cit.*, pp. 142-143). De fait, il est question d'« âme » et de « cœur ». Nous verrions là plutôt une allusion à la « sale éducation d'enfance ».

meil continu des Mahométans légendaires[1], — braves pourtant et circoncis ! Mais, cette bizarre souffrance possédant une autorité inquiétante, il faut sincèrement désirer que cette Âme, égarée parmi nous tous, et qui veut la mort, ce semble, rencontre en cet instant-là des consolations sérieuses et soit digne.

A. Rimbaud

## Les Déserts de l'amour

C'est, certes, la même campagne. La même maison rustique de mes parents : la salle même où les dessus de portes[2] sont des bergeries roussies, avec des armes et des lions[3]. Au dîner, il y a[4] un salon avec des bougies et des vins et des boiseries rustiques. La table à manger est très-grande. Les servantes ! Elles étaient plusieurs, autant que je m'en suis

---

1. S. Bernard rapproche cette allusion de ce que disait Michelet de la secte des Haschischins au tome 2 de son *Histoire de France* : les membres de cette secte, fondée en Perse au XIᵉ siècle, devaient accomplir des assassinats et « pour leur inspirer ce courage furieux, le chef les fascinait par des breuvages enivrants, les portait endormis dans des lieux de délices, et leur persuadait ensuite qu'ils avaient goûté les prémices du paradis promis aux hommes dévoués ». Voir sur cette question le livre de Salah Stétié, *Rimbaud, le huitième dormant*, Fata Morgana, 1993, en particulier le chapitre intitulé « *Voici le temps des assassins* » S. Stétié est d'ailleurs très sensible à ces *Déserts de l'amour*, texte qu'il juge « particulièrement révélateur », car « la vision s'y déroule et s'y développe en séquences contrastées et cependant fluides, comme sous quelque dictée venue d'ailleurs, avec des interrogations, des métamorphoses et des télescopages qui font partie du mécanisme le plus évident du rêve tel qu'on peut l'analyser cliniquement » (p. 91).    2. *Cf.* « Alchimie du verbe » : « J'aimais les peintures idiotes, dessus de portes ».    3. Une demeure rustique, mais aristocratique, où il est vain de chercher, avec Delahaye, la maison familiale de Rimbaud : on songe à la « haute tour », aux « châteaux », à la « vieille cour d'honneur » qui apparaissent dans les poèmes de l'année de 1872 et à cette vie de « gentilhomme d'une campagne aigre » que se prête Rimbaud dans l'une des *Illuminations*.    4. Apparition du tour qui se multipliera dans « Enfance » III (*Illuminations*), tour lâche, l'enchaînement libre du rêve.

souvenu. — Il y avait là un de mes jeunes amis anciens, prêtre et vêtu en prêtre maintenant[1] : c'était pour être plus libre. Je me souviens de sa chambre de pourpre, à vitres de papier jaune : et ses livres, cachés, qui avaient trempé dans l'océan !

Moi j'étais abandonné, dans cette maison de campagne sans fin[2] : lisant dans la cuisine, séchant la boue de mes habits devant les hôtes, aux[3] conversations du salon : ému jusqu'à la mort par le murmure du lait du matin et de la nuit du siècle dernier[4].

J'étais dans une chambre très sombre : que faisais-je ? Une servante vint près de moi : je puis dire que c'était un petit chien[5] : quoiqu'elle fût belle, et d'une noblesse maternelle[6] inexprimable pour moi : pure, connue, toute charmante ! Elle me pinça le bras.

Je ne me rappelle même plus bien sa figure : ce n'est pas pour me rappeler son bras, dont je roulai la peau dans mes deux doigts ; ni sa bouche, que la mienne saisit comme une petite vague désespérée, minant sans fin quelque chose. Je la renversai dans une corbeille de coussins et de toiles de navire, en un coin noir. Je ne me rappelle plus que son pantalon à dentelles blanches.

Puis, ô désespoir ! la cloison devint vaguement l'ombre[7] des arbres, et je me suis abîmé sous la tristesse amoureuse de la nuit.

---

**1.** Selon Delahaye, cet ex-condisciple séminariste aurait réellement existé, ainsi que *la chambre de pourpre*. Il prêtait des livres à Rimbaud. **2.** Pour ce déploiement à l'infini, *cf.* « Michel et Christine » : « cent Solognes longues comme un railway » ; et aussi « Métropolitain » dans les *Illuminations*. **3.** Comme on sèche ses vêtements au feu... **4.** Le premier paragraphe s'achevait sur un prodigieux élargissement spatial ; le second s'achève sur un prodigieux élargissement temporel. **5.** Métamorphose (*cf.* « Alchimie du verbe », dans *Une saison en enfer* : « cette famille est une nichée de chiens ») ? Ou plutôt expression d'une servitude totale (*cf.* Helena à Demetrius dans *Le Songe d'une nuit d'été* : « I am your spaniel »). **6.** Elle remplace la mère absente, ou abolie, de l'Avertissement. **7.** Même abolition de la clôture, même transformation dans « Bottom » (*Illuminations*) : « Tout se fit ombre [...] ».

## Les Déserts de l'amour

Cette fois, c'est la Femme que j'ai vue dans la Ville, et à qui j'ai parlé et qui me parle.

J'étais dans une chambre sans lumière. On vint me dire qu'elle était chez moi : et je la vis dans mon lit, toute à moi, sans lumière ! Je fus très ému, et beaucoup parce que c'était la maison de famille : aussi une détresse me prit ! J'étais en haillons, moi, et elle, mondaine qui se donnait : il lui fallait s'en aller ! Une détresse sans nom, je la pris, et la laissai tomber hors du lit, presque nue ; et, dans ma faiblesse indicible, je tombai sur elle et me traînai avec elle parmi les tapis sans lumière[1] ! La lampe de la famille rougissait l'une après l'autre les chambres voisines. Alors, la femme disparut. Je versai plus de larmes que Dieu n'en a jamais pu demander.

Je sortis dans la ville sans fin[2]. Ô fatigue ! Noyé dans la nuit sourde et dans la fuite du bonheur. C'était comme une nuit d'hiver, avec une neige pour étouffer le monde décidément. Les amis, auxquels je criais : où reste-t-elle, répondaient faussement. Je fus devant les vitrages de là où elle va tous les soirs : je courais dans un jardin enseveli. On m'a repoussé. Je pleurais énormément, à tout cela. Enfin, je suis descendu dans un lieu plein de poussière, et, assis sur des charpentes, j'ai laissé finir toutes les larmes de mon corps avec cette nuit. — Et mon épuisement me revenait pourtant toujours.

J'ai compris qu'elle était à sa vie de tous les jours ; et que le tour de bonté serait plus long à se reproduire qu'une étoile. Elle n'est pas revenue, et ne reviendra jamais, l'Adorable qui s'était rendue chez moi, — ce que je n'aurais jamais présumé. Vrai, cette fois j'ai pleuré[3] plus que tous les enfants du monde.

---

1. « Sans lumière » apparaît pour la troisième fois dans ce rêve ; on peut opposer ces tapis sans lumière aux « lampes et [aux] tapis de la veillée » dans les *Illuminations* (« Veillées » III).     2. Après la maison de campagne sans fin, ou la campagne sans fin, la ville sans fin.     3. *Cf.* « Le Bateau ivre » : « Mais vrai, j'ai trop pleuré ».

## [DE *L'ALBUM ZUTIQUE*]

### L'Idole
#### sonnet du Trou du Cul

Obscur et froncé comme un œillet violet
Il respire, humblement tapi parmi la mousse
Humide encor d'amour qui suit la fuite douce
Des Fesses blanches jusqu'au cœur de son ourlet.

Des filaments pareils à des larmes de lait
Ont pleuré, sous le vent cruel qui les repousse,
À travers de petits caillots de marne rousse
Pour s'aller perdre où la pente les appelait.

Mon Rêve s'aboucha souvent à sa ventouse ;
Mon âme, du coït matériel jalouse,
En fit son larmier[1] fauve et son nid de sanglots.

C'est l'olive pâmée, et la flûte câline ;
C'est le tube où descend la céleste praline :
Chanaan féminin dans les moiteurs enclos !

Albert Mérat
P.V. — A.R.

---

1. *Larmier* = angle de l'œil dans lequel se forment les larmes.

## Lys

Ô balançoirs[1] ! ô lys ! clysopompes[2] d'argent !
Dédaigneux des travaux, dédaigneux des famines[3] !
L'Aurore vous emplit d'un amour détergent[4] !
Une douceur de ciel beurre vos étamines !

Armand Silvestre
A. R.

## Les lèvres closes.

### Vu à Rome

Il est, à Rome, à la Sixtine,
Couverte d'emblèmes chrétiens,
Une cassette écarlatine[5]
Où sèchent des nez fort anciens :

Nez d'ascètes de Thébaïde,
Nez de chanoines du Saint Graal
Où se figea la nuit livide,
Et l'ancien plain-chant sépulcral.

Dans leur sécheresse mystique,
Tous les matins, on introduit
De l'immondice schismatique
Qu'en poudre fine on a réduit.

Léon Dierx
A.R.

---

**1.** *Sic* dans le manuscrit. Pascal Pia corrige en « balançoire ». **2.** Tubes en caoutchouc utilisés pour administrer des lavements. **3.** Allusion au lys comme symbole de la monarchie. **4.** Au sens médical, détergent = qui lave les intestins. **5.** De couleur écarlate. Littré considère que ce mot — remplacé par « scarlatine » — n'est plus usité.

## Fête galante

*Rêveur*, Scapin
Gratte un lapin
Sous sa capote.

Colombina,
— Que l'on pina ! —
— Do, mi, — tapote

L'œil du lapin
Qui tôt, tapin,
Est en ribote...

Paul Verlaine
A.R.

J'occupais un wagon de troisième : un vieux prêtre
Sortit un brûle-gueule et mit à la fenêtre,
Vers les brises, son front très calme aux poils pâlis.
Puis ce chrétien, bravant les brocards [1] impolis,
S'étant tourné, me fit la demande énergique
Et triste en même temps d'une petite chique
De caporal [2], — ayant été l'aumônier chef
D'un rejeton royal [3] condamné derechef —
Pour malaxer l'ennui d'un tunnel, sombre veine
Qui s'offre aux voyageurs, près Soissons, ville d'Aisne.

---

1. L'orthographe du manuscrit, « brocarts », est fautive. Nous corrigeons.    2. De tabac ; voir « Le Cœur volé », p. 184.    3. Allusion controversée : ce rejeton royal est-il le fils du roi Louis et de la reine Hortense (Pascal Pia) ou Napoléon III lui-même (S. Bernard) ?

Je préfère sans doute, au printemps, la guinguette[1]
Où des marronniers nains bourgeonne la baguette,
Vers la prairie étroite et communale, au mois
De mai. Des jeunes chiens rabroués bien des fois
Viennent près des Buveurs triturer des jacinthes
De plate-bande. Et c'est, jusqu'aux soirs d'hyacinthe,
Sur la table d'ardoise où, l'an dix-sept cent vingt
Un diacre grava son sobriquet latin
Maigre comme une prose à des vitraux d'église
La toux des flacons noirs qui jamais ne les grise.

François Coppée
A.R.

L'Humanité chaussait le vaste enfant Progrès.

Louis-Xavier de Ricard
A.Rimbaud

## Conneries

| I. Jeune goinfre. | II. Paris. |
|---|---|
| Casquette | Al. Godillot, Gambier, |
| De moire, | Galopeau, Volf-Pleyel, |
| Quéquette | — Ô Robinets ! — Menier, |
| D'ivoire | — Ô Christs ! — Leperdriel[2] ! |

---

**1.** *Cf.* Coppée, *Promenades et intérieurs*, n° VII. « Vous en rirez. Mais j'ai toujours trouvé touchants/ Les couples de pioupious qui s'en vont par les champs,/ Côte à côte, épluchant l'écorce des baguettes/ Qu'ils prirent aux bosquets des prochaines guinguettes ». **2.** Ce premier quatrain rassemble les noms de commerçants à la mode : Alexis Godillot, fabricant de grosses chaussures, dont les ateliers étaient sis rue Rochechouart ; Gambier, fabricant de pipes (et de la pipe préférée de Rimbaud ; voir la lettre à Delahaye de juin

| | |
|---|---|
| Toilette | Kinck, Jacob, Bonbonnel ! |
| Très noire, | Veuillot, Tropmann, Augier ! |
| Paul[1] guette | Gill, Mendès, Manuel, |
| L'armoire, | Guido Gonin ! — Panier[2] |
| | |
| Projette | Des Grâces ! L'Hérissé[3] ! |
| Languette | Cirages onctueux ! |
| Sur poire, | Pains vieux, spiritueux ! |
| | |
| S'apprête | Aveugles ! — puis, qui sait ? — |
| Baguette, | Sergents de ville, Enghiens |
| Et foire. | Chez soi[4] ! — Soyons chrétiens ! |

A.R.                                      A.R.

---

1872), 20, rue de l'Arbre-sec ; Galopeau, pédicure et manucure, boulevard de Strasbourg ; Wolff (telle est la bonne orthographe) et Pleyel, maison de pianos, rue Rochechouart et rue Richelieu ; Menier, le fabricant de chocolat, rue Sainte-Croix-de-la-Bretonnerie ; Le Perdriel, même rue, fabricant de bas contre les varices. Curieux Paris où l'on peut vendre indistinctement des robinets et des Christs !
**1.** Sans doute Paul Verlaine.      **2.** La liste est plus confuse dans ce second quatrain. On y trouve le meurtrier Troppman (bonne orthographe) — guillotiné le 19 janvier 1870 — et sa victime l'Alsacien Jean Kinck ; un célèbre guérisseur, le Zouave Jacob (à moins qu'il ne s'agisse d'un autre fabricant de pipes...) ; Charles-Laurent Bombonnel (bonne orthographe), le chasseur de panthères ; le journaliste catholique Louis Veuillot ; le dramaturge Émile Augier ; le caricaturiste André Gill (dont Rimbaud avait été l'hôte au début de l'année 1871) ; le poète Catulle Mendès ; un autre poète, auteur des *Poésies populaires* (1871) et parodié à l'occasion dans l'*Album zutique*, Eugène Manuel. Guido Gonin n'a pu être identifié. Son nom se retrouve dans un autre poème de l'*Album zutique*, « Épilogue » (signé F. Coppée et dû à Léon Valade), associé à celui de la maison Caussinus spécialisée dans la métallisation du plâtre des statues et objets divers.
**3.** Hérissé (Al. Hérissé sur les affiches) était chapelier boulevard de Sébastopol. Il était connu sous le nom de l'Hérissé par suite d'une mauvaise coupure et aussi parce que sa publicité présentait une tête aux cheveux hérissés sur laquelle allait se poser un chapeau.      **4.** « Enghien chez soi », telle était la réclame pour l'eau d'Enghien vendue en bouteilles (pour les gargarismes), ou en bonbonnes (pour les bains chez soi), ou encore sous forme de pastilles. Voir la reproduction de l'image publicitaire dans le livre de Steve Murphy, qui contient aussi de nombreuses informations éclairant les poèmes de l'*Album zutique*, *Rimbaud et la ménagerie impériale*, Éditions du CNRS, Presses Universitaires de Lyon, 1991, figure 28.

## Conneries 2<sup>eme</sup> série

### I. Cocher ivre

Pouacre [1]
Boit :
Nacre
Voit ;

Acre
Loi,
Fiacre
Choit !

Femme
Tombe :
Lombe

Saigne :
— Clame !
Geigne.

A.R.

## Vieux de la vieille !

Aux paysans de l'empereur !
À l'empereur des paysans !
Au fils de Mars
Au glorieux 18 mars !
Où le Ciel d'Eugénie [2] a béni les entrailles !

---

1. Mot archaïque. Il peut avoir le sens de podagre.     2. L'impératrice
Eugénie de Montijo. Inversion cocasse, à des fins parodiques. Louis, le
prince impérial, était né en réalité le 16 mars 1856.

## État de siège ?

Le pauvre postillon, sous le dais de fer blanc
Chauffant une engelure énorme sous son gant,
Suit son lourd omnibus parmi la rive gauche,
Et de son aine en flamme écarte la sacoche.
Et tandis que, douce ombre où des gendarmes sont,
L'honnête intérieur regarde au ciel profond
La lune se bercer parmi la verte ouate,
Malgré l'édit et l'heure encore délicate,
Et que l'omnibus rentre à l'Odéon[1] impur
Le débauché glapit au carrefour obscur !

François Coppée
A.R.

## Le Balai

C'est un humble balai de chiendent, trop dur
Pour une chambre ou pour la peinture d'un mur.
L'usage en est navrant et ne vaut pas qu'on rie.
Racine prise à quelque ancienne prairie
Son crin inerte sèche : et son manche a blanchi.
Tel un bois d'île à la canicule rougi.
La cordelette semble une tresse gelée.
J'aime de cet objet la saveur désolée
Et j'en voudrais laver tes larges bords de lait,
Ô Lune où l'esprit de nos Sœurs mortes se plaît.

F. C.

---

1. L'Odéon, terminus d'une des trente lignes d'omnibus.

## Exil

..................................................................

Que l'on s'intéressa souvent, mon cher Conneau !.....
Plus qu'à l'Oncle Vainqueur[1], au Petit Ramponneau[2] !..
Que tout honnête instinct sort du Peuple débile !....
Hélas ! ! Et qui a fait tourner mal notre bile[3] !....
Et qu'il nous sied déjà de pousser le verrou
Au Vent que les enfants nomment Bari-barou !...

..................................................................

Fragment d'une épître en vers de Napoléon III, 1871

## L'Angelot maudit

Toits bleuâtres et portes blanches
Comme en de nocturnes dimanches,

Au bout de la ville sans bruit
La Rue est blanche, et c'est la nuit.

La Rue a des maisons étranges
Avec des persiennes d'Anges.

Mais, vers une borne, voici
Accourir, mauvais et transi,

Un noir Angelot qui titube
Ayant trop mangé de jujube.

---

**1.** Napoléon Ier, sans doute. **2.** Napoléon III lui-même ? Le type de Ramponneau (1724-1802), cabaretier de la Courtille, puis de la Grand' Pinte, au XVIIIe siècle, était devenu populaire. **3.** La leçon *votre bile*, qui figure dans certaines éditions, est erronée.

Il fait caca : puis disparaît :
Mais son caca maudit paraît,

Sous la lune sainte qui vaque
De sang sale un léger cloaque !

Louis Ratisbonne.
A. Rimbaud

Les soirs d'été, sous l'œil ardent des devantures
Quand la sève frémit sous les grilles obscures
Irradiant au pied des grêles marronniers,
Hors de ces groupes noirs, joyeux ou casaniers,
Suceurs du brûle-gueule ou baiseurs du cigare,
Dans le kiosque [1] mi-pierre étroit où je m'égare,
— Tandis qu'en haut rougeoie une annonce d'*Ibled* [2], —
Je songe que l'hiver figera le Filet
D'eau propre qui bruit, apaisant l'onde humaine,
— Et que l'âpre aquilon n'épargne aucune veine.

François Coppée
A. Rimbaud

Aux livres de chevet, livres de l'art serein,
Obermann [3] et Genlis [4], Ver-vert [5] et le Lutrin [6],
Blasé de nouveauté grisâtre et saugrenue,
J'espère, la vieillesse étant enfin venue,
Ajouter le Traité du Docteur Venetti [7].

---

　　**1.** Une vespasienne.　　**2.** Marque de chocolat.　　**3.** Le roman de Senancour.　　**4.** Les romans de Madame de Genlis (1746-1830), *Adèle et Théodore* (1782), *Mademoiselle de Clermont* (1802), etc. étaient volontiers moralisants.　　**5.** Le poème de Gresset (1734), qui raconte l'histoire d'un perroquet chez les nonnes.　　**6.** Le célèbre poème de Boileau, dont Rimbaud écolier avait fait ses délices, si l'on en croit Delahaye.　　**7.** En fait, Nicolas Venette, médecin rochelais du XVIIe siècle, auteur d'un traité *De la génération de l'homme ou Tableau de l'Amour conjugal*.

Je saurai, revenu du public abêti,
Goûter le charme ancien des dessins nécessaires.
Écrivain et graveur ont doré les misères
Sexuelles : et c'est, n'est-ce pas, cordial :
Dr Venetti, Traité de l'Amour conjugal.

F. Coppée
A.R.

## Hypotyposes[1] saturniennes, ex Belmontet

———

Quel est donc ce mystère impénétrable et sombre ?
Pourquoi, sans projeter leur voile blanche, sombre
    Tout jeune esquif royal gréé ?

———

Renversons la douleur de nos lacrymatoires. ————

———

...............

    L'amour veut vivre aux dépens de sa sœur,

—

    L'amitié vit aux dépens de son frère.

...............

Le spectre, qu'à peine on révère,
N'est que la croix d'un grand calvaire
Sur le volcan des nations !

———

...............

Oh ! l'honneur ruisselait sur ta mâle moustache.

Belmontet, archétype Parnassien

———

1. Pierre Fontaine, au début du XIXe siècle, définissait cette figure comme propre à « peindre les choses d'une manière si vive et si énergique qu'elle les met en quelque sorte sous les yeux ». Sur Louis Belmontet, voir p. 155, n. 3.

## Les Remembrances du vieillard idiot

Pardon, mon père !
                 Jeune, aux foires de campagne,
Je cherchais, non le tir banal où tout coup gagne,
Mais l'endroit plein de cris où les ânes, le flanc
Fatigué, déployaient ce long tube sanglant
Que je ne comprends pas encore !...

                        Et puis ma mère,
Dont la chemise avait une senteur amère
Quoique fripée au bas et jaune comme un fruit,
Ma mère qui montait au lit avec un bruit
— Fils du travail pourtant, — ma mère, avec sa cuisse
De femme mûre, avec ses reins très gros où plisse
Le linge, me donna ces chaleurs que l'on tait !...

Une honte plus crue et plus calme, c'était
Quand ma petite sœur, au retour de la classe,
Ayant usé longtemps ses sabots sur la glace,
Pissait, et regardait s'échapper de sa lèvre
D'en bas serrée et rose, un fil d'urine mièvre !...

Ô pardon !
           Je songeais à mon père parfois :
Le soir, le jeu de carte et les mots plus grivois,
Le voisin, et moi qu'on écartait, choses vues...
— Car un père est troublant ! — et les choses conçues !...
Son genou, câlineur parfois ; son pantalon
Dont mon doigt désirait ouvrir la fente,... — oh ! non ! —
Pour avoir le bout, gros, noir et dur, de mon père,
Dont la pileuse main me berçait !...
                       Je veux taire
Le pot, l'assiette à manche, entrevue au grenier,
Les almanachs couverts en rouge, et le panier
De charpie, et la Bible, et les lieux, et la bonne,
La Sainte-Vierge et le crucifix...
                      Oh ! personne

Ne fut si fréquemment troublé, comme étonné !
Et maintenant, que le pardon me soit donné :
Puisque les sens infects m'ont mis de leurs victimes,
Je me confesse de l'aveu des jeunes crimes !...

.......................................................................................

Puis ! — qu'il me soit permis de parler au Seigneur !
Pourquoi la puberté tardive et le malheur
Du gland tenace et trop consulté ? Pourquoi l'ombre
Si lente au bas du ventre ? et ces terreurs sans nombre
Comblant toujours la joie ainsi qu'un gravier noir ?

— Moi j'ai toujours été stupéfait. Quoi savoir ?
.......................................................................................
Pardonné ?...
                Reprenez la chancelière bleue,
Mon père.
         Ô cette enfance !

.......................................................................................
..............................— et tirons-nous la queue !

François Coppée.
A.R.

## Ressouvenir

Cette année[1] où naquit le Prince impérial
Me laisse un souvenir largement cordial
D'un Paris limpide où des N[2] d'or et de neige
Aux grilles du palais, aux gradins du manège,
Éclatent, tricolorement enrubannés.
Dans le remous public des grands chapeaux fanés,

---

1. 1856. Rimbaud est son aîné d'un an et demi. Mais Coppée, né en 1842, pourrait se souvenir de l'annonce officielle de cette naissance. **2.** Initiale de Napoléon.

Des chauds gilets à fleurs, des vieilles redingotes,
Et des chants d'ouvriers anciens dans les gargotes,
Sur des châles jonchés l'Empereur marche, noir
Et propre, avec la Sainte espagnole [1], le soir.

François Coppée

1. L'Impératrice Eugénie.

# [EN MARGE DE L'ANNÉE 1871]

## « *Qu'est-ce pour nous, mon cœur...* »

Qu'est-ce pour nous, mon cœur, que les nappes de sang
Et de braise[1], et mille meurtres, et les longs cris
De rage, sanglots de tout enfer renversant
Tout ordre ; et l'Aquilon[2] encor sur les débris

Et toute vengeance ? Rien !... — Mais si, tout encor,
Nous la[3] voulons ! Industriels, princes, sénats,
Périssez ! Puissance, justice, histoire, à bas !
Ça nous est dû. Le sang ! le sang ! la flamme d'or !

Tout à la guerre, à la vengeance, à la terreur,
Mon Esprit[4] ! Tournons dans la Morsure : Ah ! passez,
Républiques de ce monde ! Des empereurs,
Des régiments, des colons, des peuples, assez !

Qui remuerait les tourbillons de feu furieux,
Que[5] nous et ceux que nous nous imaginons frères ?
À nous ! Romanesques amis : ça va nous plaire.
Jamais nous ne travaillerons[6], ô flots de feux !

Europe, Asie, Amérique, disparaissez.
Notre marche vengeresse a tout occupé[7],
Cités et campagnes ! — Nous serons écrasés !

---

**1.** *Cf.* « Barbare », dans les *Illuminations*. **2.** Vent du Nord, tradition-
nellement considéré comme un vent violent. **3.** La vengeance. **4.** *Cf.*
« Michel et Christine » v. 13. **5.** Sinon. **6.** Refus du travail maintes
fois exprimé par Rimbaud en 1871, mais aussi en 1873. **7.** *Cf.* « Démo-
cratie ».

Les volcans sauteront ! et l'océan frappé...

Oh ! mes amis ! — mon cœur, c'est sûr, ils sont des frères :
Noirs inconnus, si nous allions ! allons ! allons !
Ô malheur ! je me sens frémir, la vieille terre,
Sur moi de plus en plus à vous ! la terre fond,

Ce n'est rien : j'y suis ; j'y suis toujours [1].

---

1. Fin du rêve. Cette dernière ligne n'a pas à être considérée comme un vers.

# III.

## POÈMES DU PRINTEMPS
## ET DE L'ÉTÉ 1872

## Larme

Loin des oiseaux [1], des troupeaux, des villageoises,
Je buvais, accroupi [2] dans quelque bruyère
Entourée de tendres bois de noisetiers,
Par un brouillard d'après-midi tiède et vert.

Que pouvais-je boire dans cette jeune Oise [3],
Ormeaux sans voix [4], gazon sans fleurs, ciel couvert.
Que tirais-je à la gourde de colocase [5] ?
Quelque liqueur d'or, fade et qui fait suer [6].

Tel, j'eusse été mauvaise enseigne d'auberge [7].
Puis l'orage [8] changea le ciel, jusqu'au soir.
Ce furent des pays noirs, des lacs [9], des perches,
Des colonnades sous la nuit bleue [10], des gares.

---

1. Indice, chez Rimbaud, d'une solitude totale. *Cf.* dans « Enfance » le passage de la section III (« Au bois il y a un oiseau ») à la section IV (« Que les oiseaux et les sources sont loin ! »).    2. Variante du manuscrit Bérès : « Je buvais à genoux dans quelque bruyère ».    3. L'Oise peu après sa source.    4. Parce que les oiseaux sont loin, ou se sont tus. Ce silence, l'absence de fleurs, le ciel couvert (*cf.* « Les brumes s'assemblent », dans « Enfance » V) autant de signes d'une approche de la fin du monde dans les *Illuminations*.    5. Plante tropicale (*arum colocasia*) dont il est tout à fait impossible de faire une gourde. Rimbaud choisit le mot pour sa sonorité, et peut-être aussi pour sa valeur symbolique (naissance d'un monde nouveau), parce qu'il l'a trouvé dans la *Quatrième Églogue* de Virgile.    6. La définition convient admirablement pour la bière ; mais la bière devient ici une merveilleuse « liqueur d'or » : telles sont les vertus de l'« alchimie du verbe ».    7. Retour à un motif de l'automne 1870.    8. Orage qui a été annoncé par le « ciel couvert » du v. 6.    9. « des lacs » est omis dans le manuscrit Bérès.    10. Couleur complémentaire du noir chez Rim-

L'eau des bois se perdait sur des sables vierges
Le vent, du ciel, jetait des glaçons aux mares[1]...
Or[2] tel qu'un pêcheur d'or ou de coquillages,
Dire que je n'ai pas eu souci de boire !

Mai 1872



## La Rivière de Cassis


La Rivière de Cassis roule ignorée
    En[3] des vaux étranges :
La voix de cent corbeaux[4] l'accompagne, vraie
    Et bonne voix d'anges :
Avec les grands mouvements des sapinaies[5]
    Quand plusieurs vents plongent.

Tout roule avec des mystères révoltants
    De campagnes[6] d'anciens temps ;
De donjons visités[7], de parcs importants[8] :
    C'est en ces bords qu'on entend
Les passions mortes de chevaliers errants[9] :
    Mais que salubre est le vent !

---

baud ; *cf.* « au trot des grandes juments bleues et noires » dans « Ornières »
(*Illuminations*).
    **1.** Évocation de la grêle, avec une transformation apocalyptique.    **2.** Il
s'agit de la conjonction de coordination (corrigée en « et » sur le manuscrit
Bérès) : jeu de mots ? répétition involontaire ? L'insistance sur le mot et
sur le son *or* dans le poème souligne le motif alchimique.    **3.** La variante
du manuscrit Bérès : *À*, indique une direction.    **4.** *Cf.* « Les Corbeaux »,
pp. 260-261 où ils sont opposés aux « fauvettes de mai ».    **5.** Pour « sapi-
nières » : le mot a été forgé par Rimbaud d'après « saulaie », « hêtraie »,
etc.    **6.** Le mot peut avoir le sens de « campagnes militaires » que lui
prêtait Bouillane de Lacoste. Rimbaud joue sur le mot.    **7.** Le donjon de
Bouillon, par exemple.    **8.** *Cf.* le parc dans « Enfance » II et surtout les
bosquets proliférants dans « Métropolitain » (*Illuminations*).    **9.** Gode-
froy de Bouillon, les quatre fils Aymon, etc.

Que le piéton regarde à ces clairevoies[1] :
    Il ira plus courageux.
Soldats des forêts que le Seigneur envoie,
    Chers corbeaux délicieux[2] !
Faites fuir d'ici le paysan matois[3]
    Qui trinque d'un moignon vieux.

Mai 1872.

## Comédie de la Soif[4]

### 1. Les Parents[5].

Nous sommes tes Grand-Parents[6]
    Les Grands !
Couverts des froides sueurs
De la lune et des verdures[7].
Nos vins secs avaient du cœur[8] !
Au soleil sans imposture
Que faut-il à l'homme ? boire.

Moi — Mourir aux fleuves barbares.

---

**1.** Orthographe du manuscrit.     **2.** *Cf.* le v. 6 des « Corbeaux » : « Les chers corbeaux délicieux ».     **3.** Habituellement méprisé par Rimbaud ; *cf.* « Mauvais sang » (*Une saison en enfer*) et la lettre à Delahaye de mai 1873.     **4.** Manuscrit Bérès : pas de titre ; manuscrit Ronald Davis : « Enfer de la soif ».     **5.** Pas de sous-titres dans le manuscrit Bérès. **6.** Les grands-parents maternels, les Cuif, gros propriétaires de la Basse-Ardenne. Au vers suivant, Rimbaud joue sur le mot.     **7.** La variante du manuscrit Bérès, « De la terre et des verdures », indique plus clairement encore que ces grands-parents sont morts et enterrés. *Cf.* « Enfance » II dans les *Illuminations* : « Les vieux qu'on a enterrés tout droits dans le rempart aux giroflées ».     **8.** Reprise parodique de l'expression : un vin a du corps. Mais il y a un autre jeu de mots sur « avoir le cœur sec ».

Nous sommes tes Grand-Parents
     Des champs.
L'eau est au fond des osiers :
Vois le courant du fossé
Autour du Château mouillé.
Descendons en nos celliers ;
Après, le cidre et le lait[1].

Moi — Aller où boivent les vaches[2]

Nous sommes tes Grand-Parents ;
     Tiens, prends
Les liqueurs dans nos armoires
Le Thé, le Café, si rares[3],
Frémissent dans les bouilloires.
— Vois les images, les fleurs.
Nous rentrons du cimetière.

Moi — Ah ! tarir toutes les urnes[4] !


## 2. L'esprit[5].

Éternelles Ondines[6]
     Divisez l'eau fine.
Vénus, sœur de l'azur,
     Émeus le flot pur[7].

---

   **1.** La ponctuation du manuscrit Bérès : « Après le cidre, ou le lait » est la plus satisfaisante.   **2.** Commentaire sarcastique de la proposition précédente.   **3.** Bouillane de Lacoste glose : « Si rares sur la table des gens de la campagne ». Mais on peut penser à l'époque du Blocus continental où seuls les gens riches pouvaient se procurer le café et le thé introuvables.   **4.** Y compris les urnes funéraires ; cri de révolte contre le sot respect des ancêtres et des rites funèbres qui étouffent les vivants.   **5.** Le sous-titre du manuscrit Ronald Davis, « De l'esprit », a quelque chose de docte.   **6.** Évoquées par Aloysius Bertrand dans *Gaspard de la nuit*. Cf. « l'ondine niaise » dans « Métropolitain » *(Illuminations)* : imagerie traditionnelle refusée par Rimbaud.   **7.** Autre image traditionnelle : la naissance de Vénus anadyomène. Rimbaud a illustré, puis parodié ce motif mythologique, qu'il refuse ici, en même temps que les autres.

Juifs errants de Norwège
  Dites-moi la neige[1].
Anciens exilés chers[2],
  Dites-moi la mer.

Moi — Non, plus ces boissons pures,
  Ces fleurs d'eau pour verres[3]
Légendes ni figures
  Ne me désaltèrent

Chansonnier, ta filleule
  C'est ma soif si folle[4]
Hydre[5] intime sans gueules
  Qui mine et désole.

### 3. Les amis[6]

Viens, les vins vont aux plages,
Et les flots par millions !
Vois le Bitter[7] sauvage
Rouler du haut des monts !

Gagnons, pèlerins sages
L'absinthe aux verts piliers[8]...

---

1. Mythe fréquemment illustré à l'époque du Romantisme. Baudelaire l'évoquait encore dans « Le Voyage ».   2. Allusion plus vague à d'autres légendes, celle du Hollandais volant, par exemple.   3. L'expression est péjorative, diminutive.   4. Rimbaud accuse les « bons poètes » (tout au plus des « chansonniers ») de n'avoir fait qu'aviver sa soif.   5. Contrairement à l'hydre de Lerne, aux cent gueules (avec un jeu de mots sur *hydre* = l'eau, et un autre trait contre les légendes). Manuscrits Bérès et R. Davis : « sans gueule ».   6. Rimbaud s'en montre déjà singulièrement distant.   7. Apéritif que consommaient volontiers Verlaine et ses amis.   8. Première rédaction : « L'ivresse » ; correction : « L'absinthe ». Comme le vin prend les proportions de la mer, le Bitter celles d'un torrent impétueux, l'absinthe devient une cathédrale. Transformation de « l'Académie d'Absomphe » (voir la lettre à Delahaye de juin 1872). Rimbaud joue peut-être aussi avec le mot piliers (de cabaret).

Moi — Plus ces paysages.
Qu'est l'ivresse, Amis ?

J'aime autant, mieux, même,
Pourrir dans l'étang,
Sous l'affreuse crème[1],
Près des bois flottants.


### 4. Le pauvre songe

Peut-être un Soir m'attend
Où je boirai tranquille
En quelque vieille[2] Ville,
Et mourrai plus content :
Puisque je suis patient !

Si mon mal se résigne
Si j'ai jamais quelque or[3]
Choisirai-je le Nord
Ou le Pays des Vignes[4] ?...
— Ah songer est indigne

Puisque c'est pure perte !
Et si je redeviens
Le voyageur ancien
Jamais l'auberge verte[5]
Ne peut bien m'être ouverte.

---

1. « Le dépôt qui se forme à la surface des eaux stagnantes » (S. Bernard). 2. Serait-ce Charleville retrouvée ? 3. L'obsession reviendra dans *Une saison en enfer*. 4. Le Midi. 5. *Cf.* le « Cabaret-Vert », où Rimbaud s'était arrêté en octobre 1870 (voir p. 133). Mais ce vert paradis des havres enfantins ne saurait revenir, car il est vain d'espérer le retour au passé.

### 5. Conclusion

Les pigeons qui tremblent dans la prairie
Le gibier, qui court et qui voit la nuit,
Les bêtes des eaux, la bête asservie,
Les derniers papillons [1] !... ont soif aussi.

Mais fondre où fond ce nuage sans guide,
— Oh ! favorisé de ce qui est frais !
Expirer en ces violettes humides
Dont les aurores chargent ces forêts ?

Mai 1872

## Bonne pensée du matin

À quatre heures du matin, l'été,
Le sommeil d'amour dure encore.
Sous [2] les bosquets l'aube évapore
    L'odeur du soir fêté [3].

Mais [4] là-bas dans l'immense chantier
Vers le soleil des Hespérides [5],
En bras de chemise, les charpentiers
    Déjà s'agitent.

Dans leur désert [6] de mousse, tranquilles,
Ils préparent les lambris précieux
Où la richesse de la ville
    Rira sous de faux cieux [7].

---

1. Les moindres des papillons.    2. Correction *dans / sous* dans l'autre manuscrit.    3. Le soir, domaine des fêtards.    4. Variante *or* dans l'autre manuscrit ; correction *Or/ Mais* dans celui-ci.    5. Raccourci : le soleil est comme l'une des pommes d'or du jardin des Hespérides.    6. Variante de l'autre manuscrit : *dans leurs déserts*.    7. Peints sur les riches plafonds.

Ah ! [1] pour ces Ouvriers charmants
Sujets d'un roi de Babylone [2],
Vénus ! laisse un peu les Amants,
    Dont l'âme est en couronne [3].


Ô Reine des Bergers [4] !
Porte aux travailleurs l'eau-de-vie [5],
Pour que leurs forces soient en paix
En attendant le bain dans la mer [6], à midi.


Mai 1872


## FÊTES DE LA PATIENCE

## 1. Bannières de mai

Aux branches claires des tilleuls
Meurt un maladif hallali [7].
Mais des chansons spirituelles
Voltigent parmi les groseilles.
Que notre sang rie en nos veines,
Voici s'enchevêtrer les vignes.
Le ciel est joli comme un ange
L'azur et l'onde communient [8].

---

**1.** Variante de l'autre manuscrit : *Ô*.     **2.** Allusion aux grands travaux que firent exécuter les rois de Babylone Sargon et Nabuchodonosor II. Par extension, « roi de Babylone » peut désigner tout instigateur d'une construction gigantesque.     **3.** À rapprocher du vers 2 : la béatitude prolongée des amants-rois est opposée à celle des ouvriers-sujets.     **4.** Allusion probable au mythe de Pâris qui, alors qu'il était berger, remit à Vénus le prix de la beauté. Mais l'expression est formée sur le patron des épithètes liturgiques de la Vierge.     **5.** Qui leur tiendra lieu de ce « pain de vie » dont il est parlé dans l'Évangile.     **6.** Peut-être le bain de Vénus anadyomène (voir p. 104).     **7.** Le motif apparaissait déjà dans « Ophélie ». Sa banalité peut surprendre ; mais précisément il « meurt », il s'abolit, comme les motifs légendaires auxquels Rimbaud renonce dans « Comédie de la soif ». De plus, les mots s'appellent par le son (« maladif hallali »).     **8.** Le vocabulaire religieux « communient », et plus haut « ange » indique assez quel sens il convient de donner à « spirituelles » au v.3.

Je sors. Si un rayon me blesse
Je succomberai sur la mousse.

Qu'on patiente et qu'on s'ennuie
C'est trop simple. Fi de mes peines.
Je veux que l'été dramatique
Me lie à son char de fortune[1].
Que par toi beaucoup, ô Nature,
— Ah moins seul et moins nul ! — je meure[2].
Au lieu que les Bergers, c'est drôle,
Meurent à peu près par le monde.

Je veux bien que les saisons m'usent.
À toi, Nature, je me rends ;
Et ma faim et toute ma soif[3].
Et, s'il te plaît, nourris, abreuve.
Rien de rien ne m'illusionne ;
C'est rire aux parents, qu'au soleil[4],
Mais moi je ne veux rire à rien ;
Et libre[5] soit cette infortune.

Mai 1872

1. Son char de triomphateur.   2. Parallélisme de construction (« par toi, [...] Nature » / « par le monde ») qui souligne un paradoxe. « Bergers » est sans majuscule sur le manuscrit Grolleau.   3. La ponctuation est plus naturelle sur le manuscrit Grolleau.   4. Pas de virgule après « parents » sur le manuscrit Grolleau. Le sens reste le même : « Car c'est rire aux parents que de rire au soleil » (car c'est accepter la vie qu'ils vous ont donnée ?).   5. « Libre, c'est-à-dire délibérée. Infortune acceptée parce qu'elle est le prix d'un renouveau » (M.-A. Ruff, *op. cit.*, p. 134).

## 2. Chanson de la plus haute Tour.

Oisive jeunesse [1]
À tout asservie,
Par délicatesse [2]
J'ai perdu ma vie.
Ah ! Que le temps vienne
Où les cœurs s'éprennent [3].

Je me suis dit : laisse,
Et qu'on ne te voie :
Et sans la promesse
De plus hautes joies.
Que rien ne t'arrête
Auguste retraite [4].

J'ai tant fait patience
Qu'à jamais j'oublie ;
Craintes et souffrances
Aux cieux sont parties.
Et la soif malsaine
Obscurcit mes veines [5].

Ainsi la Prairie
À l'oubli livrée,
Grandie, et fleurie
D'encens et d'ivraies
Au bourdon farouche
De cent sales mouches [6].

---

**1.** *Cf.* « Alchimie du verbe » : « J'étais oisif, en proie à une lourde fiè-
vre ».     **2.** Selon Delahaye, la « délicatesse » qui a poussé Rimbaud à ren-
trer à Charleville pour laisser une chance au ménage de Verlaine.
Interprétation biographique réductrice. Il s'agit plus largement de la délica-
tesse qui l'a empêché de secouer tous les jougs.     **3.** Izambard a indiqué
que Rimbaud avait dû se souvenir du vieux refrain qu'il avait entendu
fredonner : « Avène, avène,/ Que le beau temps t'amène ». Le refrain sera
mis en valeur dans la troisième version, celle d'« Alchimie du verbe », dans
*Une saison en enfer*.     **4.** C'est-à-dire la plus haute tour où l'asservi est
enfermé, symbole de toutes les servitudes qu'il a acceptées.     **5.** *Cf.* « Co-

Ah ! Mille veuvages
De la si pauvre âme
Qui n'a que l'image
De la Notre-Dame !
Est-ce que l'on prie
La Vierge Marie[1] ?

Oisive jeunesse
À tout asservie
Par délicatesse
J'ai perdu ma vie.
Ah ! Que le temps vienne
Où les cœurs s'éprennent !

Mai 1872

## 3. L'Éternité

Elle est retrouvée.
Quoi ? — L'Éternité.
C'est la mer allée
Avec le soleil[2]

---

médie de la soif ». Cette strophe 3 devient la strophe 4 dans l'autre version. **6.** Strophe 5 dans l'autre version. *Bourdon* = bourdonnement. Construction : « À l'oubli livrée, [...] au bourdon ».
**1.** Strophe 3 dans l'autre version avec la variante « Ô, mille veuvages ». Pour M.-A. Ruff, ces « mille veuvages » sont « les illusions qu'il emportait avec lui » (à Paris, où la chanson aurait été écrite) et « la Notre-Dame pourrait être Notre-Dame de Paris, à laquelle le poète n'accorde qu'une fonction d'image ». Détails sans doute inutiles : Rimbaud met en place une imagerie, celle du prisonnier de la tour, qui n'a pour recours que l'image de la Vierge. **2.** *Cf.* « Bannières de mai » : « L'azur et l'onde communient ». Et voir le commentaire de Jean-Pierre Richard dans *Poésie et profondeur*, éd. du Seuil, 1955, p. 217 : « l'union des termes sensibles, eau et feu, ne se sépare pas du mouvement qui les attire l'un *vers* l'autre, et qui les pousse en même temps, l'un *avec* l'autre, vers un autre espace et un autre temps, vers une autre substance, une et ambiguë, l'eau du feu ».

Âme sentinelle[1],
Murmurons l'aveu
De la nuit si nulle[2]
Et du jour en feu.

Des humains suffrages,
Des communs élans
Là tu te dégages
Et voles selon[3].

Puisque de vous seules,
Braises de satin[4],
Le Devoir s'exhale
Sans qu'on dise : enfin[5].

Là pas d'espérance,
Nul orietur[6].
Science avec patience,
Le supplice est sûr.

Elle est retrouvée.
Quoi ? — L'éternité.
C'est la mer allée
Avec le soleil.

Mai 1872

---

**1.** Comme si elle était toujours sur la « plus haute tour ».    **2.** La nuit se trouve annulée au profit de la lumière solaire retrouvée dans toute sa pureté, dans tout son éclat. *Cf.* « Alchimie du verbe » : « j'écartai du ciel l'azur, qui est du noir ».    **3.** Variante du manuscrit Bérès : « Tu voles selon ». Dans les deux cas, l'expression est elliptique et ambiguë.    **4.** Expression saisissante pour décrire l'éclat du soleil et de la mer mêlés. Variante Bérès : « De votre ardeur seule / Braises de satin ».    **5.** Puisque le temps est aboli et que « la mer allée / Avec le soleil », c'est l'éternité.    **6.** Variante Bérès : « Jamais l'espérance ; Pas d'orietur ». L. Forestier traduit : « pas d'aube » (*orior* = se lever). Mais la connotation religieuse ne saurait être éludée ; cf. Malachie, IV, 20 : *Et orietur vobis timentibus nomen meum sol justitiae* (« et le soleil de la justice se lèvera pour vous qui craignez mon nom »). Tout terme, tout futur perd sa signification quand le temps est aboli.

## 4. Âge d'or

Quelqu'une des voix
Toujours angélique[1]
— Il s'agit de moi, —
Vertement s'explique[2] :

Ces mille questions
Qui se ramifient
N'amènent, au fond,
Qu'ivresse et folie[3] ;

Reconnais ce tour
Si gai, si facile :
Ce n'est qu'onde, flore[4],
Et c'est ta famille !

Puis elle chante. Ô
Si gai, si facile,
Et visible à l'œil nu...
— Je chante avec elle, —

Reconnais ce tour
Si gai, si facile,
Ce n'est qu'onde, flore,
Et c'est ta famille !.. etc....[4]

---

**1.** Variante du manuscrit Bérès : « Est-elle angélique ! »    **2.** Il nous paraît difficile d'accepter ici le commentaire d'Yves Bonnefoy : « les voix ne parlent-elles pas *vertement*, comme si alchimiquement elles se transformaient en la qualité d'être vert ; ne sont-elles pas *onde, flore*, le plus fluide réel se donnant dans ces *e* muets de pure lumière, comme s'ouvrent les formes dans les aquarelles ultimes de Cézanne ? » (*Rimbaud par lui-même*, pp. 70-71). S. Bernard voit plutôt dans cet adverbe une annonce de la réprimande qui suit (éd. cit., p. 438).    **3.** Renonçant aux « mille questions », aux ratiocinations qui ne conduisent qu'à la folie, le voyant opte pour « ce tour / Si gai, si facile » : « vivre étincelle d'or de la lumière *nature* », être frère de l'*onde* et de la *flore*.    **4.** Variante du manuscrit Bérès : « C'est tout onde et flore ». En face de cette strophe : *Terque quaterque* (« trois et quatre fois »).

Et puis une voix
— Est-elle angélique ! —
Il s'agit de moi,
Vertement s'explique ;

Et chante à l'instant
En sœur des haleines[1] :
D'un ton Allemand[2],
Mais ardente et pleine :

Le monde est vicieux[3] ;
Si cela t'étonne[4] !
Vis et laisse au feu
L'obscure infortune.

Ô ! joli château[5] !
Que ta vie est claire !
De quel Âge es-tu
Nature princière
De notre grand frère[6] ? etc....,

Je chante aussi, moi :
Multiples sœurs ! Voix
Pas du tout publiques !
Environnez-moi
De gloire pudique[7]. etc...

Juin[8] 1872

---

**1.** Des haleines (du monde). **2.** Ton dont se moquait Rimbaud durant l'occupation (témoignage de Delahaye). Il peut songer aussi à l'opéra allemand. **3.** L'expression est ambiguë : condamnation du monde vicieux (au nom d'un idéalisme qui rappellerait l'idéalisme allemand) ; mais aussi : le monde est vicieux comme le cercle ; il ramène donc à l'âge d'or. **4.** Variante du manuscrit Bérès : « Tu dis ? tu t'étonnes ? » **5.** Imagerie proche de celle des poèmes précédents (la tour, l'âme sentinelle). **6.** En face de cette strophe, dans le manuscrit Bérès : *pluries* (« plusieurs fois »). **7.** En face de cette strophe, *ibid.* : *indesinenter* (« indéfiniment, sans jamais s'arrêter »). Les deux derniers vers sont intervertis. **8.** Manuscrit Richepin : « mai » a été rayé ; correction : « juin ».

## Jeune ménage

La chambre est ouverte au ciel bleu-turquin[1] ;
Pas de place : des coffrets et des huches !
Dehors le mur est plein d'aristoloches
Où vibrent les gencives des lutins.

Que ce sont bien intrigues de génies
Cette dépense et ces désordres vains !
C'est la fée africaine qui fournit
La mûre, et les résilles dans les coins.

Plusieurs[2] entrent, marraines mécontentes,
En pans de lumière dans les buffets,
Puis y restent ! le ménage s'absente
Peu sérieusement[3], et rien ne se fait.

Le marié a le vent qui le floue[4]
Pendant son absence, ici, tout le temps.
Même des esprits des eaux, malfaisants[5]
Entrent vaguer[6] aux sphères de l'alcôve.

La nuit, l'amie oh ! la lune de miel[7]
Cueillera leur sourire et remplira
De mille bandeaux de cuivre le ciel.
Puis ils auront affaire au malin rat.

---

**1.** Bleu tirant sur l'ardoise (mais Rimbaud a pu vouloir dire bleu tur-quoise).     **2.** Plusieurs (fées). Elles jouent traditionnellement le rôle de marraines, bienfaisantes ou malfaisantes, dans les contes de fées (par exem-ple dans *La Belle au bois dormant*).     **3.** Ce qui peut vouloir dire qu'il ne s'absente pas « pour de vrai ».     **4.** Qui le trompe : le vent, lui aussi, entre en intrus dans la pièce.     **5.** Première rédaction : « Même des fantômes des eaux, errants ». La correction, en surcharge, est d'une tout autre encre.     **6.** Errer.     **7.** Jeu de mots : lune / lune de miel.

— S'il n'arrive pas un feu follet blême,
Comme un coup de fusil, après des vêpres[1].
— Ô Spectres saints et blancs de Bethléem,
Charmez plutôt le bleu de leur fenêtre[2] !

A. Rimbaud
27 juin 72.

## [Lettre à Ernest Delahaye de juin 1872]

Parmerde[3]. Jumphe[4] 72.

Mon ami,

Oui, surprenante est l'existence dans le cosmorama
Arduan[5]. La province, où on se nourrit de farineux et de
boue, où l'on boit du vin du cru et de la bière du pays, ce
n'est pas ce que [je] regrette. Aussi tu as raison de la dénon-
cer sans cesse. Mais ce lieu-ci : distillation, composition,
tout étroitesses : et l'été accablant : la chaleur n'est pas très
constante, mais de voir que le beau temps est dans les inté-
rêts de chacun, et que chacun est un porc, je hais l'été, qui
me tue quand il se manifeste un peu. J'ai une soif à craindre
la gangrène : les rivières ardennaises et belges, les caver-
nes[6], voilà ce que je regrette.

Il y a bien ici un lieu de boisson que je préfère. Vive
l'académie d'Absomphe[7], malgré la mauvaise volonté des

---

1. Aussi inattendu qu'un coup de fusil après les vêpres. Ce feu follet
blême introduit la pensée de la mort, qui ruinerait le bonheur du cou-
ple.   2. Exercez plutôt votre charme, votre puissance (maléfique plutôt
que bénéfique), sur le bleu de leur fenêtre.   3. Paris.   4. Juin.
5. Cosmorama ardennais. Littré définit *cosmorama* comme une « espèce
d'optique où l'on voit des tableaux représentant les principales villes ou
vues du monde ».   6. *Cf.* « Vagabonds », dans les *Illumina-*

garçons[1] ! C'est le plus délicat et le plus tremblant des habits, que l'ivresse par la vertu de cette sauge de glaciers, l'absomphe ! Mais pour, après, se coucher dans la merde !

Toujours même geinte[2], quoi ! Ce qu'il y a de certain, c'est merde à Perrin[3]. Et au comptoir de l'Univers[4], qu'il soit en face du square ou non. Je ne maudis pas l'Univers, pourtant. — Je souhaite très fort que l'Ardenne soit occupée et pressurée de plus en plus immodérément. Mais tout cela est encore ordinaire.

Le sérieux, c'est qu'il faut que tu te tourmentes beaucoup, peut-être que tu aurais raison de beaucoup marcher et lire. Raison en tout cas de ne pas te confiner dans les bureaux et maisons de famille. Les abrutissements doivent s'exécuter loin de ces lieux-là. Je suis loin de vendre du baume, mais je crois que les habitudes n'offrent pas des consolations, aux pitoyables jours.

Maintenant, c'est la nuit que je travaince[5]. De minuit à cinq du matin. Le mois passé, ma chambre, rue Monsieur-le-Prince, donnait sur un jardin du lycée Saint-Louis. Il y avait des arbres énormes sous ma fenêtre étroite. À trois heures du matin, la bougie pâlit : tous les oiseaux crient à la fois dans les arbres : c'est fini. Plus de travail. Il me fallait regarder les arbres, le ciel, saisis par cette heure indicible, première du matin[6]. Je voyais les dortoirs du lycée, absolument sourds. Et déjà le bruit saccadé, sonore, délicieux des tombereaux sur les boulevards. — Je fumais ma pipe-marteau, en crachant sur les tuiles, car c'était une mansarde, ma chambre. À cinq heures, je descendais à l'achat de quelque pain ; c'est l'heure. Les ouvriers sont en marche partout. C'est l'heure de se soûler chez les marchands de vin, pour

---

*tions.* **7.** L'Académie d'absinthe ; il s'agit du débit du « distillateur » Prosper Pellerier, sis au 176 de la rue Saint-Jacques.

**1.** Qui devaient repousser Rimbaud en raison de son jeune âge, ou le mettre à la porte quand il était ivre. **2.** Les mêmes gémissements. **3.** Le successeur d'Izambard ; après avoir démissionné de ses fonctions d'enseignant, il était devenu le directeur du journal *Le Nord-Est* en juillet 1871. Rimbaud lui en voulait d'avoir refusé les poèmes qu'il lui avait envoyés. **4.** Le café de l'Univers, à Charleville. **5.** Que je travaille. **6.** *Cf.* « Bonne pensée du matin ».

moi. Je rentrais manger, et me couchais à sept heures du matin, quand le soleil faisait sortir les cloportes[1] de dessous les tuiles. Le premier matin en été, et les soirs de décembre, voilà ce qui m'a ravi toujours ici.

Mais, en ce moment, j'ai une chambre jolie, sur une cour sans fond, mais de trois mètres carrés. — La rue Victor Cousin fait coin sur la place de la Sorbonne par le café du Bas-Rhin, et donne sur la rue Soufflot, à l'autre extrémité. — Là je bois de l'eau toute la nuit, je ne vois pas le matin, je ne dors pas, j'étouffe. Et voilà.

Il sera certes fait droit à ta réclamation ! N'oublie pas de chier sur *La Renaissance*, journal littéraire et artistique[2], si tu le rencontres. J'ai évité jusqu'ici les pestes d'émigrés caropolmerdés[3]. Et merde aux saisons. Et colrage[4].

Courage.

A. R.
Rue Victor-Cousin, Hôtel de Cluny.

[BRUXELLES, JUILLET-AOÛT 1872]

Est-elle almée[5] ?... aux premières heures bleues[6]
Se détruira-t-elle comme les fleurs feues[7]...
Devant la splendide étendue où l'on sente[8]
Souffler la ville énormément florissante !

---

1. Peut-être aussi les Parisiens ordinaires, qui sont comme des cloportes.   2. *La Renaissance littéraire et artistique*, revue dirigée par Émile Blémont, l'un des « Vilains Bonshommes ».   3. Carolopolitains.   4. Courage.   5. Danseuse orientale.   6. Les premières heures du matin.   7. Les fleurs défuntes.   8. Le subjonctif n'est pas là seulement pour la rime ; il arrache la proposition au réel : c'est un vœu, l'appel lancé à une ville énorme et florissante qui fait penser tant aux « splendides villes » désirées à la fin d'*Une saison en enfer* qu'à celles qui seront magiquement créées dans les *Illuminations*.

C'est trop beau ! c'est trop beau ! mais c'est nécessaire
— Pour la Pêcheuse et la chanson du Corsaire,
Et aussi puisque les derniers masques[1] crurent
Encore aux fêtes de nuit sur la mer pure !

Juillet 1872

## « Plates-bandes d'amarantes... »

Juillet.<br>Bruxelles, Boulevard[2] du Régent.

Plates-bandes d'amarantes[3] jusqu'à
L'agréable palais de Jupiter[4].
— Je sais que c'est Toi[5] qui, dans ces lieux,
Mêles ton Bleu presque de Sahara !

Puis, comme rose et sapin du soleil
Et liane ont ici leurs jeux enclos,
Cage de la petite veuve !...
                    Quelles
Troupes d'oiseaux, ô ia io, ia io[6] !...

---

1. Parmi les « fantasmagories » de « Métropolitain » (*Illuminations*) on trouvera « ces masques enluminés sous la lanterne fouettée par la nuit froide ». Ceux qui sont les derniers à quitter la fête en prolongent le souvenir. 2. Orthographe de Rimbaud : boulevart. 3. Fleur pourpre, qui chez les Anciens était le symbole de l'immortalité. 4. Le Palais Royal de Bruxelles, selon Delahaye. Mais il convient de pas oublier le climat mythologique : l'accès à l'Olympe, à Jupiter, à l'immortalité des dieux. 5. Le Boulevard, — auquel le poète s'adressera sur le mode du *tu* (mais sans majuscule) ? Jupiter ? Peut-être plutôt le Soleil, avec une allusion aux mirages du Sahara. 6. Après l'évocation d'une libre étendue vient dans cette strophe l'évocation de la clôture : entrelacs de la végétation, cage, oiseaux enfermés. Pour certains commentateurs, la « petite veuve » serait Verlaine : interprétation sans doute trop séduisante.

— Calmes maisons, anciennes passions[1] !
Kiosque de la Folle par affection[2].
Après les fesses des rosiers[3], balcon
Ombreux[4] et très bas de la Juliette[5].

— La Juliette, ça rappelle l'Henriette[6],
Charmante station du chemin de fer,
Au cœur d'un mont comme au fond d'un verger
Où mille diables bleus[7] dansent dans l'air !

Banc vert où chante au paradis d'orage[8],
Sur la guitare, la blanche Irlandaise.
Puis de la salle à manger guyanaise,
Bavardage des enfants et des cages[9].

Fenêtre du duc[10] qui fais que je pense
Au poison[11] des escargots et du buis
Qui dort ici-bas au soleil. Et puis
C'est trop beau[12] ! trop ! Gardons notre silence.

---

1. Autres recluses : les jeunes filles passionnées aux amours contrariées qui vont être évoquées dans cette troisième strophe.      2. Ophélie plutôt que Verlaine ; mais l'identification n'est pas nécessaire. Le kiosque bruxellois a pu amener l'image de la cage, mais elle s'associe à celle du spectacle. 3. Les branches flexibles des rosiers, en patois ardennais ; reprise de « rose », au v. 5.      4. Caché au soleil par la végétation ; elle se conjurait également contre le soleil dans les vv. 5-6.      5. L'héroïne de Shakespeare. 6. Rimbaud se fie maintenant aux associations de sons pour de nouvelles évocations. Il s'agirait, selon J. Gengoux, de l'Henriette de Molière dans *Les Femmes savantes* (dans *Les Cariatides*, un poème de Banville, « La Voix lactée », évoquait Shakespeare à travers Juliette, Molière à travers Henriette). L'hypothèse est plus séduisante que convaincante. Pourquoi ne pas s'en tenir à l'explication que nous fournit Rimbaud, même si cette « charmante station du chemin de fer » — et son nom — sont imaginaires ?      7. J. Gengoux nous rappelle que *blue devils* en anglais signifie cauchemars. Mais « Jeune Ménage » avait déjà introduit des créatures fantastiques analogues à ces « diables bleus ».      8. *Cf.* « Villes », dans les *Illuminations* : « le paradis des orages s'effondre ».      9. Retour aux évocations de la strophe 2 (clôture, ramage). Il existait paraît-il, au 21 Boulevard du Régent, un pensionnat de fillettes. La Guyane, avec ses lianes et ses forçats, trouve comme naturellement sa place dans une évocation carcérale.      10. Celle de la fastueuse demeure du duc et prince Charles d'Aremberg, alors située au 35 Boulevard du Régent.      11. À cause des sombres histoires d'empoisonnement que fait apparaître la chronique des grandes familles.      12. Reprise de l'exclama-

— Boulevard sans mouvement[1] ni commerce,
Muet, tout drame et toute comédie,
Réunion des scènes infinie[2],
Je te connais et t'admire en silence.


## Fêtes de la faim


Ma faim, Anne, Anne,
Fuis sur ton âne[3].

Si j'ai du *goût*, ce n'est guères[4]
Que pour la terre et les pierres.
Dinn ! dinn ! dinn ! dinn ! je pais l'air[5],
Le roc, les terres[6], le fer.

Tournez, les faims ! paissez, faims[7],
    Le pré des sons !
Puis l'humble et vibrant venin[8]
    Des liserons.

---

tion qu'on trouvait au v. 5 de « *Est-elle almée ?* » Mais ici elle introduit au silence.
  **1.** Différent du « mouvement d'un boulevard de Bagdad » dans « Villes » « *Ce sont des villes !* ».    **2.** Des scènes que la contemplation du Boulevard a suscitées dans l'imagination de Rimbaud.    **3.** La rime est volontairement trop facile pour ce « refrain niais ». Anne pourrait rappeler la « sœur Anne » dans *Barbe-Bleue*.    **4.** Orthographe pour la rime qui paraît surprenante à un moment où Rimbaud n'a plus nul souci de la rime pour l'œil.    **5.** Correction : « Mangeons l'air ». On note l'équivoque sonore dinn / dîne    **6.** Correction en surcharge : « les charbons ».
**7.** Correction en surcharge : « Mes faims, tournez. Paissez, faims, ». L'analogie avec « Bruxelles. Chevaux de bois », poème de Verlaine daté de « Champ de foire de Saint-Gilles, août 72 » est frappante : « Tournez, tournez, bons chevaux de bois ». Elle doit confirmer, pour « Fêtes de la faim », la date d'août 1872.    **8.** Variante : « Puis l'aimable et vibrant venin. » *Cf.* le motif du poison dans l'avant-dernière strophe de « *Plates-bandes d'amarantes* ».

Les cailloux qu'un pauvre brise [1],
Les vieilles pierres d'églises,
Les galets, fils des déluges [2],
Pains [3] couchés aux vallées grises !

Mes faims, c'est les bouts d'air noir [4] ;
        L'azur sonneur ;
— C'est l'estomac qui me tire.
        C'est le malheur.

Sur terre ont paru les feuilles :
Je vais aux chairs de fruit blettes.
Au sein du sillon je cueille
La doucette [5] et la violette.

        Ma faim, Anne, Anne !
        Fuis sur ton âne

---

**1.** Correction en surcharge : Mangez / Les cailloux qu'un pauvre brise ».
*Cf.* le brouillon d'« Alchimie du verbe » : « je cassais des pierres sur des
routes balayées toujours ».      **2.** Allusion à la légende de Deucalion et Pyr-
rha : après le déluge, les deux survivants lancent derrière eux des cailloux
d'où naît la nouvelle humanité.      **3.** Galets en forme de pains. Allusion
probable au conte du *Petit-Poucet*.      **4.** *Cf.* brouillon d'« Alchimie du ver-
be » : « J'écartais le ciel, l'azur, qui est du noir [...] ».      **5.** Autre nom de
la mâche.

### [POÈMES NON DATÉS]

Ô saisons[1], ô châteaux[2],
Quelle âme est sans défauts ?

Ô saisons, ô châteaux,

J'ai fait la magique étude
Du bonheur, que[3] nul n'élude.

Ô vive lui, chaque fois
Que chante son coq gaulois[4].

Mais ! je n'aurai plus d'envie,
Il s'est chargé de ma vie[5].

Ce charme ! il prit âme et corps,
Et dispersa tous efforts.

Que comprendre à ma parole ?
Il fait qu'elle fuie et vole[6] !

Ô saisons, ô châteaux[7] !

---

1. Sur le brouillon, le poème est précédé de deux lignes de prose entièrement raturées : « C'est pour dire que ce n'est rien, la vie : voilà donc Les Saisons ». Et *cf.* la lettre à Delahaye de juin 1872 : « Et merde aux saisons ». Les saisons, c'est le temps contre l'éternité.  2. *Cf.* la plus haute tour.  3. *Que* a pour antécédent *étude* plutôt que *bonheur*, comme l'a fait observer Étiemble.  4. Variante du brouillon : « Je suis à lui, chaque fois / Si chante son coq gaulois ». *Lui* ne saurait désigner que le *bonheur*, bonheur annoncé comme l'aube (*cf.* « Aube », dans les *Illuminations*) par le chant du *coq*. Obscène, ce « coq gaulois », comme le veut R. Goffin approuvé par A. Adam ? Liturgique, comme le suggère Jean-Claude Morisot ? Il pourrait s'agir tout simplement d'un jeu de mots : *gallus* signifie à la fois le « coq » et le « Gaulois » en latin.  5. Le bonheur annule toutes les autres aspirations, toutes les autres envies.  6. Dispersée comme tous les autres efforts.  7. Rayé à la fin du manuscrit Bérès : « Et si le malheur m'entraîne, / Sa disgrâce est certaine, / Il faut que son dédain, las ! / Me livre au plus prompt trépas ! / Ô saisons, ô châteaux ! »

# Mémoire

## I

L'eau claire ; comme le sel des larmes d'enfance,
L'assaut au soleil des blancheurs des corps de femmes ;
la soie, en foule et de lys pur, des oriflammes
sous les murs dont quelque pucelle eut la défense ;

l'ébat des anges [1] ; — Non [2]... le courant d'or [3] en marche,
meut ses bras, noirs et lourds, et frais surtout, d'herbe [4]. Elle [5]
sombre, avant [6] le Ciel bleu pour ciel-de-lit, appelle
pour rideaux l'ombre de la colline et de l'arche [7].

## II

Eh ! l'humide carreau [8] tend ses bouillons limpides !
L'eau meuble d'or pâle et sans fond les couches [9] prêtes ;
Les robes vertes et déteintes des fillettes
font les saules, d'où sautent les oiseaux sans brides [10].

---

1. F. Ruchon a parlé, à propos de cette première série d'évocations, d'une « symphonie en blanc majeur ». Étiemble et Yassu Gauclère (*Rimbaud*, Gallimard, 1935, rééd. 1966, p. 192) reprennent à leur compte l'expression. « L'ébat des anges » fait songer à « Mystique », dans les *Illuminations*, où reparaîtra souvent le motif de la soie. Aussi ne voyons-nous pas dans ces vers l'intention parodique qu'a cru y déceler Suzanne Bernard.  2. Refus d'une poétique jugée périmée ? Refus profonds de Rimbaud — plus de larmes, plus de femmes, plus de roi, plus de religion ? Il nous semble plutôt que le « courant d'or en marche », celui de la rivière, de la vie aussi, suffit à l'éloigner de ce dont il n'aura plus que « mémoire ».  3. La rivière sous le soleil, dans la journée.  4. « Les longues herbes, dans le lit du fleuve » (Bouillane de Lacoste).  5. *Elle* = la rivière personnifiée.  6. De nombreux éditeurs ont cru devoir corriger *avant* (texte du manuscrit) en *ayant*. Mais le texte se comprend ainsi.  7. Le motif de l'arche reparaîtra souvent dans les *Illuminations*.  8. Comparaison avec le « carreau » d'une chambre (S. Bernard).  9. La comparaison amorcée par le jeu de mots du v. 7 (ciel / ciel-de-lit) se poursuit.  10. Par une sorte d'échange : les robes vertes des fillettes perdent leur teinte pour faire la couleur des saules. Et appel de sons (saules / sautent). Les fillettes sont bridées comme des oiseaux en cage (*cf.* « Plates-bandes d'amaran-

Plus pure qu'un louis, jaune et chaude paupière
le souci d'eau [1] — ta foi conjugale [2], ô l'Épouse ! —
au midi prompt, de son terne miroir, jalouse
au ciel gris de chaleur la Sphère rose et chère [3].

### III

Madame [4] se tient trop debout dans la prairie
prochaine où neigent les fils du travail ; l'ombrelle
aux doigts ; foulant l'ombelle [5] ; trop fière pour elle ;
des enfants lisant dans la verdure fleurie

leur livre de maroquin rouge ! Hélas, Lui [6], comme
mille anges blancs qui se séparent sur la route,
s'éloigne par delà la montagne ! Elle [7], toute
froide, et noire, court ! après le départ de l'homme !

### IV

Regret des bras épais et jeunes d'herbe pure !
Or des lunes d'avril au cœur du saint lit ! Joie
des chantiers [8] riverains à l'abandon, en proie
aux soirs d'août qui faisaient germer ces pourritures !

---

*tes* », strophe 5) ; l'échange permet une métamorphose en oiseaux libres, en oiseaux sans brides.  **1.** Le nénuphar, selon Delahaye.  **2.** Après avoir évoqué le louis d'or, le « souci d'eau » évoque l'anneau conjugal.  **3.** Le Soleil.  **4.** S'agit-il encore de la rivière ? Nous pensons plutôt à une femme réelle, une mère, la mère, dans une scène riveraine qui devient concurrente de la précédente.  **5.** Ombrelle / ombelle : équivoque sonore, jeu de mots, où apparaît toujours l'idée de concurrence.  **6.** Le Soleil-époux qui, « lorsqu'il disparaît derrière la montagne, laisse derrière lui un faisceau de rayons qui se divise dans le ciel » (Étiemble et Y. Gauclère, *Rimbaud*, p. 193) ; mais aussi le père, qui s'est enfui.  **7.** La rivière que le soleil a abandonnée ; Madame que son époux, « l'homme », a abandonnée.  **8.** Selon Delahaye, ce chantier se trouvait à Mézières, et l'on y tamisait le sable extrait du fleuve. Mais une localisation aussi précise doit être immédiatement oubliée.

Qu'elle pleure à présent sous les remparts ! l'haleine
des peupliers d'en haut est pour la seule brise.
Puis, c'est la nappe, sans reflets, sans source [1], grise :
un vieux, dragueur, dans sa barque immobile, peine.


V


Jouet de cet œil d'eau morne, je n'y puis prendre,
ô canot immobile ! oh ! bras trop courts ! ni l'une
ni l'autre fleur : ni la jaune [2] qui m'importune,
là ; ni la bleue [3], amie à l'eau couleur de cendre.

Ah ! la poudre des saules qu'une aile secoue !
Les roses des roseaux [4] dès longtemps dévorées !
Mon canot, toujours fixe ; et sa chaîne tirée
Au fond de cet œil d'eau sans bords, — à quelle boue [5] ?


## Michel et Christine


Zut alors [6] si le soleil quitte ces bords [7] !
Fuis, clair déluge [8] ! Voici l'ombre des routes.
Dans les saules [9], dans la vieille cour d'honneur [10]
L'orage d'abord jette ses larges gouttes.

---

1. Que n'alimente plus aucune source.   2. Le souci d'eau.   3. Couleur complémentaire du noir, de la nuit chez Rimbaud.   4. Nouveau jeu de mots, nouvelle équivoque sonore, caractéristique de la préciosité rimbaldienne.   5. Commentaire d'Étiemble et Y. Gauclère pour ces deux dernières strophes : « Rimbaud, *jouet de cet œil d'eau morne*, reste immobile dans son canot — qu'une chaîne fixe *à quelle boue* ? — pendant que défilent dans son esprit les visions multiples de la rivière, les souvenirs des bords qu'elle a dû réfléchir (d'où le titre de *Mémoire*) ».   6. Souvenir d'un « refrain niais », comme l'air « Ah ! zut alors si Nadar est malade » inséré par Baudelaire dans l'argument de son livre sur la Belgique (où le goût des Belges pour « le vaudeville français » est ridiculisé).   7. *Cf.* « Mémoire », strophe 6.   8. La rivière qui doit courir après le fugitif ; *cf.* dans les *Illuminations*, « Enfance » I, « le clair déluge qui sourd des prés ».   9. Autre motif présent dans « Mémoire ».   10. Celle du château d'« Enfance » II, peut-être...

Ô cent agneaux[1], de l'idylle soldats blonds[2],
Des aqueducs[3], des bruyères[4] amaigries,
Fuyez ! plaine, déserts, prairie, horizons
Sont à la toilette rouge de l'orage !

Chien noir, brun pasteur dont le manteau s'engouffre[5],
Fuyez l'heure des éclairs supérieurs ;
Blond troupeau, quand voici nager ombre et soufre[6],
Tâchez de descendre à des retraits[7] meilleurs.

Mais moi, Seigneur ! voici que mon Esprit vole,
Après les cieux glacés de rouge[8], sous les
Nuages célestes qui courent et volent
Sur cent Solognes longues comme un railway[9].

Voilà mille loups, mille graines sauvages
Qu'emporte, non sans aimer les liserons[10],
Cette religieuse[11] après-midi d'orage
Sur l'Europe ancienne où cent hordes[12] iront !

---

1. Un troupeau, ou le moutonnement des nuages.     2. La troupe qui va fuir devant les hordes sauvages. La métamorphose prépare la vision dramatique qui va suivre ; elle repose sur une métaphore que Louis Forestier retrouve chez Apollinaire (« Marie » dans *Alcools*).     3. Métamorphose des simples ponts (*cf.* « l'arche » dans « Mémoire », v. 8) ; mais la notation est importante : elle transpose la vision dans la Gaule romaine (*cf.* v. 22).     4. *Cf.* « Larme », v. 2.     5. Ellipse peut-être pour « dans un manteau où le vent s'engouffre ». On retrouve les Bergers, et leur disparition, dans la strophe 2 de « Bannières de mai ».     6. Couleur et odeur infernales de l'orage.     7. Refuges.     8. Comme on dit qu'un gâteau est glacé de chocolat ; mais aussi alliance de la glace et du feu, du « feu qui gèle », dans l'imagerie traditionnelle de l'enfer, chez Dante et Milton entre autres.     9. On peut rapprocher cette vision du deuxième alinéa de « Métropolitain », dans les *Illuminations*, qui est aussi une vision de la bataille.     10. Pour Rimbaud, plante dangereuse parce que vénéneuse ; *cf.* la troisième strophe des « Fêtes de la faim ».     11. Parce qu'elle est apocalyptique. Manifestation de la colère du « Seigneur ».     12. Le mythe des Barbares a fasciné toute la fin du XIXᵉ siècle (voir par exemple le chapitre III d'*À rebours* de J.K. Huysmans, ou *Tête d'or* de Claudel). Mais ici le futur (« iront ») rejoint un lointain passé (« l'Europe ancienne »). Le rappel se confond avec l'appel lancé à ces hordes barbares, autre déluge dévastant l'Europe.

Après, le clair de lune ! partout la lande,
Rougissant [1] leurs fronts aux cieux noirs, les guerriers
Chevauchent lentement leurs pâles coursiers !
Les cailloux sonnent sous cette fière bande !

— Et verrai-je le bois jaune et le val clair [2],
L'Épouse aux yeux bleus, l'homme au front rouge [3], — ô
Et le blanc agneau Pascal, à leurs pieds chers,        [Gaule [4],
— Michel et Christine, — et Christ [5] ! — fin de l'Idylle [6].

## « *Entends comme brame* »

Entends comme brame
près des acacias
en avril la rame
viride [7] du pois !

---

**1.** Lecture de P. Hartmann, la plus satisfaisante. Autre lecture : « Rougis et leurs fronts ». **2.** Deux éléments du paysage rimbaldien dans les poèmes de l'année 1872 ; *cf.* les « vaux étranges » dans « La Rivière de Cassis » (v. 2), les « tendres bois de noisetiers » dans « Larme » (v. 3). Ils contribueraient ici à la composition d'un nouveau monde (d'une manière de nouveau paradis terrestre) après la destruction précédente et la transformation du monde ancien en une lande désolée. **3.** Surimposition : l'Épouse, c'était la rivière dans « Mémoire », donc le « clair déluge » évoqué ici dans la strophe 1, l'eau claire retrouvée après l'orage, après la nuit, au matin ; l'homme au front rouge, le soleil qui s'était enfui et qui revient. Mais c'est aussi, après l'invasion destructrice, le couple nouveau (l'Épouse aux yeux bleus conquise sur les vaincus par le vainqueur, l'homme au front rouge, le guerrier qui a rougi son front aux cieux noirs). C'est encore Marie et Joseph — ce qui ruinera l'espoir de Rimbaud. **4.** Le pays ancien de Rimbaud (voir le début de « Mauvais Sang »), mais aussi le pays de ses vœux (l'appel au « coq gaulois » dans « *Ô saisons, ô châteaux !* »). **5.** Michel = l'homme ; Christine = l'Épouse ; Christ = le blanc agneau Pascal. Si c'est à lui qu'aboutit toute la fantasmagorie précédente, son nom suffit à la ruiner. **6.** Retour de l'idylle ancienne (les agneaux du v. 5) : après le déluge, ici aussi, tout recommence ; en surimposition : le Christ, *agnus Dei*, qui met fin à l'Idylle (le paganisme retrouvé) ; l'enfant du couple nouveau. On ne peut pas ne pas remarquer, avec Antoine Adam, l'addition des couleurs bleu-blanc-rouge. **7.** Verte ; mais le mot a quelque chose de dérisoire dans cette strophe envahie par le son *a*.

Dans sa vapeur nette,
vers Phœbé[1] ! tu vois
s'agiter la tête
de saints d'autrefois[2]...

Loin des claires meules
des caps, des beaux toits[3],
ces chers Anciens[4] veulent
ce philtre sournois...

Or ni fériale[5]
ni astrale[6] ! n'est
la brume qu'exhale
ce nocturne effet.

Néanmoins ils[7] restent,
— Sicile, Allemagne[8],
dans ce brouillard triste
et blêmi[9], justement !

## Honte

Tant que la lame[10] n'aura
Pas coupé cette cervelle,
Ce paquet blanc vert et gras
À vapeur[11] jamais nouvelle,

---

1. Nom mythologique de la lune.    2. Dont l'auréole rappelle la lune.
3. Première rédaction : « des beaux caps, des toits »    4. Les saints d'autre-
fois.    5. De fête.    6. Émanant des astres.    7. Les saints.    8. Que ce
soit au sud, que ce soit au nord ; *cf.* « Comédie de la Soif », « Le pauvre son-
ge », vv. 8 et 9.    9. Blêmi par leur présence ; *cf.* la dernière strophe de
« Jeune ménage ».    10. Du chirurgien pratiquant la dissection.    11. La
pensée issue du cerveau comme une vapeur (voir le rapprochement fait par
J. Gengoux, *op. cit.*, p. 128, avec le livre de L. Büchner, *Force et matière*,
Paris, Reinwald, 1865, p. 140, où le cerveau est considéré comme « la
machine à vapeur »).

(Ah ! Lui, devrait couper son
Nez, sa lèvre, ses oreilles,
Son ventre ! et faire abandon
De ses jambes ! ô merveille[1] !)

Mais, non, vrai, je crois que tant
Que pour sa tête la lame[2],
Que les cailloux pour son flanc[3],
Que pour ses boyaux la flamme[4],

N'auront pas agi, l'enfant
Gêneur, la si sotte bête,
Ne doit cesser un instant
De ruser et d'être traître

Comme un chat des Monts-Rocheux[5] ;
D'empuantir toutes sphères !
Qu'à sa mort pourtant, ô mon Dieu !
S'élève quelque prière !

---

1. Les merveilleuses jambes, les jambes infatigables de Rimbaud dont a parlé Verlaine. — 2. Supplice de la décollation. — 3. Supplice de la lapidation. — 4. *Cf.* l'holocauste dans les sacrifices antiques. — 5. Peut-être l'hyène dont il est question dans *Une saison en enfer*. Mais surtout jeu de mots avec Roche, le hameau où se trouvait la ferme familiale. Le chat des Monts-Rocheux serait alors Rimbaud lui-même.

[LONDRES, SEPTEMBRE 1872]

### « *L'Enfant qui ramassa les balles...* »

L'Enfant qui ramassa les balles [1], le Pubère
Où circule le sang de l'exil et d'un Père
Illustre entend germer sa vie [2] avec l'espoir
De sa figure et de sa stature et veut voir
Des rideaux autres que ceux du Trône et des Crèches.
Aussi son buste exquis n'aspire pas aux brèches
De l'Avenir [3] ! — Il a laissé l'ancien jouet —
Ô son doux rêve ô son bel Enghien ! Son œil est
Approfondi par quelque immense solitude ;
« Pauvre jeune homme, il a sans doute l'Habitude [4] ! »

                                        François Coppée [5]
Parce que « Enghien chez soi » [6].

**1.** Allusion au télégramme envoyé par Napoléon III le 2 août 1870, après « l'éclatante victoire de Sarrebrück » : « Louis vient de recevoir le baptême du feu ; il a été admirable de sang-froid et n'a nullement été impressionné. / Il a conservé une balle qui est tombée près de lui ».    **2.** Sa puberté lui donne l'espoir d'avoir un héritier, un semblable.    **3.** Il renonce à toute ambition, et aux victoires de Sarrebrück futures.    **4.** Solitude / habitude : jeu de rimes perfide, peut-être.    **5.** Fausse signature pour ce faux-coppée que Rimbaud copie à Londres, en septembre 1872, dans l'album du dessinateur Félix Régamey (1844-1907), qui s'était réfugié dans la capitale anglaise après la Commune. Il connaissait Verlaine par le groupe des Vilains Bonshommes.    **6.** Note de Rimbaud lui-même. Pour la réclame d'où naît le jeu de mots engin / Enghien, suggérant l'habitude masturbatoire, voir « Paris », dans l'*Album zutique*, p. 216, n. 4.

## Les Corbeaux [1]

Seigneur, quand froide est la prairie,
Quand, dans les hameaux abattus,
Les longs angélus se sont tus...
Sur la nature défleurie
Faites s'abattre des grands cieux
Les chers corbeaux délicieux [2].

Armée étrange [3] aux cris sévères,
Les vents froids attaquent vos nids !
Vous, le long des fleuves jaunis,
Sur les routes aux vieux calvaires,
Sur les fossés et sur les trous [4]
Dispersez-vous, ralliez-vous !

Par milliers, sur les champs de France,
Où dorment des morts d'avant-hier [5],
Tournoyez, n'est-ce pas, l'hiver,
Pour que chaque passant repense !
Sois donc le crieur du devoir [6],
Ô notre funèbre oiseau noir !

---

1. Poème publié dans *La Renaissance artistique et littéraire* le 14 septembre 1872. Il a été écrit à une date antérieure qui demeure inconnue. On relève maintes analogies avec « La Rivière de Cassis », un poème de mai 1872 (p. 230). 2. *Cf.* « La Rivière de Cassis », v. 16 : « Chers corbeaux délicieux ! » 3. Celle des corbeaux. 4. Les flaches. 5. Comme le dit fort justement Antoine Adam (éd. cit., p. 874), l'expression s'explique mal trois mois après la fin de la guerre, et fort bien un an plus tard. 6. Le piéton, dans « La Rivière de Cassis », est également invité à être « plus courageux ». Courage auquel Rimbaud invite Delahaye à la fin de la lettre citée, et qui n'a sans doute rien à voir avec le devoir patriotique au sens où on l'entend habituellement.

Mais, saints du ciel[1], en haut du chêne,
Mât perdu dans le soir charmé,
Laissez les fauvettes de mai
Pour ceux[2] qu'au fond du bois enchaîne,
Dans l'herbe d'où l'on ne peut fuir,
La défaite sans avenir.

---

**1.** Les *corbeaux* étaient appelés *anges* dans « La Rivière de Cassis ».     **2.** Les morts de 70-71 ? Plus probablement Rimbaud lui-même, pour qui mai (1872) est l'espoir d'un renouveau.

# NOTICES

## Principes de cette édition

Les trois premières années de la vie littéraire de Rimbaud ont été essentiellement consacrées à la poésie en vers, sans qu'il ait abouti à un véritable recueil de Poésies. L'ensemble confié à Paul Demeny, sans doute en octobre 1870, est resté sans titre. Les poèmes de 1871 consistent le plus souvent en envois faits à divers correspondants, Izambard, Demeny, Banville, et surtout Verlaine. Les poèmes de 1872 correspondent peut-être à un projet d'Études néantes, mais il n'a pas abouti. L'œuvre poétique de Rimbaud est donc éclatée, et en même temps elle évolue, elle bondit, elle est perpétuellement « *in progress* ».

Parallèlement, le prosateur naissait. Au-delà des travaux du collégien, *Un cœur sous une soutane*, dès la fin de l'année scolaire 1869-1870, est sous-titré « nouvelle », après avoir failli être un « roman ». En 1871, *Les Déserts de l'amour*, dans une forme brève, prouve la permanence d'un goût de Rimbaud pour le récit, et, dans ce cas précis, pour le récit onirique. On ne saurait oublier les lettres, qui ont du ton et qui, comme l'avait bien compris déjà Jean-Marie Carré, sont inséparables de cette vie littéraire. Leur qualité peut être telle que la lettre à Delahaye de juin 1872 est comme le miroir d'un poème à peu près exactement contemporain, « Bonne pensée du matin ».

Notre projet a donc été de ne pas séparer ces divers talents de Rimbaud tout en adoptant la présentation la plus claire et la plus suggestive possible. Pour cela il nous a semblé nécessaire

1. De placer en tête (« Les Étrennes des orphelins »,
« Trois baisers ») et à la fin (« Les Corbeaux ») les trois
seuls poèmes que Rimbaud ait réellement publiés, dans des
revues.

2. D'adopter un plan chronologique qui rende compte de
la grande mutation qui s'effectue chaque année en Rimbaud,
après la relative stérilité de l'hiver.

3. De conserver pratiquement toutes les lettres (la pre-
mière lettre à Izambard, sans date, n'est guère intéressante
que pour la classe), et de faire apparaître, à l'intérieur de
ces lettres, les poèmes tels que Rimbaud les adressait à ses
destinataires.

4. De constituer deux dossiers, l'un pour l'année 1870 (le
« dossier Izambard »), l'autre pour l'année 1871 (le « dossier
Verlaine »), regroupant des envois ou des dons à un destina-
taire privilégié. Ce qu'il est convenu d'appeler le « recueil
Demeny » a quelque chose de cela, et on peut d'ailleurs sup-
poser que l'hommage implicite a été détourné d'Izambard
vers le jeune poète de Douai qu'il avait fait connaître à son
élève. On s'aperçoit aisément que les textes en prose peu-
vent se rattacher à ces dossiers, *Un cœur sous une soutane*
au dossier Izambard, *Les Déserts de l'amour* au dossier Ver-
laine. Et c'est à Demeny qu'a été adressée cette lettre entre
toutes étonnante, celle du 15 mai 1871, qui a imposé la
figure du voyant.

L'ensemble peut paraître lourd, avec quelquefois plu-
sieurs versions pour un même poème. Nous avons pourtant
tenu à l'alléger pour cette édition du Livre de Poche clas-
sique, nous réservant d'être plus exhaustif dans le volume
futur de la Pochothèque. Nous avons donc fait l'économie
des travaux proprement scolaires du collégien de Charleville
(vers latins, rédactions françaises), même si l'œuvre trouve
là un indiscutable point de départ (voir, par exemple, le cas
d'« Ophélie »). Nous avons négligé des documents difficile-
ment exploitables (les deux textes endommagés dans la
contribution de Rimbaud à l'*Album zutique*), ou d'authenti-
cité douteuse (la *Lettre du baron de Petdechèvre*, mais aussi
les deux « *Stupra* », deux sonnets pornographiques pénible-
ment reconstitués par Delahaye et par Verlaine et publiés

par Messein en 1923, puis par Breton et Aragon dans *Littérature*). Nous avons préféré laisser de côté la question, pourtant passionnante, des autres versions de certains poèmes de 1872 ; le principe d'économie nous y a poussé, en même temps que le désir d'y regarder de plus près pour la Pochothèque future.

Chaque fois que c'était possible, nous nous sommes reporté aux manuscrits ou, à défaut, à des fac-similés. La ponctuation ou l'absence de ponctuation est parfois surprenante. Nous avons essayé de la respecter, dans la mesure du possible, et nous avons signalé nos rares interventions soit en note soit par des crochets. Nous avons d'ailleurs eu recours aux crochets chaque fois que nous voulions signaler ce qui revient à l'éditeur et ce dont il ne saurait nullement créditer l'auteur.

L'annotation s'est voulue avant tout explicative. Elle invite quelquefois à des rapprochements que le lecteur, il est vrai, sera tenté de faire de lui-même. Les indications complémentaires qui vont suivre seront nécessairement brèves et limitées. Elle offriront tout au plus des repères avant l'édition de la Pochothèque, qui fera beaucoup plus largement place aux indications de source et aux commentaires.

## ÉCLAIRCISSEMENTS

### p. 45 [LES PREMIERS TEXTES : L'ANNÉE 1870]

Il serait abusif de ne voir en eux que des textes de collégien. Brillant élève de Georges Izambard dans la classe de rhétorique, Rimbaud s'est voulu très tôt un auteur à part entière. La lettre à Banville du 24 mai 1870 est très claire à cet égard. Elle est beaucoup plus inaugurale que le premier texte publié. La tentative de constitution d'un recueil, à l'automne, dans le temps prolongé de vacances qui ne finiront jamais, correspond à un aboutissement.

### p. 47 [POÈMES PUBLIÉS]

« Les Étrennes des orphelins » : la *Revue pour tous*, 2 janvier 1870 (pas de manuscrit connu) ; « Trois baisers » : *La*

*Charge*, 13 août 1870 (pas de manuscrit connu, mais deux autres versions avec manuscrit, « Comédie en trois baisers », p. 76, et « Première soirée » dans le recueil Demeny).

p. 53
Lettre à Banville du 24 mai 1870 ; original conservé à la Bibliothèque littéraire Jacques-Doucet.

p. 63 [LE DOSSIER IZAMBARD]
Nous avons laissé de côté la première lettre connue, sans date, qui intéresse surtout la vie scolaire, et les documents sur la vie municipale à Douai. Les trois lettres maintenues sont en revanche du plus grand intérêt en ce qui concerne la culture et les lectures de Rimbaud, ses deux fugues et l'état d'esprit dans lequel le retour imposé à Charleville le laissa. Il est hors de doute que c'est déjà la fin d'une relation : la lettre du 13 mai 1871 sera, plus que celle du 12 juillet, un épilogue avant l'entrée dans le silence.

Il appartenait à Izambard de révéler lui-même ces documents et les textes que Rimbaud lui avait confiés.

p. 69
« Le Forgeron » : cette première version a appartenu à Izambard jusqu'à la fin de septembre 1928, puis elle est passée dans la collection Lucien-Graux. Le professeur a affirmé que le texte était écrit avant la distribution des prix du 6 août 1870.

Le poème n'a que 156 vers, contre 178 dans la version définitive du recueil Demeny.

p. 77
« À la Musique » : Rimbaud s'inspire d'un poème d'Albert Glatigny dans *Les Flèches d'or* (Lemerre, 1864).

p. 84 UN CŒUR SOUS UNE SOUTANE
Izambard a déclaré en 1929 que ce texte lui avait été remis par Rimbaud le 18 juillet 1870. Cette date a pu être contestée, mais il est sûr que le professeur était le détenteur de la « bête nouvelle ». C'est lui qui en a communiqué le texte à

Rodolphe Darzens. Le manuscrit devait passer dans diverses collections (Henry, puis Alfred Saffrey, aujourd'hui Jean Hugues). Révélé dès 1924 par Breton et Aragon dans une publication assez fautive, il a bénéficié en 1991 d'une édition critique et commentée établie par Steve Murphy (« Bibliothèque sauvage » du Musée-bibliothèque de Charleville). Le fac-similé contenu dans le volume permet de faire encore quelques menues corrections.

Comme l'a expliqué Izambard, sur les vingt-cinq élèves de la classe de rhétorique du Collège de Charleville, « il y en avait onze ou douze représentant l'élément laïque, c'est-à-dire le collège ; les autres étaient fournis par le séminaire et venaient en classe en soutane ». Il en résultait une opposition de fond. Rimbaud était le champion des collégiens en veston ou en blouse, et détestait cordialement les séminaristes, qui « se croy[aient] investis d'une mission sacrée de surveillance et d'épluchage à l'encontre des professeurs pris dans le profane ».

*Un cœur sous une soutane* peut apparaître comme un acte de vengeance contre les mouchards du séminaire, contre le supérieur et l'hypocrisie gardienne des vices. Mais le séminariste est aussi Rimbaud, qui exprime en grimaçant ses émois amoureux et ses déconvenues : « Trois baisers » le dit sur un autre mode, et à peu près à la même date.

### p. 100 [LE RECUEIL DEMENY]

La question de ce qui est appelé tantôt « recueil Demeny », tantôt « recueil de Douai » ou « recueils de Douai », est une des plus irritantes qui soient. Le texte de cet ensemble important n'a été connu que par le fac-similé publié par l'éditeur Messein en 1919 (Rimbaud, *Poésies*, « Les Manuscrits des maîtres »). L'examen des manuscrits, venus de la collection Stefan Zweig, et conservés à la British Library, a été fait en particulier par Steve Murphy, qui a consacré à cette question un article dans *Studi francesi*. Nous avons suivi sa démonstration et adopté l'ordre qu'il recommandait, conforme à celui du *Reliquaire* de Darzens, en 1891. Lui-même a tenu à nous mettre en garde contre la part d'incertitude qui demeure.

La division en deux cahiers n'est pas confirmée par l'examen du manuscrit. Il nous semble toutefois que les sept sonnets placés à la fin forment un ensemble cohérent, d'un ton différent, correspondant à l'expérience vécue de la seconde fugue, en octobre 1870. Nous restons donc fidèle à cette division interne, sans vouloir l'imposer.

### p. 141 [LETTRES ET POÈMES INCLUS]

Après avoir hésité entre diverses solutions — extraire les poèmes des lettres, ou ne retenir que les lettres contenant des poèmes, ou ne garder intégralement que les deux lettres dites « du voyant » —, nous avons choisi de constituer un ensemble, sans pratiquer de coupure. Les poèmes donneront bien ainsi l'impression qu'ils naissent et de l'expérience vécue et de ce désir d'exhibition, qui est si caractéristique de Rimbaud, surtout à ce moment-là. À les classer on affaiblirait ces poèmes singulièrement acides et vigoureux. On voit aussi comment Rimbaud veut faire autre chose que de la littérature du Siège ou que de la poésie subjective. Et pourtant il passe encore bien souvent par la récriture systématique, le réemploi de formes qu'il pervertit, d'instruments dont il tire un autre son.

### p. 178 [LE DOSSIER VERLAINE]

Ce dossier est loin d'être cohérent. Il faudrait distinguer le « Cahier Verlaine » proprement dit de textes qui sont supposés avoir été envoyés dans des lettres à l'auteur admiré des *Fêtes galantes*. Du moins a-t-on là un principe de groupement qui n'est pas artificiel. À des fins d'allègement, nous n'avons pas retenu une autre version des « Effarés », copiée par Verlaine dans son cahier (pp. 11 et 12) conservé à la Bibliothèque nationale.

Verlaine a directement recopié en septembre 1871 « Les Assis », « L'Homme juste », « Tête de faune », « Le Cœur volé », « Les Mains de Jeanne-Marie », « Les Effarés »« Les Voyelles » (« Voyelles » sur le manuscrit autographe), « L'étoile a pleuré rose », « Les Douaniers », « Oraison du soir », « Les Sœurs de charité ». S'il existe un manuscrit autographe d'« Oraison du soir » (Biblio-

thèque de Bordeaux), il y a aussi une copie de Verlaine
pour ce poème. Verlaine a encore copié « Les Premières
communions » (deux fois, même) et, sans sa main, « Le
Bateau ivre » serait perdu... Verlaine a fait connaître « Paris se repeuple » et « Les Chercheuses de poux », dont les
manuscrits manquent.

p. 180 « L'Homme juste »

Le titre ne figure que dans la copie de Verlaine. Nous le
maintenons, tout en suivant le texte sans titre, mais plus
long, établi tant bien que mal par Paul Hartmann d'après un
manuscrit autographe (*Œuvres* de Rimbaud, Club du meilleur livre, 1957).

p. 183 « Tête de faune »

Verlaine a révélé ce poème (autre version) dans *La Vogue*,
numéro du 7 au 14 juin 1886. Il l'a inséré dans un texte sur
lui-même, « Pauvre Lélian », repris dans la deuxième série
des *Poètes maudits*, Vanier, 1888.

p. 187 « Voyelles »

La copie de Verlaine, p. 14 du cahier, n'est pas exactement semblable au texte autographe que Rimbaud a donné
à Émile Blémont (Bibliothèque de Charleville). Aucun des
manuscrits n'est daté. Delahaye lui-même hésitait entre le
début et la fin de l'année 1871. La seconde hypothèse nous
paraît la plus vraisemblable.

p. 190 « Oraison du soir »

Nous suivons le texte du manuscrit autographe.

p. 193 « Les Premières communions »

C'est le premier poème de Rimbaud publié, sans qu'il le
sût, dans *La Vogue*, le 11 avril 1886. Verlaine en avait cité
un quatrain, sans doute de mémoire, en 1883-1884, dans *Les
Poètes maudits*.

p. 199 « Les Chercheuses de poux »

Manuscrit perdu. Il n'existe pas de copie de la main de

Verlaine, et pourtant Mathilde prétendait en avoir vu une dans les papiers de son mari. Félicien Champsaur a inséré les strophes 3 et 4, on ne sait trop par quelle voie, dans son roman *Dinah Samuel*, en 1882. La pièce parut dans *Lutèce* (19-26 octobre 1883) et fut reprise dans *Les Poètes maudits*. Bref, elle est liée au nom de Verlaine, et mérite de figurer dans ce dossier.

p. 200 « Paris se repeuple »
L'autre titre sous lequel est connu ce poème, « L'orgie parisienne », ne présente pas de garantie d'authenticité.

p. 203 « Le Bateau ivre »
La copie ne fait pas partie du Cahier proprement dit. Elle est conservée à la Bibliothèque nationale.

p. 208 *LES DÉSERTS DE L'AMOUR*
Nous croyons reconnaître, là encore, une copie de Verlaine dans le manuscrit de l'ancienne collection Louis Barthou, actuellement à la Bibliothèque nationale. Jean-Luc Steinmetz (dans l'édition *Œuvre-vie*, p.1041) considère au contraire qu'il s'agit d'un manuscrit autographe. Nous datons ces textes de 1871 plutôt que de 1872, comme notre collègue le suggère. Sur le manuscrit, le titre est répété en tête de chacun des deux rêves.

p. 212 [DE L'*ALBUM ZUTIQUE*]
Longtemps ignoré, trop souvent sous-estimé, cet album est instructif et délectable à la fois. On ne saurait trop en recommander la lecture dans l'édition intégrale par Pascal Pia, deux volumes, l'un de fac-similés, l'autre de transcriptions, Cercle du Livre précieux, 1961.
Il n'était pas question de donner ici le texte complet. Nous nous en sommes tenu à la participation de Rimbaud, soit en collaboration avec Verlaine (n° 4, « L'Idole »), soit seul — si c'est être seul que de parodier (n° 5, « Lys » ; n° 6, « Les lèvres closes » ; n° 7, « Fête galante » ; n° 8, « J'occupais un wagon de troisième... » ; n° 9, « Je préfère, sans doute... », n° 10, « L'Humanité chaussait... », n° 28 et 28 bis, « Conne-

ries » ; n° 38, « Conneries », deuxième série ; n° 42, « Vieux de la vieille ! » ; n° 43, « État de siège » ; n° 45, « Le Balai » ; n° 57, « Exil » ; n° 58, « L'Angelot maudit » ; n° 60, « Les soirs d'été... » ; n° 63, « Aux livres de chevet... » ; n° 84, « Hypotyposes » ; n° 90, « Les Remembrances du vieillard idiot » ; n° 91, « Ressouvenir »).

Nous avons négligé deux textes endommagés, même si Alain Borer s'est plu, par jeu, à les reconstituer.

### p. 225 « *Qu'est-ce pour nous, mon cœur...* »

C'est le type même du texte à problème, et nous ne trouvons pas de meilleure solution que celle-ci : le situer en marge de l'année 1871. Le manuscrit autographe, appartenant à Pierre Bérès, n'est pas daté. Delahaye plaçait ces vers en 1872, et beaucoup d'éditeurs l'ont suivi. Mais l'inspiration et la forme métrique paraissent bien peu audacieuses au regard des Études néantes. Le texte nous paraît plus proche de l'inspiration communarde de Rimbaud, même si l'outrance de la fureur destructrice dépasse la circonstance et appelle déjà un nouveau Déluge. Il est vrai que les éditeurs de *La Vogue*, peut-être à court de copie, ont fait de ce poème une des *Illuninations* (numéro 7, du 7 au 14 juin 1886, p. 233). Il est placé à la fin de la plaquette *Illuminations*, publiée la même année par les Éditions de *La Vogue*, juste avant « Démocratie ».

### p. 227 [POÈMES DU PRINTEMPS ET DE L'ÉTÉ 1872]

Nous ne cachons pas la part d'hypothèse, puisqu'il y aura dans cet ensemble une section de poèmes non datés. Mais le témoignage de Verlaine et celui de Rimbaud, plus tard, dans « Alchimie du verbe », invitent à assister à une quasi-exténuation de la poésie versifiée à la fin de l'année 1872. Non qu'il y ait affaiblissement — bien au contraire : Rimbaud va au-delà de l'émulation due à la présence de Verlaine, du parallélisme apparent entre *Romances sans paroles* et « espèces de romances ». Il tente des expériences poétiques nouvelles, au risque d'atteindre comme une limite de la parole.

Là encore, nous avons dû nous restreindre, ne retenant à chaque fois qu'une version. Ce sont pourtant, la plupart du temps, celles qui sont conformes aux manuscrits appartenant à Pierre Bérès, que *La Vogue* avait mêlées aux poèmes en prose ou en prose versifiée des *Illuminations*... Espérons que cette collection, encore mal explorée, rouvrira bientôt ses trésors aux chercheurs. En attendant, on se reportera aux fac-similés reproduits dans l'édition de Claude Jeancolas, *L'Œuvre intégrale manuscrite*, Textuel, 1996, pp. 111-132. Voici les poèmes de ce groupe qui ont été publiés comme *Illuminations* par *La Vogue* en 1886 :

— nᵒ 7, 7-14 juin : « Chanson de la plus haute tour », « Âge d'or », « *Nous sommes tes grands-parents* » (autre version de « Comédie de la soif »), « Éternité » (autre version de « L'Éternité »). Il faut y ajouter « *Qu'est-ce pour nous, mon cœur ?* », que nous avons reporté en 1871 (p. 225).

— nᵒ 8, 13-20 juin : « Michel et Christine », « Bruxelles » (c'est-à-dire « *Plates-bandes d'amarantes...* »), « Honte ».

— nᵒ 9, 21-27 juin : « Loin des oiseaux » (autre version de « Larme »), « *Ô saisons, ô châteaux !* », « La Rivière de Cassis ».

p. 259 « *L'Enfant qui ramassa les balles...* »
On se croit revenu au temps des « coppées » de l'*Album zutique*. Pourtant c'est en septembre 1872, à Londres, que Rimbaud semble improviser ce dizain pour Félix Régamey.

p. 260 « Les Corbeaux »
Rimbaud était à Londres quand ce poème fut publié dans *La Renaissance littéraire et artistique*, à Paris, dans le numéro du 14 septembre 1872, avec un retard qu'il est difficile d'évaluer. La fin de l'été nous paraît rejoindre ici les mois de mai et juin précédents, « La Rivière de Cassis », où l'on trouvait déjà les corbeaux et où s'exprimait le vœu d'une salubre destruction, la lettre à Delahaye de « jumphe » où il souhaitait que « l'Ardenne soit occupée et pressurée de plus en plus immodérément ».

À cette date, la publication d'un poème en vers de Rimbaud pour la troisième et dernière fois paraît emblématique.

# BIBLIOGRAPHIE

## I. ÉDITIONS

### 1. ÉDITIONS EN FAC-SIMILÉ
*Poésies*, notice de Paterne Berrichon, Messein, coll. Les Manuscrits des maîtres, 1919.

*Album zutique*, fac-similé du manuscrit original, présentation, transcription typographique et commentaires de Pascal Pia, deux volumes, Cercle du Livre précieux, 1961, reprint Genève, Slatkine, un seul volume, 1981.

*L'œuvre intégrale manuscrite*, éd. et avec les transcriptions de Claude Jeancolas, Textuel, 1996, trois volumes.

*Les Lettres manuscrites de Rimbaud*, rassemblées et transcrites par Claude Jeancolas, Textuel, 1997, Cahier I.

### 2. ÉDITIONS « HISTORIQUES » DES *POÉSIES*
*Reliquaire : poésies*, préface de Rodolphe Darzens, L.Genonceaux, 1891.

*Poésies complètes*, préface de Paul Verlaine, Vanier, 1895.

### 3. ÉDITIONS CRITIQUES DES *POÉSIES*
*Poésies*, édition critique, introduction et notes par Henry de Bouillane de Lacoste, Mercure de France, 1939.

*Poésies*, édition critique, introduction, classement chronologique et notes par Marcel A.Ruff, Nizet, 1978.

*Poésies*, édition établie par Frédéric Eigeldinger et Gérald Schaeffer, Neuchâtel, A la Baconnière, coll. Langages, 1981.

4. *UN CŒUR SOUS UNE SOUTANE*

*Un cœur sous une soutane, intimités d'un séminariste*, Ronald Davies, 1924.

*Un cœur sous une soutane*, édition critique et commentaire par Steve Murphy, avec le fac-similé du manuscrit, Charleville-Mézières, Musée-bibliothèque Arthur Rimbaud, coll. Bibliothèque sauvage, 1991.

5. LETTRES

*Lettres de la vie littéraire d'Arthur Rimbaud (1870-1875)*, réunies et annotées par Jean-Marie Carré, Gallimard, 1931, rééd. coll. L'Imaginaire, 1990.

*Lettres du voyant (13 et 15 mai 1871)*, éditées et commentées par Gérald Schaeffer, Genève-Paris, Droz-Minard, 1975, coll. Textes littéraires français, 1975.

6. ŒUVRES POÉTIQUES

*Œuvres*, édition présentée par Antoine Adam, texte révisé par Paul Hartmann, Le Club du meilleur livre, 1957.

*Œuvres*, édition de Suzanne Bernard, Garnier, 1960, nouvelle édition revue par André Guyaux, 1981, 1983, 1987, 1991.

*Œuvres poétiques*, textes présentés et commentés par Cecil-A. Hackett, Imprimerie Nationale, coll. Lettres françaises, 1986.

*Œuvres*, tome I, *Poésies* ; tome II, *Vers nouveaux, Une saison en enfer* ; tome III, *Illuminations*, préfaces et notes de Jean-Luc Steinmetz, Flammarion, coll. G.F., 1989.

7. ŒUVRES COMPLÈTES

*Œuvres complètes*, texte établi et annoté par André Rolland de Renéville et Jules Mouquet, Gallimard, Bibliothèque de la Pléiade, 1946 (la « première Pléiade »).

*Œuvres complètes*, édition établie, présentée et annotée par Antoine Adam, Gallimard, Bibliothèque de la Pléiade, 1972 (la « seconde Pléiade »).

*Œuvre-Vie*, édition du Centenaire établie par Alain Borer et alii, Arléa, 1991.

*Œuvres complètes.-Correspondance*, édition présentée et établie par Louis Forestier, Robert Laffont, coll. Bouquins, 1992.

### II. INSTRUMENTS DE TRAVAIL

Pierre PETITFILS, *L'Œuvre et le visage d'Arthur Rimbaud. — Essai de bibliographie et d'iconographie*, Nizet, 1949 ; « Les Manuscrits de Rimbaud : leur découverte, leur publication », dans *Etudes rimbaldiennes* 2, Minard, 1970, pp.41-144.

André BANDELIER, Frédéric EIGELDINGER, Pierre-Eric MONNIN, Eric WEHRLI, *Table de concordance rythmiques et syntaxiques des Poésies d'Arthur Rimbaud*, Neuchâtel, À la Baconnière, coll. Langages, 1981.

### III. TÉMOIGNAGES ET BIOGRAPHIES

Paul VERLAINE, « Arthur Rimbaud », dans *Lutèce*, 5 -12 octobre, 10-17 novembre 1883, puis dans la première série des *Poètes maudits*, Vanier, printemps 1884.

Ernest DELAHAYE, *Rimbaud, l'artiste et l'être moral*, Messein, 1923 ; *Souvenirs familiers à propos de Rimbaud*, Messein, 1925 (groupement des témoignages de Delahaye dans le volume *Delahaye témoin de Rimbaud*, avec des notes de Frédéric Eigeldinger et André Gendre, Neuchâtel, À la Baconnière, 1974).

Georges IZAMBARD, *Rimbaud tel que je l'ai connu*, Mercure de France, 1946.

Enid STARKIE, *Arthur Rimbaud*, London, Faber and Faber, 1938 ; new and revised edition, London, Hamish Hamilton, 1947, puis Faber, 1961 ; trad. Alain Borer, Flammarion, 1982, rééd. en 1989 et 1991.

Henri MATARASSO et Pierre PETITFILS, *Album Rimbaud*, Gallimard, Bibliothèque de la Pléiade, 1971.

Jean-Luc Steinmetz, *Arthur Rimbaud : une question de présence*, Tallandier, coll. Figures de proue, 1991.

### IV. ORIENTATION CRITIQUE GÉNÉRALE

Yves Bonnefoy, *Rimbaud par lui-même*, Ed. du Seuil, coll. Ecrivains de toujours, 1961, nouvelle édition, *Rimbaud*, 1994.

Pierre Brunel, *Arthur Rimbaud ou l'éclatant désastre*, Champ Vallon, 1983 ; *Rimbaud, projets et réalisations*, Champion, 1983.

Charles Chadwick, *Etudes sur Rimbaud*, Nizet, 1960.

Alan Rowland Chisholm, *The Art of Arthur Rimbaud*, Melbourne University Press, 1930.

Étiemble, *Le Mythe de Rimbaud*, Gallimard, 1954 à 1967.

Étiemble et Yassu Gauclère, *Rimbaud*, Gallimard, 1936, nouvelles éd. 1950, puis 1966.

Jacques Gengoux, *La Pensée poétique de Rimbaud*, Nizet, 1950.

Jean-Pierre Giusto, *Rimbaud créateur*, Presses Universitaires de France, 1980.

André Guyaux, *Duplicités de Rimbaud*, Paris-Genève, Champion-Slatkine, 1991.

Cecil-A. Hackett, *Rimbaud l'enfant*, José Corti, 1948.

Steve Murphy, *Le Premier Rimbaud ou l'Apprentissage de la subversion*, C.N.R.S. et Presses Universitaires de Lyon, 1990. *Rimbaud et la ménagerie impériale*, mêmes éditeurs, 1991.

Jacques Plessen, *Promenade et poésie : l'expérience de la marche et du mouvement dans l'œuvre de Rimbaud*, La Haye-Paris, Mouton, 1967.

Jean-Pierre Richard, *Poésie et profondeur*, Ed. du Seuil, 1955.

Jacques Rivière, *Rimbaud*, Kra, 1930 ; les textes de Rivière sont repris dans *Rimbaud : dossier 1905-1925*, présenté et annoté par Roger Lefèvre, Gallimard, 1977.

François Ruchon, *Jean-Arthur Rimbaud, sa vie, son*

*œuvre, son influence*, Champion, 1929, reprint Slatkine, 1970.

Marcel A. RUFF, *Rimbaud, l'homme et l'œuvre*, Hatier, 1968.

André THISSE, *Rimbaud devant Dieu*, José Corti, 1975.


## V. QUELQUES ÉTUDES PARTICULIÈRES

Benoît de CORNULIER, *Théorie du vers : Rimbaud, Verlaine, Mallarmé*, Ed. du Seuil, 1982. « Mètre 'impair', métrique 'insaisissable' ? sur les 'Derniers vers' de Rimbaud », dans *Le Souci des apparences*, neuf études de poétique et de métrique rassemblées par Marc Dominicy, éd. de l'Université de Bruxelles, 1989, pp.75-91.

ÉTIEMBLE, *Le Sonnet des Voyelles*, Gallimard, 1968.

MEYER Bernard, *Sur les « Derniers vers »*, *douze lectures de Rimbaud*, L'Harmattan, coll. Poétiques, 1996.

Bruce MORRISSETTE, *The Great Rimbaud Forgery*, Saint-Louis, Washington University, 1956 ; trad. *La Bataille Rimbaud*, Nizet, 1959 (sur la question des faux-rimbauds).

Steve MURPHY, « Autour des "Cahiers Demeny" de Rimbaud », dans *Studi francesi*, n° 103, Anno XXXV, fasc. I.

Emilie NOULET, *Le Premier visage de Rimbaud : huit poèmes de jeunesse*, choix et commentaires, Bruxelles, Académie royale, 1953, rééd. 1973.

# Table des titres et des incipit

# Table

## Poèmes confiés à Izambard

LE « RECUEIL DEMENY »

### Premier cahier

### Second cahier

*Table* 285

## II. 1871, L'ANNÉE DE LA COMMUNE : AUTOUR DU « VOYANT »

### LETTRES ET POÈMES INCLUS

### LE « DOSSIER VERLAINE »

*Table* 287

Composition réalisée par NORD COMPO

*Imprimé en France sur Presse Offset par*

**BRODARD & TAUPIN**

GROUPE CPI

La Flèche (Sarthe).
N° d'imprimeur : 32169 – Dépôt légal Éditeur : 65470-01/2006
Édition 08
LIBRAIRIE GÉNÉRALE FRANÇAISE – 31, rue de Fleurus – 75278 Paris cedex 06.

ISBN : 2 - 253 - 09635 - 0        30/9635/1